Alma Dreković

Weiblich, hochbegabt, unterschätzt

Wie hochbegabte Frauen ihr Potenzial entfalten können

Klett-Cotta

MIX
Papier | Fördert gute Waldnutzung
FSC® C083411

Klett-Cotta
www.klett-cotta.de

Cover: Bettina Herrmann, Stuttgart
unter Verwendung einer Abbildung von Rido/Adobe Stock
Gesetzt von Eberl & Koesel Studio, Kempten
Gedruckt und gebunden von CPI – Clausen & Bosse, Leck
Lektorat: Ulrike Albrecht
ISBN 978-3-608-98742-3
E-Book ISBN 978-3-608-12226-8
PDF-E-Book ISBN 978-3-608-20646-3

Zweite Auflage, 2024

Bibliografische Information der Deutschen Nationalbibliothek
Die Deutsche Nationalbibliothek verzeichnet diese Publikation in der Deutschen Nationalbibliografie; detaillierte bibliografische Daten sind im Internet über http://dnb.d-nb.de abrufbar.

Dieses Buch widme ich meiner besonderen Nichte Sara Dreković.

Inhalt

Моја прба књига

Vorwort

> »What does it mean to be smart? (…) For most of us, smartness is associated with words like giftedness, talent, genius, brilliance, high ability, and intelligence. Across most cultures today, when people are asked to imagine a smart person, a genius, or a brilliant individual, the image that comes to mind is most often an adult male (…). For most of the history of psychology, genius has meant men achieving the highest honors in activities that are highly valued by other men.«[1] (Kerr & McKay 2014, S. 1)

Lange Zeit hat sich die Wissenschaft ausschließlich mit männlichen klugen Köpfen befasst. Bis auf wenige Ausnahmen in der Geschichte gab es kaum Interesse, einen Beitrag zur Emanzipation von Frauen zu leisten. Bis zum 20. Jahrhundert war die intellektuelle Unterlegenheit von Frauen tief verankert im Geiste der Psychologen, Anthropologen und Wissenschaftler, die Frauen aus ihren Forschungen ausschlossen. Auf diese Weise sollte die weibliche Inferiorität bewiesen werden. Dieser Reflex besteht nach wie vor.

Auf viel subtilere Art findet die Unterdrückung weiblicher Intelligenz immer noch statt. Die feministischen Errungenschaften des letzten Jahrhunderts tragen sichtbare Früchte, doch die fortwährenden Kämpfe um Frauenrechte in Gesellschaft, Politik und Wirtschaft

---

1 Was bedeutet es, klug zu sein? (…) Für die meisten von uns ist Klugheit mit Begriffen wie Begabung, Talent, Genie, Brillanz, Hochbegabung und Intelligenz verbunden. Wenn man heute in den meisten Kulturen nach der Vorstellung eines klugen Menschen, eines Genies oder einer brillanten Person fragt, ist das Bild, das einem in den Sinn kommt, meistens ein erwachsener Mann (…). Während des größten Teils der Geschichte der Psychologie bedeutete Genie, dass Männer in Tätigkeiten, die von anderen Männern hochgeschätzt werden, die höchsten Ehrungen erreichen. (Übersetzung AD)

wie auch die professionelle Erfahrung aus der Coachingpraxis zeigen, dass es zwischen Frauen und Männern immer noch Unterschiede in der Wahrnehmung ihres Geschlechtes und vor allem im Erleben ihrer Intelligenz gibt. In einer Gesellschaft, die immer noch von Sexismus und Patriarchat gezeichnet ist, stehen besonders hochbegabte Frauen vor einer doppelten Herausforderung: Sie müssen sowohl für ihre Weiblichkeit als auch für ihre Intelligenz Akzeptanz finden – zunächst bei sich selbst.

In den letzten zwei Jahrzehnten haben Forscherinnen die Konzepte menschlicher Begabung in Frage gestellt, die hauptsächlich von männlichen Wissenschaftlern formuliert wurden und daher auf androzentristischen Werten beruhen. Was wir aktuell über Hochbegabung wissen, lässt sich nicht völlig objektiv darstellen und erfordert persönliche Schwerpunktsetzungen.

Auch hochbegabte männliche Kinder und Erwachsene stehen vor genderspezifischen Herausforderungen, die ihre Bewandtnis in der Hochbegabtendiskussion haben. Meine persönliche Schwerpunktsetzung liegt aber in der Beobachtung und Erforschung der Persönlichkeit und Intersektionalität[2] hochbegabter Frauen.

Dieses Buch ist aus Faszination am Themengebiet und dem Austausch mit hochbegabten Klientinnen entstanden. Mein Wunsch liegt in einer ganzheitlichen Betrachtung von Hochbegabung und darin, dieses Phänomen durch die Synthese von Erkenntnissen internationaler Forschender mit eigenen Beobachtungen und Erfahrungen aus der Coaching- und Beratungspraxis in einer intersubjektiven Vorgehensweise verständlich und greifbar zu machen. Die Arbeit wird bereichert durch insgesamt fünf Interviews mit hochbegabten Frauen zwischen 20 und 73 Jahren und einem Beitrag über ein elfjähriges hochbegabtes Mädchen.

Weiblich, hochbegabt, unterschätzt blickt tief in das Innen- und Außenleben hochbegabter Frauen und skizziert ihre Charakteristika.

---

2 Die Intersektionalität beschreibt die Überschneidung und Gleichzeitigkeit verschiedener Diskriminierungskategorien gegenüber einer Person, wie Rassismus, Antisemitismus, Sexismus, Antifeminismus, religiöse Verfolgung, Homophobie, Transphobie, Ableismus und Disablismus, Altersdiskriminierung oder Klassismus. Dabei liegt der Fokus auf den Wechselbeziehungen der Diskriminierungskategorien.

Das vorliegende Buch untersucht die internen Barrieren zur Verwirklichung weiblicher Hochbegabung und taucht analytisch in die soziale Dimension weiblicher Hochbegabung ein: Wie werden hochbegabte Frauen mit ihrer herausragenden Intelligenz in Familie und Gesellschaft wahrgenommen? Was macht weibliche Intelligenz mit Männern? Wie können gelingende Liebesbeziehungen aussehen? Und welche psychischen und gesundheitlichen Implikationen einer nicht-gelebten Hochbegabung gibt es?

Ein Teil dieses Bandes widmet sich der Persönlichkeits- und Talententwicklung hochbegabter Frauen und stellt das Persönlichkeitsentwicklungsmodell von Kazimierz Dąbrowski vor. Für die psychotherapeutische Arbeit werden der Hochbegabung immanente Herausforderungen vorgestellt, um Betroffenen und Therapierenden Möglichkeiten einer gelungenen therapeutischen Arbeit anzubieten. Dieses Buch schließt mit aussichtsreichen Perspektiven weiblicher Hochbegabung ab.

Die Besonderheit dieses Buches liegt zum einen in der Betrachtung der weiblichen Hochbegabung und zum anderen in der Berücksichtigung eines weiten Diversitätsspektrums. Die Monografie hat zum Ziel, hochbegabten Frauen die Möglichkeit einer Identifikation zu bieten – jenseits des Prismas gesellschaftlich-patriarchalischer, heteronormativer und eurozentristischer Werte.

Mein persönliches und berufliches Interesse als Karriereberaterin und Business-Coach gilt der Persönlichkeit des Menschen und seiner Entwicklung, insbesondere in persönlichen Krisen und Veränderungsprozessen. Als Geisteswissenschaftlerin gehe ich intersubjektiv vor und arbeite mit phänomenologischen und hermeneutischen Methoden. Bei meiner deskriptiven Untersuchung liegt der Fokus auf der Authentizität des Lebensgefühls hochbegabter Frauen. Dabei interessiert mich die Individualität einer jeden Frau im Erleben ihrer Hochbegabung, die hier in einem breiten Heterogenitätsspektrum ausgedrückt wird: Frauen unterschiedlichen Alters kommen zu Wort, Frauen verschiedener kultureller und sozioökonomischer Provenienz, früh- wie späterkannte Frauen, die mit ihrer Lebensgeschichte einen wertvollen Beitrag für dieses Buch und damit für die Sichtbarkeit hochbegabter Frauen leisten.

Die in diese Arbeit eingebetteten Biografien haben keinen Anspruch auf Vollständigkeit oder Allgemeingültigkeit für weibliche Hochbegabung. Hochbegabung kann, muss aber nicht so aussehen, wie hier beschrieben. Meine Leitfrage an die Interviewpartnerinnen richtete sich an ihr Lebensgefühl unter dem Blickwinkel der Hochbegabung. Zum Schutz der beteiligten Interviewpartnerinnen sind die Erzählungen anonymisiert; die gewählten Eigennamen sind Pseudonyme.

Das Phänomen der Hochbegabung soll deskriptiv verständlich gemacht werden, indem spezifische Merkmale erfasst werden. Anstatt objektiv reproduzierbare Daten zu gewinnen, gehe ich mit der zentralen Frage nach der Manifestierung und dem Erleben weiblicher Hochbegabung intersubjektiv vor. Wir werden sehen, dass umfassendere Studien zur Hochbegabung, institutionell gefördert und ausgestattet mit angemessenen finanziellen Mitteln, für die Bereiche Pädagogik, Medizin und Psychologie unerlässlich sind. In einer interdisziplinären Arbeit würden Gesellschaft und Wirtschaft von den Ergebnissen der Hochbegabungsforschung sehr profitieren. Insbesondere die Medizin und Psychotherapie sollten Hochbegabung in die therapeutische Ausbildung integrieren und sich der Hochbegabung wertfrei und ressourcenorientiert öffnen. Die Hochbegabung darf nicht auf eine Abweichung der Norm reduziert werden; sie braucht einen eigenen Wert, insbesondere im Hinblick auf weibliche hochbegabte Kinder, unsere Zukunftsträgerinnen, für die wir als Gesellschaft eine große Verantwortung tragen.

KAPITEL 1

Besonderheiten weiblicher Hochbegabung

> »Hochbegabt zu sein ist eine Art auf der Welt zu sein, die sich auf die gesamte Persönlichkeit auswirkt.« (Siaud-Facchin 2017, S. 16)

1.1 Über Hoch- und Höchstbegabung

> »Giftedness creates a different organization of the self. Cognitive complexity, emotional sensitivity, heightened imagination, and magnified sensations combine to create a different quality of experiencing: vivid, absorbing, penetrating, encompassing, complex, commanding – a way of being quiveringly alive. An unusual mind coupled with unusual emotions leads to unusual life experiences throughout the life cycle.«[3] (Silverman 2005, S. 2)

Hochbegabung ist faszinierend! Hochbegabung gehört zur Identität und macht einen großen Teil der Persönlichkeit aus. Doch was ist Hochbegabung, was sind die Kernmerkmale Hochbegabter, und was sind die Besonderheiten weiblicher Hochbegabung?

---

3 Begabung schafft eine andere Organisation des Selbst. Kognitive Komplexität, emotionale Sensibilität, gesteigerte Vorstellungskraft und vergrößerte Empfindungen verbinden sich zu einer anderen Qualität des Erlebens: lebendig, absorbierend, durchdringend, umfassend, komplex, beherrschend – eine Art, bebend lebendig zu sein. Ein ungewöhnlicher Verstand in Verbindung mit ungewöhnlichen Gefühlen führt zu ungewöhnlichen Lebenserfahrungen während des gesamten Lebenszyklus. (Übersetzung AD)

Auf die Frage nach der Hochbegabung gibt es inzwischen zahlreiche Antworten. Optimistisch könnte man die Vielfalt an Definitionen so deuten, dass inzwischen viele Formen und Ausdrucksmöglichkeiten von Hochbegabung anerkannt werden. Allgemeine Rückschlüsse können weder über Hochbegabte noch über hochbegabte Frauen in einer reliablen quantitativen Weise gegeben werden. Es müssen Beobachtungen und Erlebnisberichte über hochbegabte Frauen gesammelt und wissenschaftliche Studien durch strukturierte Interviews und methodische Analysen der qualitativen Recherche durchgeführt werden.

Ein Model, das in die Hochbegabtenliteratur eingegangen ist und unter Fachleuten akzeptiert wird, ist die sogenannte Delphi-Methode (van Thiel et al. 2019), die der Auswahl meiner Interviewpartnerinnen zugrunde liegt und im Wesentlichen meinem Verständnis von Hochbegabung entspricht:

> »Hochbegabte sind schnelle, kluge Denker mit der Fähigkeit, komplexe Materien zu bewältigen. Von Natur aus sind sie durch Autonomie, Neugier und Leidenschaftlichkeit gekennzeichnet. Es sind sensitive Menschen mit einer reich nuancierten Innenwelt und hohen Intensität, die ihre Kreativität genießen.« (Vgl. Kooijman-van Thiel 2008)

Das Konstrukt der Delphi-Methode beinhaltet sechs Hauptcharakteristika von Hochbegabung: Autonomie, Denken (hohe Intelligenz), Fühlen (Mehrschichtigkeit), Tatendrang (Neugier und Leidenschaft), Wahrnehmung (Hochsensitivität) und Effektivität (Kreativität). Die vier daraus abgeleiteten Interaktionen sind Schnelligkeit, Kreativität, Komplexität und Intensität. Der mit der Hochbegabung zusammenhängende Aspekt der Hochsensibilität erfährt inzwischen wissenschaftliches Interesse und fließt in das Delphi-Modell ein. Es wurde jedoch noch kein Test entwickelt, der Hochbegabung nach der Delphi-Methode messen kann.

> »Gemäß der delphischen Definition von Talenten und Hochbegabten reicht der IQ zur Definition einer Hochbegabung nicht aus, da er nur einen geringen Prozentsatz der Hochleistenden prognostizieren kann.« (Ziegler 2018, S. 32)

Die Definition von Hochbegabung nach Brackmann (2010) ist eine verlässliche Quelle, an der ich mich in meiner Arbeit ebenfalls orientiere:

> »Eine Person gilt als intellektuell hochbegabt, wenn sie in einem oder mehreren Bereichen über geistige Fähigkeiten verfügt, die in ihrer Ausprägung extrem weit über dem Durchschnitt ihrer Altersgenossen liegen. Dies können sprachliche, technische, musische und soziale Fähigkeiten sein. Per definitionem sind etwa zwei von hundert Menschen intellektuell hochbegabt und haben einen Intelligenzquotienten von 130 oder mehr Punkten.« (Brackmann 2010, S. 18 f.)

Wie steht es um den Zusammenhang von Hochbegabung und Hochsensibilität? Die US-amerikanische Psychologin Elaine Aron machte das Konstrukt der hochsensiblen Person messbar und prägte den Begriff Hochsensibilität bzw. »high sensitivity« und führte ihn 1997 in ihrem Beitrag einer namhaften medizinischen Zeitschrift in die Wissenschaft ein.

Das Delphi-Modell zeigt, dass Hochbegabung Hand in Hand mit einer hochsensiblen Wahrnehmung einhergeht. Zwei Untersuchungen bestätigen den Zusammenhang zwischen Hochbegabung und Hochsensibilität: Die niederländischen Psychologinnen van de Ven, Van Hoof und van Weerdenburg (2016) haben bei einer Studie festgestellt, dass 87 Prozent der Hochbegabten auch hochsensibel sind. Eine ähnliche Studie, die von der Erasmus-Universität im Jahr 2018 durchgeführt wurde, ergab einen Prozentsatz von 77. Laut Franzis Preckel und Tanja Baudson fehlen hierfür jedoch systematische Untersuchungen (Preckel & Baudson 2013, S. 62 ff.). Ob Hochbegabte grundsätzlich auch hochsensibel sind, ist wissenschaftlich noch nicht ausreichend erforscht.

> »One of the most challenging problems that remains unresolved is determining a definition of giftedness that is inclusive, yet inclusive of a qualitative difference in performance or behavior.«[4] (Noble et al. 1999, S. 140)

Spannend ist die Frage nach den Besonderheiten höchstbegabter Menschen und ihren Unterscheidungsmerkmalen zu den moderat Hochbegabten. In der deutschsprachigen Literatur hat sich für den Intelligenzbereich zwischen 140 und 145 Punkten im IQ-Test der Begriff »Höchstbegabung« eingebürgert. Zur Durchschnittsbevölkerung liegt das Verhältnis von Höchstbegabten etwa bei 1 zu 1000.

> »Extreme intelligence is strongly correlated with the highest of human achievement, but also, paradoxically, with higher relationship conflict, career difficulty, mental illnesses, and high-IQ crime. Increased intelligence does not necessarily increase success; it should be considered as a minority special need that requires nurturing.«[5] (Falck 2019, Vorwort)

Hinsichtlich der genauen Unterscheidung zwischen moderater Hochbegabung und Höchstbegabung gibt es international wenige Daten. Höchstbegabte Erwachsene sind oft weniger leicht zu erkennen, wenn sie nicht offensichtlich erfolgreich und renommiert sind. Aufgrund ihrer besonders hohen Intelligenz entwickeln sie diverse Strategien, um als unauffällig zu erscheinen und ihr Inneres zu verstecken. Sie können daher auf den ersten Blick sozial hochkompetent wirken, während sie innerlich völlig unsicher sind. Bislang findet sich keine aussagekräftige Forschung über höchstbegabte Erwach-

4 Eines der schwierigsten Probleme, das nach wie vor ungelöst ist, besteht darin, eine Definition von Hochbegabung zu finden, die umfassend ist und dennoch einen qualitativen Unterschied in der Leistung oder im Verhalten erkennen lässt. (Übersetzung AD)

5 Extreme Intelligenz steht in engem Zusammenhang mit menschlichen Höchstleistungen, aber paradoxerweise auch mit mehr Beziehungskonflikten, beruflichen Schwierigkeiten, psychischen Erkrankungen und Kriminalität mit hohem Intelligenzquotienten. Erhöhte Intelligenz führt nicht unbedingt zu mehr Erfolg; sie sollte als ein besonderes Bedürfnis einer Minderheit betrachtet werden, das gefördert werden muss. (Übersetzung AD)

sene. Eine sichtbare Höchstbegabung kann erkennbar sein an einer stark beschleunigten schulischen und akademischen Laufbahn, einer extrem breitgefächerten Bildung, besonderen Begabungen auf mehreren Ebenen und einer herausragenden Produktivität.

Lovecky (1994, S. 116–220) zufolge gibt es sowohl quantitative als auch qualitative Unterschiede in der Art des Denkens und der Informationsverarbeitung zwischen Hoch- und Höchstbegabten. Die wesentlichen Merkmale von Höchstbegabung fasst sie wie folgt zusammen (s. Brackmann 2020, S. 24 ff.):

- **Außerordentliches Gedächtnis:** Es reicht bis in die Zeit vor dem dritten Lebensjahr zurück und greift auf große Informationsmengen und lange zurückliegende Gedächtnisinhalte zu.
- **Einfachheit und Komplexität:** Während das Einfache komplex erscheint, ist das Komplexe für Höchstbegabte einfach. Höchstbegabte haben Mühe, die Fülle der aufgenommenen Informationen zu ordnen und wiederzugeben. Sie begreifen Dinge oft, indem sie das zugrunde liegende Muster erfassen und verstehen Dinge so tiefgreifend, dass sie die einzelnen Schritte nicht ohne Weiteres darlegen können.
- **Abstrakt-logisches Denken im frühen Alter:** Höchstbegabte haben ein Denkvermögen, das auf noch höheren Ebenen liegt als bei moderat Hochbegabten und das zu einem früheren Zeitpunkt entwickelt ist.
- **Unkonventionelles, non-lineares Lernen:** Höchstbegabte nehmen große Informationsmengen mit hoher Geschwindigkeit auf und integrieren sie in eigene Gedankensysteme.
- **Projektive Identifikation:** Die Fähigkeit, sich in Objekte und Prozesse hineinzuversetzen und sich selbst als Teil des produktiven Geschehens zu sehen.
- **Asynchronie:** Das non-lineare Lernen bezieht sich bei Höchstbegabten auf die geistige, emotionale, soziale und motorische Entwicklung. Je höher die kognitive Kapazität, umso höher der Grad an Asynchronie, so Lovecky (1994). Der Widerspruch zwischen Verletzlichkeit und emotionaler Stärke bei Höchstbegabten ist besonders ausgeprägt.

Herausstechende Persönlichkeiten entstammen selten begüterten, konservativen Familien der oberen Schichten. 95 Prozent der Höchstbegabten einer Studie (s. Brackmann 2020, S. 24 ff.) kommen aus Mittelklassefamilien in Kleinstädten oder ländlicher Umgebung. 75 Prozent von ihnen sind mit Problemen wie Armut, Scheidung der Eltern oder frühem Tod eines Elternteils bzw. Geschwisters konfrontiert.

1.2 Komplexität des Fühlens, Wahrnehmens und Denkens

> »Quelqu'un qui frappe par son intensité, par sa pensée complexe et originale«[6] (de Kermadec, 2012)

Von der hochbegabten Persönlichkeit geht oft eine enorme Faszination aus. Im Folgenden wird die Phänomenologie der weiblichen Hochbegabung und ihrer Persönlichkeitsstruktur in ihrer Komplexität des Fühlens, Wahrnehmens und Denkens skizziert.

Grundsätzlich unterscheidet sich die Persönlichkeitsstruktur hochbegabter Männer und Frauen nicht. Sie kommt im sozialen Kontext zum Tragen und wird abhängig von Kultur und Epoche jeweils ganz unterschiedlich in der Gesellschaft gewertet, wie dies in den Folgekapiteln ausführlich dargelegt wird.

Was macht die hochbegabte Persönlichkeit aus? Ihre drei zentralen Merkmale lassen sich kurz und knapp auf den Punkt bringen: Intensität, Komplexität, Originalität.

Die Kernmerkmale der hochbegabten Persönlichkeit sind eine besonders hohe Emotionalität, ein vernetztes Denken und Fühlen sowie ein sehr hohes Energiepensum. Ausgehend von Kazimierz Dąbrowskis Modell der Overexcitability (OE) durchdringt Hochbegabung den ganzen Menschen, seinen Körper, Geist und die Seele. Diese drei Komponenten der Hochbegabung gehören aufgrund der

---

6 Jemand, der durch seine Intensität auffällt, durch sein komplexes und originelles Denken. (Übersetzung AD)

neuronalen Beschaffenheit hochbegabter Gehirne genderübergreifend untrennbar zusammen. Das Spezifische an der Hochbegabung scheint die bis ins Extreme gesteigerte Intensität und gegenseitige Durchdringung der Domänen Denken, Fühlen und Wahrnehmen zu sein. Dabei geht der erfüllende Weg Hochbegabter nur über die Integration beider Aspekte der Hochbegabung:

> »Der Weg, mit der eigenen Hochbegabung zurechtzukommen, besteht darin, die Koexistenz und Kooperation aller drei Komponenten zu akzeptieren und zu respektieren. Diejenigen, die eine Durchlässigkeit zwischen geistiger, seelischer und leiblicher Begabung zulassen, sind auf gutem Wege, ihre Hochbegabung in Einklang mit sich selbst zu leben und ihr Potenzial ausgewogen zu nutzen.« (Fietze 2019, S. 186)

1.2.1 Komplexität des Fühlens

> »Complexity, intensity, and heightened awareness are lifelong attributes of the gifted. These qualities often result in extraordinary conscience, a need to make the gift of life mean something in the overall pattern of existence.«[7] (Silverman 2005, S. 11)

Die ersten Eigenschaften, die in den Konsultationen mit hochbegabten Frauen auffallen, sind ihre hohe Sensibilität und Intensität. Unter Intensität versteht man die Kombination aus geistiger Hyperaktivität, Hypersensibilität und hoher Emotionalität. Die Intensität geht mit der Übererregtheit einher, sorgt für leidenschaftliche Schübe und ist verantwortlich für die Suche nach Sinn, nach dem Absoluten und der Wahrheit, die für hochbegabte Menschen so bezeichnend ist.

Was macht die Sensibilität und Intensität hochbegabter Frauen aus? Die Sinne sind die verbindenden Nähte zwischen Innen- und

---

7 Komplexität, Intensität und erhöhtes Bewusstsein sind lebenslange Eigenschaften der Begabten. Diese Eigenschaften führen oft zu einem außergewöhnlichen Gewissen, zu dem Bedürfnis, dem Geschenk des Lebens im Gesamtgefüge der Existenz eine Bedeutung zu geben. (Übersetzung AD)

Außenwelt, die die Welt äußerst genau wahrnehmen lassen. Die Intensität des körperlichen Daseins äußert sich bei Hochbegabten in einer verdichteten Wahrnehmung von Gefühl, Geschmack, Geruch und Gehör. Viele Hochbegabte können sich beispielsweise auf ihre innere Uhr verlassen und verfügen über ein hervorragendes Augenmaß (Gusovius 2005).

Neben der Intensität körperlichen Selbsterlebens zeigt sich die Intensität hochbegabter Frauen auch im Fühlen, Denken und Wahrnehmen. Hochbegabung manifestiert sich als eine Kombination aus schnellem komplexem Denken, tiefem seelischen Empfinden und geschärfter sinnlicher Wahrnehmung. Sie entsteht aus einer Verquickung von erhöhter geistiger Aktivität, tiefer seelischer Empfindung, verstärkter körperlicher Wahrnehmung und spiritueller Empfänglichkeit (Fietze 2019). Diese Intensität des Daseins macht das Anderssein hochbegabter Frauen aus, doch diese wunderbaren Qualitäten haben auch ihre Schattenseiten: Hohe Schmerzempfindlichkeit und eine ausgeprägte Psychosomatik.

Die Hypersensibilität entsteht aus einer verstärkten Empathie, die manch einer Hochbegabten körperlichen und seelischen Schmerz beim Anblick des Leids anderer Menschen zufügen kann. Sie lesen zwischen den Zeilen und im Gesicht eines Menschen, hören Zwischentöne und erkennen am Klang der Stimme, wie andere sich fühlen. Die reiche Gefühlswelt macht hochbegabte Frauen empfänglich für tiefes Mitgefühl und Respekt für andere Menschen. Sie können das Leid der anderen im tiefsten Inneren fühlen wie die Betroffenen selbst; die Gefühle des Gegenübers werden zu den eigenen. Nur eine gesunde Abgrenzung schützt die Hochbegabten vor sich selbst.

Die eigenen Gefühle und die anderer Menschen präzise wahrzunehmen ist ein besonderes Talent hochbegabter Frauen: Sie nehmen alle Gefühle wahr und können sie sogar seismografisch vorhersehen. Erahnen sie ihr emotionales Gewicht vorzeitig, können sie schwierigste Situationen meisterhaft bewältigen. Hochsensible hochbegabte Frauen spüren beinahe greifbar, was als Nächstes geschehen wird. Diese Vorahnung ergibt sich aus einer messerscharfen und sekundenschnellen Analyse vieler Parameter, die zum eigentlichen Sinn blitzschnell zusammengefügt werden. Oft weiß die Hochbegabte Bescheid, kann sich aber selbst nicht genau erklären, wie sie zu dem Ergebnis gekommen ist.

Das seelische Erleben Hochbegabter wird stark durch Gefühle aus der Vergangenheit beeinflusst. Gefühle verblassen nicht, sie zeigen sich selbst nach Jahrzehnten in ihrer ursprünglichen Intensität und können zugleich machtvoll, wunderschön und quälend sein. Gefühlserlebnisse schreiben sich tief in die Seele hochbegabter Mädchen ein. Das erklärt das Bedürfnis nach Artikulation der Gefühle, die metaphorisch, künstlerisch oder in einer Psychoanalyse zum Ausdruck gebracht werden wollen.

Hochsensible Hochbegabte können oftmals mit Ablehnung und Kritik nur schwer umgehen, lassen sich dies jedoch Außenstehenden gegenüber kaum anmerken. Innerlich sind sie fassungslos, und das Gesagte beschäftigt sie lange, manchmal über Jahre hinweg. Als würden sie Worte und Bilder für ewig speichern. Werden ihre Wertvorstellungen und Auffassungen geringgeschätzt oder ins Lächerliche gezogen, sehen sie sich als ganze Person infrage gestellt.

Ist die emotionale Aufladung Hochbegabter so stark, dass es zu extremen Reaktionen kommt, spricht man von invasiver Hypersensibilität – dann zeigt sich ein Gefühlsausbruch als explosionsartige Entladung. Bei der geringsten unbedachten Bemerkung kann die Hochbegabte zutiefst getroffen sein, da sie darin einen bewussten Angriff sieht. Die Emotionalität Hochbegabter lässt sich schwer von der Vernunft bändigen, denn die Reaktionen können so stark sein, dass sie sich den kontrollierbaren Vorgängen im Gehirn entziehen (Siaud-Facchin 2017, S. 196).

Die Hypersensibilität kann das berufliche Leben junger Frauen sehr beeinträchtigen: Sie haben Angst, ihre Eltern mit ihrem Erfolg zu überfliegen und dadurch Ablehnung zu erfahren. Mit Ambivalenz betrachten sie ihre eigenen Fähigkeiten: Ihre Liebe zu ihrer Mutter lässt sie an der Verwirklichung ihrer Talente zweifeln. Die Angst vor einer geografischen, kulturellen und finanziellen Trennung vom Elternhaus kann sich als eine große Stressquelle erweisen.

Weshalb entwickelt sich diese Eigenschaft bei hochbegabten Mädchen und Frauen? Während hochbegabte Jungen rebellieren, gehorchen viele junge Mädchen, zeigen weniger Widerstand und äußerste Gewissenhaftigkeit. Sozialisationsbedingt entwickeln sie das große Bedürfnis, den Erwartungen ihrer Eltern, Lehrer:innen und Professor:innen zu entsprechen. Sie wollen gefallen. Diese Sozialisation treibt sie nicht selten dazu, ihre Karriere für die Betreuung eines kranken Familienmitglieds aufzugeben. In dysfunktionalen Familien übernehmen die kleinen hochbegabten Mädchen die Rolle der Vermittlerinnen. Diese extreme Verantwortungsübernahme raubt den kleinen Mädchen die Kindheit und ein erfülltes Erwachsenenleben, wie wir an der Lebensgeschichte der 73-jährigen Flora (▸ Kap. 4.2.2) sehen werden. Manchmal stellt diese Erfahrung sie in den Dienst der anderen und transformiert sie in ewige Krankenschwestern, Sozialarbeiterinnen und Psychotherapeutinnen. Ihre Bedürfnisse werden nie ausgedrückt und respektiert, und nicht selten investieren sie sich in alle möglichen Felder, meistens auch gleichzeitig: zwischenmenschlich, beruflich, in der Familie, für Liebe, Freundschaft und Kreativität.

Die Philosophin und Psychoanalytikerin Alice Miller (2012) zeigt in *Das Drama des hochbegabten Kindes* die Risiken der Überanpassung von Mädchen, die unter allen Umständen höflich bleiben und mit ihrer Intelligenz niemanden überstrahlen wollen. Sie wahren vor ihren Angehörigen das Bild des idealen, braven und verantwortungsvollen Mädchens. Hochbegabte Mädchen sind mehr als männliche Kinder auf interpersonelle Beziehungen angewiesen und lernen dafür, ihre wirklichen Emotionen zu unterdrücken. Reaktionen von außen, die ihnen nicht erlauben, ihre echten Gefühle und ihre tiefe Intelligenz zu zeigen, prägen sich unauslöschlich in das exzellente Gedächtnis hochbegabter Mädchen ein und zwingen ihnen ein falsches Selbst auf, das sie im Leben nur schwer loswerden.

Alice Miller beobachtet den Wunsch nach Grandiosität und öffentlicher Aufmerksamkeit Hochbegabter und setzt ihn mit einem depressiven Zustand gleich (Miller 2012): Anstatt die innere Identität zu stärken, begeben sich Hochbegabte in den Ruhm, den sie als einzigen Weg sehen, eine wahrhaftige und bereichernde Verbindung zu konstruieren. Den Wunsch nach Grandiosität versteht Miller als Verteidigung gegen den tiefen Schmerz, der aus der Selbstverleugnung resultiert. Eine grandiose Person, so Miller, kann niemals frei sein, wenn sie sich in Abhängigkeit von der Bewunderung anderer Menschen befindet. Manch eine Hochbegabte, die ihr emotionales Potenzial nicht verwirklicht hat, wie so viele hochbegabte Mädchen und Frauen, sucht über die Bewunderung im Publikum oder über die Anerkennung der beruflichen Leistung einen Ersatz für ihr ungezügeltes, sie verschlingendes Liebesbedürfnis. Doch die Suche nach Berühmtheit führt leider nicht zu dem Effekt, der aus einer tiefen und echten (Selbst-)Beziehung resultieren würde. Gibt es jedoch eine starke Beziehung zu Religion, Spiritualität, Musik oder eine Berufung, die die Hochbegabte voll und ganz erfüllt, so schwindet das Bedürfnis, sich selbst mithilfe der emotionalen Anerkennung durch andere zu vervollständigen.

Das Leben hochbegabter Menschen kann die reinste Achterbahnfahrt sein: Große Hoffnungen, Weltschmerz, furchtbare Enttäuschungen, intensivste Freude und niemals versiegende Quellen der Lust und des Leids aus aufeinanderfolgenden überwältigenden und gegensätzlichen Empfindungen (Gusovius 2005). Ein Leben, das nur selten linear verläuft; ein Leben, in dem starke Gefühle immer präsent sind. Da ist es gerade für hochbegabte Frauen, die Mehrfachbelastungen im Alltag ausgesetzt sind und dem monatlichen Zyklus unterliegen, überlebensnotwendig, für innere Balance zu sorgen. Insbesondere Frauen, die einen Spagat zwischen gesellschaftlichen Anforderungen und inneren Bedürfnissen leisten wollen, brauchen Ruhezeiten und Schlaf, um ihre intensiven Wahrnehmungen nachträglich zu reflektieren. Manchen von ihnen gelingen emotionale Transformationsprozesse, und sie räumen innerlich auf, indem sie ihre intensiven Eindrücke und Empfindungen sortieren. Diese Art von seelischer Hygiene schützt sie vor der Intensität ihrer Gefühle. Anderen wiederum wird die Komplexität ihres Gefühlslebens manchmal zum Verhängnis.

Hochbegabte sind mit ihrem hohen Drive und ihrer hohen geistigen Kapazität wie ein Fass ohne Boden und benötigen zur Sättigung ihres Wissensdurstes permanent hohen Input. Die Schwierigkeit, die sich hier bei hochbegabten Mädchen und Frauen erweist, liegt in der Unsichtbarkeit ihrer Hochbegabung – für sie selbst und die

Außenwelt, die diese hohe geistige Kapazität nicht einmal vermutet, meist missdeutet, übersieht und unterdrückt.

Die Themen Langeweile und Unterforderung begleiten fast alle Hochbegabten in ihrem Leben und können gravierende Folgen haben. Oft leiden hochbegabte Mädchen und Frauen an Unterforderung, die sie in eine unendliche Langeweile stürzen kann. Sie vermissen in ihrem Leben etwas Wesentliches und wissen plötzlich mit sich und der Welt nichts anzufangen. Finden sie etwas, wofür sie brennen, stellen sich geistige Höhenflüge ein. Solange Hochbegabte ihre Energien positiv ausleben können, bleiben sie im Gleichgewicht. Um der Langeweile zu entkommen, verfallen sie einem Aktionismus und widmen sich verschiedenen Aufgaben am liebsten gleichzeitig. Dabei laufen sie Gefahr, all ihre scheinbar unerschöpfliche Energie über die Jahre und Jahrzehnte an andere, meist dysfunktionale Beziehungen zu verschwenden.

Sie scheinen unermüdlich in ihrer Arbeitsmoral und ihrem Energiepensum, doch unter dem permanenten Feuerwerk lauert die Langeweile, die ihr Lebensgefühl angreift. Ein vages, hartnäckiges und heimtückisches Gefühl der Trägheit, das entstehen kann, wenn man ständig nach dem Sinn im Leben sucht. Für Hochbegabte müsste das Leben immer spannend sein, voll überraschender Wendungen und starker miteinander geteilter Gefühle: intensive Freuden, überbordendes Glück und besondere Erfolge. Sie wollen spüren, dass sie leben. Sie wollen die Welt mitgestalten und ihre aufregenden Abenteuer mit allen Menschen teilen.

Bei aller Vielfalt und Energie fühlen sich hochbegabte Frauen manchmal abgeschnitten von ihrem Umfeld, unterschätzt, unverstanden in ihrem Innersten. Ihre Fähigkeit, blitzschnell ein umfassendes Verständnis selbst auf fremden Gebieten zu entwickeln, ermöglicht es ihnen, oft besser zu sein als ihre Lehrkräfte, Vorgesetzten und Therapierenden. Es ist nicht einfach, immer allen voraus zu sein. Das fehlende Vertrauen in Autoritätspersonen und die schnelle Lernfähigkeit führen dazu, dass Hochbegabte sich irgendwann für eine berufliche Unabhängigkeit entscheiden, in der sie sich nur auf sich selbst verlassen dürfen. Zu gerne hätten sie jemanden, dem sie vertrauen und tiefen Respekt schenken würden, jemanden, der ihnen in Persönlichkeit und Kompetenzen überlegen ist, doch solche Begegnungen sind eher selten und außergewöhnlich.

Werden Unruhe und Energie nicht in Produktivität gebündelt, kann es zu Lebenssituationen kommen, in denen sie anderweitig versorgt werden – mit Alkohol, Glücksspiel, Essen, Drogen und sexuellen Exzessen. Die meisten Hochbegabten stellen intuitiv immer wieder die Balance zwischen intensiver Aktivität und absoluter Ruhe her. Sie müssen die Kunst erlernen, ihr hochaktives Gehirn so oft wie möglich bis an seine Grenzen auszulasten, ohne auszubrennen – ein Drahtseilakt, der oft lebenslanger und täglicher Übung bedarf.

1.2.2 Komplexität des Wahrnehmens

Hyperästhesie, Poetik, Ästhetik

Die sogenannte Hyperästhesie, die gesteigerte Erregbarkeit der Gefühls- und Sinnesnerven, verstärkt alle Wahrnehmungskanäle und verleiht der inneren Welt eine emotionale Dichte, eine Wahrnehmung mit allen Sinnen. Die bemerkenswerte Aufnahmefähigkeit Hochbegabter und ihr Erleben der Welt sind außergewöhnlich. Alles zu spüren, kann ein besonderer Genuss sein und zu magischen Momenten führen; Hyperästhesie ist einzigartig, euphorisierend und magisch.

Einen Sinn für das Schöne, ein Gefühl für das Wahre, für das, was berührt, steht im Zentrum der Ästhetik, die die intimste Verbindung zur Welt ermöglicht. Sie ist eine philosophische Disziplin, ein poetischer Charakter, der sich selbst vergessen lässt, um Schönheit zu genießen. Poetik und Ästhetik bringen die Welt in ihrer vollen Lebendigkeit zum Vorschein – sie sind das Tor zur Schönheit des Lebens.

Einige Hochbegabte können binnen Sekunden vom Lachen zum Weinen, von absoluter Ekstase zu tiefster Traurigkeit übergehen. Die netzwerkartige Ausbreitung ihrer Gedanken kann für häufige, unverhoffte Stimmungswechsel sorgen. Dabei können die dunkelsten Gedanken Hochbegabter zu psychischen Qualen und einem Leben führen, das unerträglich erscheint. Genauso lässt die grenzenlose positive Energie sie immer wieder wie Phönix aus der Asche emportreten. Mit ihrer besonders starken Wahrnehmung für die Komplexität der Welt haben Hochbegabte in der Regel ein großes Bedürfnis, in allem einen Sinn zu finden. Sie schaffen Ordnung und Struktur in ein scheinbares Chaos und erleben tiefe Glücksgefühle, wenn sie Neues lernen.

Die beinahe übernatürliche Energie mancher Hochbegabter kann sich auch ins Gegenteil wandeln: Ist die hochbegabte Frau im tiefsten Inneren davon überzeugt, dumm und inkompetent zu sein, dann verwandelt sich ihre beeindruckende positive Energie in Starre. Schnell befindet sie sich in einem Kampf ums psychische Überleben. Gelingt es ihr, den ermüdenden Kampf aufzugeben und sich einem glücklichen Leben zuzuwenden, werden Energien freigesetzt, die eine immer wieder neue Lebensgestaltung ermöglichen. Hochbegabte werden von ihrer Lust an Herausforderungen dazu getrieben, große Dinge zu erreichen – für sich selbst und für die anderen, genährt von ihrer tiefen Sehnsucht nach Menschlichkeit.

Zeiterleben

Für manche Hochbegabten gibt es keine normale Zeitstruktur. Ihre Gedanken breiten sich netzwerkartig aus; in einer besonderen Tiefe denken sie auf mehreren Achsen gleichzeitig, schwenken dabei von zwei- zu dreidimensionalen Gedanken und beobachten sich aus der Vogelperspektive. Sie analysieren, passen ihre Parameter an und antizipieren mögliche Konsequenzen und Reaktionen der anderen. Sie führen Regie, spielen gleichzeitig die Hauptrolle und schauen von außen zu. Ganz im gegenwärtigen Moment zu leben, im gleichen Takt mit ihren Sinneseindrücken und Emotionen zu sein, ist für Hochbegabte fast unmöglich. Die Metaanalyse jedes Moments hindert sie oft daran, sich einfach nur an einer Szene zu beteiligen und im Fluss des Lebens zu verweilen.

> »Nicht nur haben Hochbegabte das Gefühl, mehrere Alter zu haben, sie bewegen sich auch in unterschiedlichen Raumzeiten: Vergangenheit–Gegenwart–Zukunft. Natürlich leben sie ihre eigene individuelle Lebenszeit, doch ist diese auch mit dem

> Raum-Zeit-Kontinuum des Universums verbunden. […] Die Perspektive auf sich selbst ist ganz anders, da sie durch die Skalen von Raum und Zeit relativiert wird.« (Siaud-Facchin 2017, S. 157)

Hochbegabte können sich nicht vom Kontext lösen. Ihr Sinn des Lebens bezieht sich auf das Leben selbst, das mit dem Sinn der Welt verbunden ist, auch wenn dieser Sinn sich ihnen nicht direkt offenbart. Das persönliche Leben, so unbedeutend es sein mag, wird stets durch den Bezug zum Universum in die rechte Perspektive gerückt. Nur diese universelle und von der Zeit unabhängige Perspektive kann für sie einen Sinn ergeben und jedem gewöhnlichen Leben eines jeden Einzelnen einen Sinn verleihen.

Struktur und Freiheit

Die meisten Hochbegabten haben eine innere Strukturiertheit, die sie mit ihrem Logikverständnis und der Fähigkeit des Vorausschauens dazu befähigt, Ordnung und Struktur zu schaffen. Sie sind in der Lage, lückenhafte Systeme zu dechiffrieren und mit ihrem synoptischen Überblick systemübergreifend zu denken. Das schlussfolgernde Denken Hochbegabter, kombiniert mit einem breiten Wissen und dem richtigen Gespür, erlaubt ihnen, Entwicklungen vorauszusehen und aus wenigen Komponenten in Windeseile ein Zukunftsmodell zu entwickeln. Solche Menschen sind für eine Gesellschaft sehr wichtig, allerdings übersteigen ihre Ideen oftmals das, was andere Menschen nachvollziehen können und scheitern durchaus, da sie nicht erkannt werden. Dies passiert Frauen wie Männern, Frauen wird jedoch häufiger die Glaubwürdigkeit ernst zu nehmender Visionen abgesprochen.

Genauso gibt es unstrukturierte Hochbegabte, die Hochleistungen vollbringen, ohne den Überblick zu verlieren. In manchen Situationen sind Hochbegabte mit strukturiertem Denken unstrukturiert, nämlich dann, wenn sie sich in negativen Gedanken und Gefühlen verlieren. Dann kann eine geordnete Umgebung inneren Halt geben: ein ruhiges Zuhause, ein geregelter Tagesablauf und feste Gewohnheiten (Gusovius 2005).

Freiheit und Struktur ergänzen sich: Um Ordnung und Systeme zu entwickeln, braucht es Freiheit im Denken. Eine für Hochbegabte wichtige Art von Freiheit ist die Abwesenheit von Zwang. Sie sträuben sich aus Prinzip gegen äußere Zwänge und reagieren mit Widerstand; sie brechen mit Konventionen und arbeiten am liebsten frei und unabhängig. Lässt man sie in Ruhe, vollbringen sie außergewöhnliche Leistungen. Ihr Freiheitsdrang, ihre unermüdliche Energie und die Kreativität lassen sie wahre Wunder vollbringen. Freiheitsliebende Menschen können gut mit sich allein sein, ohne sich einsam zu fühlen. Sie brauchen Zeit für sich, zum Lesen, Arbeiten und Denken. Nur in Freiheit und Ruhe kann sich kreative Arbeit entwickeln. Alles andere kostet sie zu viel Kraft (Gusovius 2005).

Ethik und Moral

Hochbegabte Menschen sehen schon als Kinder keinen Sinn in einer von außen etablierten Moral. Sie wollen aus sich selbst heraus begreifen, was richtig ist und was falsch. Sie haben ein außerordentlich feines Sensorium für Menschen und einen ausgeprägten Sinn für Stimmigkeit und Wahrheit. In engeren persönlichen Beziehungen sind Hochbegabte kompromisslos loyal und stehen immer zu den Menschen, mit denen sie sich verbunden fühlen. Sie haben zudem das ausgeprägte Bedürfnis, niemanden zu verletzen. Loyalität, hohe ideelle Werte und ein ausgeprägter Gerechtigkeitssinn begleiten viele Hochbegabte in ihrem täglichen Leben. Die Achillesferse hochbegabter Frauen ist die soziale Ungerechtigkeit. Dies gilt sowohl für ihre vielfältigen und im Vergleich zu Männern größeren Ungerechtigkeiten ihnen selbst als auch anderen Menschen gegenüber.

Intuition

Hochbegabte Frauen verfügen über eine kreative Intuition, eine Art Expertensystem, mit dem die Analyse eines jeden Problems unter Einbeziehung einer Vielzahl von Faktoren und Erfahrungen gleichzeitig und rasant erfolgt. Diese Intuition erlangen sie dank ihrer Assoziationsfähigkeit und ausgeprägten Empathie. Als Intuition wird eine unbewusste Intelligenz verstanden, das sogenannte Bauchgefühl, das uns die wirklich guten Entscheidungen aufgrund einer Vielzahl von nicht bewusst greifbaren Informationen treffen lässt. Der Haken liegt darin, dass Frauen die Legitimität ihrer Lösung rechtfertigen wollen – vor sich selbst und vor ihrem Umfeld. Oft wissen sie selbst nicht, warum sie etwas verstanden haben, aber sie wissen, dass sie es genau verstanden haben. Und manchmal glauben sie sich trotzdem nicht. Dabei ist ihre Intuition ein besonders starkes Instrument auf ihrem Lebensweg, auf das sie sich stets verlassen sollten.

Kreativität und Flow

Die Kreativität hochbegabter Menschen entsteht aus der sogenannten latenten Inhibition, dem Unvermögen, unwichtige Informationen von wichtigen zu unterscheiden, wie es die Gehirne Nicht-Hochbegabter automatisch tun. Das Gehirn hochbegabter Menschen registriert feinste Details und bildet daraus ein differenzierteres Bewusstsein und eine verstärkte Wahrnehmungsfähigkeit. Hochbegabte können die Intensität aller Reize auf sich einströmen lassen und aus ihnen sehr originelle Ideen entwickeln. Dieser großartige Vorgang bringt Leidenschaft und Erfüllung in einer kontinuierlichen, weitverzweigten und grenzenlosen Wahrnehmung und stellt unerwartete kreative Verbindungen her.

Kreative Hochbegabte sind erfolgreich, wenn sie ihre überdurchschnittliche Intelligenz und Kreativität mit anhaltender Motivation und Faszination für ein spezielles Thema verbinden. Der Flow kreativer Hochbegabter enthält Neugier, ein anhaltendes Streben nach mehr Wissen, den Willen, persönliche Barrieren zu überwinden und den Wunsch, sich über einen langen Zeitraum für eine Aktivität zu engagieren. Gerade hochbegabten jungen Frauen wird geraten, sich in den gesellschaftlichen Erwartungen nicht zu verlieren und stets den Fokus auf ihre Leidenschaften zu wahren.

Kreativität impliziert die Verpflichtung zu einer Aufgabe, ein bestimmtes Mindset und einen Flow. Erfolgreiche Menschen sind zu 100 Prozent bei ihrer Leidenschaft, sie planen, stellen Strategien auf, nutzen ihre Ressourcen, arbeiten hart und sind detailorientiert. Im Zusammenhang mit hochbegabten erfolgreichen Frauen beobachten Kerr und McKay:

»They had discovered the secret of joy that is always there waiting for the gifted woman – that falling in love with an idea can provide a lifetime of emotional sustenance and constancy.« (Kerr & McKay 2014, S. 272)[8]

1.2.3 Komplexität des Denkens

Intelligenz als Stärke

Hochbegabte Mädchen und Frauen dürfen und müssen mehr als Männer lernen, das Besondere an ihrer Intelligenz wertzuschätzen. Die Fähigkeit, die Perspektive auf sich zu wechseln, birgt für Hochbegabte unzählige neue Möglichkeiten, die sie ausschöpfen sollten. Perspektivwechsel und Selbstkritik sollten bewusst für die eigene Weiterentwicklung eingesetzt werden, anstatt unter der hohen Introspektionsfähigkeit zu leiden.

Eine lineare und analytische Denkweise, die von einer Grundhypothese ausgeht und sich dann in logischen Etappen weiterbewegt, erlaubt zwar gute Ergebnisse, allerdings kaum wirklich neue Ideen. Das netzwerkartige Denken Hochbegabter ermöglicht dagegen unerwartete Ergebnisse, auf die das strukturierte, sequentielle Denken niemals gekommen wäre. Im Denken gegen den Strom steckt die Kreativität.

Mit der sogenannten weitwinkligen Intelligenz können Hochbegabte Probleme gleichzeitig aus vielen verschiedenen Winkeln betrachten und dadurch ein viel größeres Verständnis der Welt erlangen. Die weitwinklige Intelligenz ist ein jenseits der Norm liegendes Denkvermögen, das Hochbegabten einen vorausschauenden Blick und außergewöhnlich hohe Kenntnisse verschafft.

Die netzwerkartige Ausbreitung ihrer Gedanken führt zu einer rapiden Gedankenverästelung und einer Quelle unzähliger Ideen, die gelenkt und genutzt werden wollen. Die Aktivität der Gedankennetzwerke ist immens hoch; gleichzeitig auftretende Unmengen an Ideen und Assoziationen können gleich wieder verloren gehen. Das

8 Sie hatten das Geheimnis der Freude entdeckt, das immer auf die begabte Frau wartet – dass das Verlieben in eine Idee ein Leben lang emotionale Nahrung und Beständigkeit bieten kann. (Übersetzung AD)

Schreiben als Instrument zur Selbsterkundung und Kanalisierung eigener Gedanken ist besonders empfehlenswert.

Lässt die Mehrfachbelastung der Frauen von Familie, Beruf und Gesellschaft zu, dass sie ihre Intelligenz als Stärke wahrnehmen und einsetzen? Wie können hochbegabte Frauen davon Abstand nehmen, den Spagat zwischen Ansprüchen und Bedürfnissen halten zu müssen? Wie können sich Frauen von der Bewertung von außen befreien? Was muss passieren, damit weibliche Intelligenz wirklich als Stärke verstanden wird – von den hochbegabten Frauen selbst, ihren Familien, Lebenspartnern und Arbeitgebern?

Sprachkomplexität

Die Sprachkomplexität ist eins der Kernmerkmale von Hochbegabung: Profunde Lexik und ein sehr gutes sprachliches Ausdrucksvermögen zeichnen (gebildete) Hochbegabte in der Regel aus. Sie erkennen sprachliche Feinheiten und unterschiedliche Nuancen oft schon, bevor sie selbst sprechen können und begreifen rasch, dass ein Wort unter Umständen verschiedene Bedeutungen besitzt und unterschiedliche Wörter ein- und dasselbe aussagen können. Sie lernen schnell, dass man sich einen sehr umfangreichen Wortschatz und eine präzise Ausdrucksweise aneignen muss, wenn man vielfältige Gedanken und Gefühle oder komplexe Sachverhalte verstehen und entsprechend differenziert mitteilen möchte. Dahinter steckt der Wunsch nach Genauigkeit.

Hochbegabte haben ein sehr hohes Denk- und Sprechtempo, das zudem aufgrund der Assoziationsfähigkeit sehr sprunghaft wirken kann. Sie möchten Unmengen von Gedanken, Ideen und Fragen mit anderen Menschen teilen und fürchten, nicht ausreichend Zeit für ihre Darlegung zu haben. So versuchen sie, in kurzer Zeit sehr viele Informationen zu vermitteln, was sich im erhöhten Sprechtempo zeigt. Dank ihrer geschärften Sinne und ihrer Aufnahmekapazität fügen sie die vielen zusammenhanglosen Einzelinformationen im Gespräch oft in Windeseile zusammen. Daraus entstehen wieder neue Gedanken und Fragen, die dann eingeflochten werden. Das Gegenüber könnte sich irgendwann den Gedankensprüngen entziehen wollen.

Gedächtnis und Wissensdurst

Ein hervorragendes Gedächtnis ist eines der Hauptmerkmale Hochbegabter. Es ist die Mühelosigkeit des Erinnerns, die an Hochbegabten bewundert wird. Ihr Langzeitgedächtnis löst sehr schnell komplexe Aufgaben, indem es blitzschnell nach bekannten Parametern sucht. Hochbegabte spielen mit dem Gehirn und lassen es Aufgaben durchspielen, die ihr gesamtes Geschick erfordern: Schnelligkeit, Präzision, Analysefähigkeit. Ein noch so unbedeutendes Detail merken sie sich und erlangen in ihrem Wissen hohe Vollständigkeit. So werden Ideen vertieft und bis ins winzigste Detail erforscht. Diese Methode ist ein machtvolles Instrument für das Erkunden neuer Theorien und die Entstehung neuer Gedankensysteme, die Hochbegabten ein Vordringen ins Zentrum des eigenen Selbst ermöglichen.

Es gibt auch Hochbegabte, die sich nur merken, was sie wirklich interessiert – Unwichtiges und Überflüssiges behalten sie nicht. Ihr Wissen ist auf ihren Interessengebieten beeindruckend und manchmal unerwartet fragmentarisch. Ihre Erinnerungsfähigkeit kann von Nachteil sein, wenn sich schlechte Erfahrungen tief ins Gedächtnis einprägen. Erlebte Ungerechtigkeiten und Verletzungen bleiben über einen langen Zeitraum real, zeitlos und jederzeit abrufbar. Hier heilt die Zeit keine Wunden, wenn überhaupt braucht die Heilung viele Jahre, und dennoch kann die Verletzung sie, wie eine heftige Meereswelle, plötzlich wieder erfassen (Gusovius 2005).

Starke Neugierde und großer Wissensdurst zeichnen sie aus; sie brauchen das sprichwörtliche Futter fürs Gehirn. Bereits hochbegabte Kinder brauchen ausreichend geistige Stimulation, um ausgeglichen zu sein, und das ändert sich bis ins hohe Alter nicht, wie die Untersuchungen zu hochbegabten Senioren zeigen (Nauta et al. 2020). Die meisten hochbegabten Erwachsenen haben große Freude an Herausforderungen und fühlen sich erst wirklich wohl, wenn sie gefordert sind. Oft zeigen sie große Begeisterung für komplexe und manchmal ungewöhnliche Dinge und verfolgen sie mit großer Intensität. Dieses enorme Energiepensum kann manchen Menschen zu intensiv und anstrengend erscheinen. Gerade Frauen mit einem hohen Energiepensum und einer gelebten starken Intensität können irritieren, insbesondere wenn sie eine attraktive Erscheinung sind.

Geistige Autonomie, Abstraktionsfähigkeit und Nonkonformismus

Das Denken der hochbegabten Persönlichkeit ist sehr komplex. Hochbegabte denken selbst bei einfachen Aufgaben auf einer abstrakten Ebene. Dabei werden diverse Aspekte miteinbezogen, Konsequenzen durchdacht, Perspektivwechsel durchgeführt und Vergleiche herangezogen – alles zeitgleich. So kann ein Gedanke am Ende zu vielen weiteren Verästelungen führen und mit weiteren Überlegungen vernetzt werden. Dieses breite und komplexe Denken kann vielfältige und herausragende Ergebnisse hervorbringen (Fietze 2019).

Dank ihrer ausgeprägten Fähigkeit zur Visualisierung besitzen Hochbegabte ein ausgezeichnetes episodisches und situatives Gedächtnis. Reflexion bedeutet für sie nicht nur Rückschau, sondern auch Vorschau: Sie reflektieren nicht nur sich selbst und vergangene Situationen, sondern auch mögliche zukünftige Geschehnisse. Sie sind Meister der Strategien und Visionen. Die Kehrseite des komplexen Denkens besteht darin, nicht auf den Punkt zu kommen. Gerade bei einfachen Fragen erschwert diese Eigenart eine konkrete und praktische Lösungsfindung.

Für Hochbegabte bedeutet Denken Leben. Hochbegabte Menschen haben keine andere Wahl als zu denken: Ihre machtvollen, unablässigen Gedanken lassen sich nicht aufhalten und nehmen pausenlos alles unter die Lupe, analysieren, verarbeiten, assoziieren und antizipieren. Betroffene denken demnach über alles nach, und das in hoher Intensität, in verschiedenen Sprachen und Schriften.

Hochbegabte haben eine ausgeprägte Fähigkeit zur Mustererkennung und Analogiebildung, ein Denken in Bildern. Sachverhalte erschließen sich ihnen durch die unbewusste und intuitive Interpretation. All das geschieht in hoher Geschwindigkeit und ohne Zwischenschritte. Bei ihnen sind Präzision und Tiefenanalyse aktiviert bis ins Unendliche (Fietze 2019). Dies ist vor allem bei höchstbegabten Menschen bei einem IQ ab 145 zu beobachten.

Abstraktionsfähigkeit und logisches Denken sind kaum voneinander zu trennen – sie bedingen einander. Als deduktives logisches Denken bezeichnet man Schlussfolgerungen vom Großen zum Kleinen. Das induktive logische Denken verläuft in umgekehrter Richtung: Hier schließt man vom Detail auf das große Ganze. Beide Vorgänge erfordern eine gewisse Abstraktionsfähigkeit, die beim induktiven logischen Denken stärker zum Tragen kommt. Wer abstraktionsfähig ist, schafft es, sich auf das Wesentliche eines Sachverhalts zu beschränken und den Kerngedanken erkennbar zu machen.

All diese Besonderheiten – abstraktes, vernetztes, komplexes, verästeltes Denken, Muster- und Bilderdenken sowie intuitives Denken führen in ihrer Wechselwirkung dazu, dass auch an dieser Stelle viele hochbegabte Erwachsene, insbesondere Frauen, aufgrund der Erwartungen der Gesellschaft den diffusen Eindruck haben, anders zu sein als die meisten anderen Menschen – anders im Sinne von seltsam oder defizitär. Erfahren sie Widerstand, führt dies zu großer Verunsicherung. Lässt man ihnen den Raum für kreative Denk- und Lösungsansätze, erbringen sie außergewöhnliche kognitive Leistungen und erleben große seelische Erfüllung. Umso wichtiger ist es, bereits im Kindergarten gerade bei Mädchen ganz genau hinzusehen. Schließlich werden hochbegabte Frauen nicht selten übersehen, bestenfalls misstrauisch beäugt. Dieselbe Idee, ausgesprochen von einem männlichen Kollegen oder Familienmitglied, hat tausendfach mehr Gewicht.

Hochbegabte haben das Bedürfnis, ihre Gedanken zu bändigen, um andere nicht zu überfordern. Dies ist sozialisationsbedingt besonders bei hochbegabten Mädchen und Frauen zu beobachten, die nicht auffallen, keine Umstände machen und niemanden überstrahlen wollen. Die ständige Einflussnahme der Emotionen trägt obendrein zu einem permanenten, kaum zu beruhigenden Gedankenfluss bei, der massive Sorgen und Ängste auslösen kann. Für mehr Kontrolle entwickeln Hochbegabte einen Schutzmechanismus und geben dem Denken einen sicheren Rahmen, indem sie nach absoluter Präzision, nach dem exakten Sinn suchen. Sie haben das Bedürfnis, die Vielfalt an Möglichkeiten weitestgehend zu begrenzen und unscharfe Hypothesen zu filtern.

Hochbegabte lieben kontroverse Diskussionen. Sie kommen mit

den unterschiedlichsten Themen in Berührung. Ein aufnahmefähiger und reger Geist will möglichst ausgelastet werden und liebt anspruchsvolle Themen. Hochbegabte legen eine hohe Messlatte und streben danach, ihre vorhandenen Kapazitäten möglichst effektiv auszuschöpfen und Ziele immer höher zu stecken.

Geistige Autonomie, Idealismus und Nonkonformismus sind typisch für Hochbegabte und können bei ihnen das schmerzliche Gefühl des Nicht-Verstandenwerdens und tiefer Einsamkeit hervorrufen, wenn sie auf Ablehnung und Unverständnis stoßen. Auch das Bewusstsein über das Leben kann Hochbegabte von der Welt abschneiden und bei ihnen ein Gefühl fehlender Zugehörigkeit auslösen. Mit ihrer Intensität gelangen sie zu einer »überpersönlichen Wahrheit« (Gusovius 2005, S.45ff.): Hochbegabte analysieren die Welt mit einer charakteristischen Überreife in einer unfassbaren Geistesgegenwart.

Lösungskompetenz und Geschwindigkeit

Die hohe Auffassungsgabe Hochbegabter und ihre Art zu Denken spiegeln sich insbesondere bei Problemlösungen wider und können zu sehr smarten, originellen und effizienten Lösungen führen. Mit der Fähigkeit, Zusammenhänge rasch zu durchdringen, erkennen Hochbegabte frühzeitig Unstimmigkeiten und Fehler noch bevor der Umgebung klar wird, dass sich ein Problem abzeichnet. Das kann wiederum in der Kommunikation mit anderen Menschen zu großen Schwierigkeiten führen. Anders als Männern wird hochbegabten Frauen mit ihrem vorausschauenden Denken weit weniger Glauben geschenkt. Die sogenannten Kassandrarufe werden oft überhört.

Sind Hochbegabte mit einfacheren Aufgaben konfrontiert, können ihre Ergebnisse sehr kompliziert ausfallen. Sie können sich nur schwer vorstellen, dass eine an sie gestellte Aufgabe tatsächlich simpel ist. Komplexe Aufgabenstellungen scheinen ihnen mehr zu liegen; hier können sie ihre Stärken zeigen. Zur Lösungskompetenz gehört auch die Entscheidungskompetenz. Es gibt Hochbegabte, die sehr gut und vor allem schnell Entscheidungen treffen können. Dagegen verfügen manche über eine niedrige Entscheidungskompetenz und tendieren dazu, jede Entscheidungsmöglichkeit von allen

Seiten aus zu beleuchten, bis ihnen eine Entscheidung unmöglich erscheint.

Die Geschwindigkeit im Denken kann zum zentralen Problem werden, wenn sie mit der anderer Menschen nicht synchron ist. Mit ihren Sinnen, die alles erfassen, haben Hochbegabte eine visionäre Perspektive: Sie haben schon verstanden, bevor die Frage überhaupt zu Ende gestellt wurde. Sie wissen, was zu tun ist, wenn alle anderen noch grübeln. Wie weit Hochbegabte ihrer Umwelt voraus sind, zeigt sich in unzähligen Bereichen, im Privatleben wie auch im Beruf. Sie sind anderen voraus, ihrer Zeit voraus, dem eigenen Leben voraus. Das kann als Überheblichkeit missverstanden werden, dabei können sie gar nicht anders.

Schnelles und umfangreiches Lesen gilt als typisch hochbegabt. Hochbegabte scannen Texte mental ein und haben den Inhalt präsent. Häufig verschlingen sie ein dickes Buch in kürzester Zeit, oder aber sie lesen bewusst extrem langsam, um tief in den Text einzutauchen und tagelang darüber nachzudenken. Das Gelesene wird dann in einen größeren Kontext eingebettet und weiter vernetzt.

Es gibt Hochbegabte mit einem extrem hohen Arbeitstempo auf hohem Niveau. Das weckt sowohl Bewunderung als auch Neid. In Situationen, die Langsamkeit erfordern, wird mit Gründlichkeit, Ausdauer und Voraussicht gearbeitet, um Aufgaben zur eigenen Zufriedenheit zu Ende zu bringen.

In der komplexen Phänomenologie Hochbegabter stößt man auf viele Widersprüche. Katharina Fietze (2019, S. 188–217) stellt die Polarität der hochbegabten Persönlichkeit vor, die eine ganze Bandbreite widersprüchlicher Qualitäten in sich vereint und zwischen den Extremen hin- und herrangiert. Fietze nimmt in ihrer Arbeit Abstand von Typisierungen und stellt die ambivalente hochbegabte Persönlichkeit mit ihren gleichberechtigten Teilen des Ganzen vor:

- Frühentwicklung – Spätentwicklung
- Wachheit – Müdigkeit
- Schnelligkeit – Langsamkeit
- Konzentration – Ablenkung
- Erinnern – Vergessen

- Höflichkeit – Frechheit
- Kritik – Kränkung
- Langeweile – Hochgefühl
- Oberflächlichkeit – Perfektionismus
- Tatkraft – Weltferne
- Extraversion – Introversion
- Abschirmung – Hilfsbereitschaft
- Überschwang – Traurigkeit
- Aggressivität – Leidensfähigkeit
- Hass – Liebe
- Gutgläubigkeit – Argwohn
- Unbeirrbarkeit – Skepsis
- Struktur – Freiheit

> »Niemand, der einen außergewöhnlichen Menschen kennt oder jemals einen kennengelernt hat, kommt um die Feststellung umhin, daß die Gefühlswelt dieser Menschen von Extremen geprägt ist.« (Gusovius 2005, S. 57)

Diese Gegensätze auszuhalten, heißt, seine Hochbegabung zu leben. Hochbegabte Frauen sind wie Chamäleons und passen ihr Verhalten den permanenten Einschränkungen der Umwelt an. Das lernen sie von klein auf.

Doch wie steht es um die Akzeptanz weiblicher »Genies« und Visionäre im Alltag? Nehmen Gesellschaft, Politik, Wirtschaft und Bildung sowie die ganz gewöhnlichen Menschen im Alltag Frauen mit einer hohen intellektuellen Komplexität so wahr wie Männer ähnlicher kognitiver Ausstattung? Was muss sich ändern, damit hochbegabte Mädchen und Frauen wahrgenommen und nicht als Bedrohung verstanden werden?

KAPITEL 2

Das Innenleben der hochbegabten Frau: Eine Frage der Identität

»Einem weiblichen Genie droht die Psychiatrie«
(Fietze 2019, S. 239)

In Anlehnung an Woody Allens Spielfilm *Innenleben* (*Interiors*) wird der Begriff des Innenlebens gewählt, um Inneneinsichten in das Seelenleben hochbegabter Frauen zu gewähren – basierend auf Erfahrungen aus der Coachingpraxis, den vorgestellten Interviews und der einschlägigen Fachliteratur. Hier soll den Fragen nachgespürt werden, wodurch das Selbstwertgefühl hochbegabter Frauen gestört wird, was das Gefühl des Andersseins ausmacht, wie es entsteht und was die Identität hochbegabter Frauen ausmacht.

2.1 Interne Barrieren und das narzisstische Selbstwertgefühl

»Wenn ich verletzt werde, zerfalle ich in 1000 Stücke.«
(eine Klientin)

Gegenwärtig wird davon ausgegangen, dass die soziale Rolle der Frauen und die Entwicklungs- und Ausdrucksmuster ihrer Fähigkeiten und Talente im Wesentlichen durch Faktoren gefördert oder gehemmt werden, die mit dem sozialen Kontext zusammenhängen, in dem sie leben. Es ist bekannt, dass kulturelle Einflüsse geschlechtsspezifische Stereotype aufrechterhalten oder verstärken, indem sie externe und interne Barrieren für Frauen darstellen, wie z.B. geringere Aufstiegschancen oder ein begrenzter Glaube an ihr eigenes Potenzial. Das als »gläserne Decke« bekannte Phänomen ist eine Metapher für die Schwierigkeiten, auf die Angehörige einer bestimmten Bevölkerungsgruppe, beispielsweise Frauen, in ihrer beruflichen Entwicklung stoßen und nicht in Führungspositionen aufsteigen. Die gläserne Decke wird auch als vertikale Ausgrenzung oder hierarchische Segregation bezeichnet und bezieht sich auf unsichtbare oder kulturelle Barrieren, die Frauen daran hindern, die höchsten und prestigeträchtigsten Ebenen zu erreichen. Diese Hindernisse liegen außerhalb des Individuums, verfestigen jedoch interne Aspekte, die die Entwicklung des weiblichen Potenzials behindern. Diese können je nach Kultur, Familiendynamik und sexueller Stereotypisierung variieren und untrennbar mit den Organisationsstrukturen eines Unternehmens verwoben sein. Seit den 1980er-Jahren sind zu diesem Phänomen international zahlreiche wissenschaftliche Studien erschienen. Im weiteren Sinne spricht man von der gläsernen Decke auch im Hinblick auf die eingeschränkten Aufstiegschancen von Homosexuellen, ethnischen und anderen Minderheiten. In jedem Fall lässt sich die gläserne Decke als wirkmächtige Karriererestriktion beschreiben, die subtil und kaum messbar den Weg von Frauen in hohe gesellschaftliche und wirtschaftliche Positionen verhindert.

Ein weiteres Hindernis für die Entfaltung des weiblichen Potenzials ist die Angst vor Erfolg. Dieses von Horner (1972, S.157ff.) erstmals beschriebene Phänomen trat Ende des 20.Jahrhunderts häufig auf. Frauen glaubten, sie würden abgelehnt oder als männlich angesehen werden, wenn sie Intelligenz und Kompetenz in dem Bereich, in dem sie arbeiteten, zum Ausdruck brachten. Für Horner war die Angst der Frauen vor ihrem Erfolg der Hauptgrund für die Unsichtbarkeit von Frauen in akademischen, sozialen oder beruflichen Positionen und scheint ihren Ursprung in einem kognitiven Glaubenssystem zu haben, das manchmal zu einem unüberwindbaren Hindernis für den Erfolg wird.

Die Angst vor Erfolg und Sichtbarkeit geht oft mit einem geringen

Selbstwertgefühl und einem hohen Maß an Empathie einher. Die hochbegabte Frau, die ihre Hochbegabung nicht integriert hat und an geringem Selbstwertgefühl leidet, traut sich nicht, aus sich herauszugehen und sich zu entfalten; ihr starkes Einfühlungsvermögen erlaubt ihr nicht, andere zu überstrahlen. Verstärkt wird diese Angst durch die Vorstellung, etwas Großes leisten zu müssen, dem jedoch nicht gerecht zu werden, oder etwas zu erreichen, aber nicht mit den Konsequenzen umgehen zu können. Hinter dem ungewollten Überstrahlen anderer stehen oft Authentizität, harte Arbeit und gute Ergebnisse. Es ist ein Netz von tief unterdrückten Einstellungen und Ängsten, das Frauen in eine Art Halbschatten hält und sie daran hindert, ihren Intellekt und ihre Kreativität voll auszuschöpfen.

Das geringe Selbstwertgefühl und das negative Selbstbild, das der Angst vor Erfolg zugrunde liegt, verschwinden nicht ganz, können jedoch mit einem positiven Selbstbild ausgeglichen werden. Die Wahrnehmung von Klient:innen mit einem geringen Selbstwertgefühl ist stark gefärbt von ihren negativen Erfahrungen und sucht immer wieder nach Verstärkung für ihr negatives Selbstbild. Es ist eine sich selbst erfüllende Prophezeiung. Das Selbstwertgefühl braucht aber Bestätigung und positive Erfahrungen als Ausgleich, um die negativen Erlebnisse zu überschreiben.

Einige Forscher glauben, dass die Angst vor Erfolg ein Schlüsselfaktor für das Verständnis der Probleme hochbegabter Frauen ist. Dieses Angstsyndrom kann dazu führen, dass Mädchen und Frauen glauben, sie würden von ihren männlichen Mitschülern abgelehnt oder vom anderen Geschlecht als unerwünscht angesehen, wenn sie zu kompetent oder erfolgreich sind.

Oft fällt hochbegabten Frauen mit Vielbegabungen die Entscheidungsfindung im beruflichen wie im privaten Kontext schwer, da sie nicht alles tun können, was sie gerne tun würden und tun könnten. Dies illustriert das Fallbeispiel der jungen erfolgreichen Aida. Aufgrund der äußeren und inneren Hindernisse, mit welchen sie im Leben konfrontiert sind, haben viele hochbegabte Frauen daher nicht die Möglichkeit, Selbstwirksamkeit richtig zu entwickeln.

Frauen, die hohes Potenzial und vielfältige Interessen aufweisen, sind in der Regel sehr lernbegierig und wissensdurstig, erzielen in Leistungstests einheitlich hohe Werte und haben oft vielfache akademische, berufliche und freizeitbezogene Möglichkeiten. Manchen hochbegabten Mädchen wird die Berufswahl möglicherweise von Eltern oder Lehrern aufgezwungen, da sie glauben, zu wissen, welches Fachgebiet für ihre Tochter oder Schülerin das richtige ist. Es scheint ein Zusammenhang zwischen diesen Persönlichkeitsmerkmalen und dem sogenannten Overchoice-Syndrom, dem Auswahlparadox, zu bestehen.

Selbsterkundung, Selbstkritik, intellektuelle Reife und das Vorhandensein komplexer Wertesysteme stehen alle in Wechselwirkung mit Multipotenzialität. Frauen mit einem breiten Spektrum an Persönlichkeitsmerkmalen und Perspektiven fällt es oft schwer, sich selbst zu verstehen und die richtigen Entscheidungen für den Beruf zu treffen.

Der Perfektionismus ist eines der emotionalen Merkmale hochbegabter Frauen und betrifft eine Kombination von Gedanken und Verhaltensweisen, die in der Regel mit hohen Standards oder Erwartungen an die eigene Leistung verbunden sind. Obwohl die meisten Hochbegabten ein gesundes Maß an Perfektionismus aufweisen, kann diese Eigenschaft bei Frauen großen Stress verursachen, insbesondere beim sog. Bienenköniginnen-Syndrom, einer Theorie, nach welcher die Frau glaubt, genauso produktiv sein zu müssen wie ihr Partner – sowohl in den beruflichen als auch ehelichen Pflichten – und dabei für eine weibliche attraktive Erscheinung gleichsam sorgen zu müssen.

Angst und Perfektionismus stellen die größten Herausforderungen und Blockaden für hochbegabte Mädchen und Frauen dar. Sie sehen sich bei all ihren Unternehmungen mit einer Fülle an Möglichkeiten konfrontiert und nehmen aus Unentschlossenheit und Angst, den falschen Weg einzuschlagen, ein Vorhaben gar nicht erst in Angriff. Sie stellen den Anspruch an sich, alles perfekt zu machen und haben zu allem Überfluss die vermeintliche Gewissheit, andere seien besser und klüger. Wer einem hohen Selbstanspruch nicht gerecht wird, hadert mit sich und wird unzufrieden. Bevor Hochbegabte ein

Gebiet zur Vollendung bringen, widmen sie sich aufgrund ihres breiten Interessenspektrums manchmal schon einer neuen Aufgabe.

Liegen Ziel und Vision in schier unerreichbarer Ferne, fühlen sich hochbegabte Frauen besonders angetrieben. Die Größe ihrer Vision, der sie sich oft nicht bewusst sind, kann manchmal wissenschaftliche und kulturelle Gegebenheiten der jeweiligen Epoche und ihre eigenen Fertigkeiten übersteigen. Sie haben eine ausgeprägte und detaillierte Vorstellungskraft, ganz ungeachtet des Projektumfangs. Die Umsetzung allerdings bedarf langwieriger Anstrengungen, getrieben von Perfektionismus, Selbstzweifeln und Angst. Das Beeindruckende bei Hochbegabten ist ihr ungeheurer Durchhaltewillen. Auf Hindernisse, Niederlagen, materielle Krisen, gesundheitliche Probleme, Einsamkeit, Schicksalsschläge oder Anfeindungen reagieren sie zwar wie andere Menschen mit Frustration, Verunsicherung und tiefer Verzweiflung. Langfristig aber scheint nichts und niemand sie davon abhalten zu können, ihre Ziele weiter zu verfolgen.

Der Perfektionismus treibt hochbegabte Frauen zu vollständigen Charakteren an, zur Suche nach dem Schönen und Echten und zur steten Weiterentwicklung. Mit diesem Persönlichkeitszug können sie für andere Menschen große Vorbilder sein. Zu viele talentierte Frauen verbringen ihr Leben damit, perfekt zu sein. Der Wunsch, alle glücklich zu machen, ist groß. Ein Perfektionismuskomplex kann zu unangemessenen Zielen und immer höherem Leistungswunsch führen. Nicht wenige hochbegabte Frauen verbringen ihr Leben damit, Perfektion im Beruf, zu Hause, im Körper und bei den Kindern zu suchen. Die Mehrheit der ungesunden Perfektionistinnen arbeitet nämlich, um anderen zu gefallen: Partnern, Lehrern, Eltern.

Sie geben sich selten mit Erreichtem zufrieden und sehen eine Diskrepanz zwischen eigener Leistung und dem Ideal. Mit dem Hang zum Perfektionismus lässt sich vergessen, wie gut man eigentlich ist. Manche Hochbegabte glauben, als selbsterklärte Hochstaplerinnen in Wirklichkeit keinen Erfolg zu verdienen und leiden oft unter dem Impostor-Syndrom, auch Hochstapler-Syndrom genannt. Dies ist ein psychologisches Phänomen, bei dem Betroffene von massiven Selbstzweifeln hinsichtlich eigener Fähigkeiten, Leistungen und Erfolgen geplagt werden und das Unvermögen haben, ihre persönlichen Erfolge zu internalisieren. Der Begriff »Hochstapler-Syndrom« (original: *impostor phenomenon*) wurde erstmals 1978 in einem Artikel von Pauline R. Clance und Suzanne A. Imes (1978) eingeführt.

Die beiden klinischen Psychologinnen stellten in einem Vergleich mit männlichen Patienten fest, dass das Hochstaplerphänomen bei Männern deutlich seltener vorkommt. Sie erklären in ihrem Artikel die jeweilige Rolle und die Erwartungen der Gesellschaft, die den beiden Geschlechtern gegenüber jeweils ganz anders ausfallen. Das Syndrom beschreibt ein geringes Selbstwertgefühl, das auftritt, wenn Frauen ihre Erfolge anderen Faktoren als ihren eigenen Anstrengungen zuschreiben und ihr äußeres Bild einer erfolgreichen Leistungsträgerin als unverdient oder zufällig ansehen. Männer hingegen führen in der Regel ihren Erfolg auf ihre eigenen Fähigkeiten zurück und Misserfolge eher auf äußere Faktoren – das ist zumindest die Wahrnehmung in der Gesellschaft. Trotz offensichtlicher Beweise für ihre Fähigkeiten sind hochbegabte Frauen mit dem Impostor-Syndrom davon überzeugt, dass sie sich ihren Erfolg erschlichen und diesen nicht verdient haben. Bei manchen dieser Menschen sind diese Selbstzweifel derart ausgeprägt, dass sie sich selbst für Hochstapler:innen halten und in der ständigen Angst leben, andere könnten ihren vermeintlichen Mangel an Befähigung bemerken und sie als Betrüger:innen entlarven.

Das Impostor-Syndrom kommt in meiner Praxis mit hochbegabten Frauen besonders häufig vor und sollte wissenschaftlich genauer untersucht werden. Ein unterstützendes Umfeld, Beratung und Unterstützung durch Gleichaltrige sind der Verinnerlichung der Selbstwirksamkeit zuträglich.

Die Tendenz, an eigenen Fähigkeiten zu zweifeln und sie abzuwerten, zeigt sich schon in den jungen Jahren eines hochbegabten Mädchens. Dieses geringe Selbstgefühl kommt von der Tatsache, dass frühreife Kinder kein Bewusstsein über ihren Unterschied zur Welt haben. Viele hochbegabte heranwachsende Mädchen glauben, dass eine hohe Begabung bedeutet, dass sie ohne Anstrengung hervorragende Noten erzielen werden. Die Auswirkungen dieses Verlusts an Selbstvertrauen können sich auf das ganze Leben einer Frau auswirken. Die hochbegabten Frauen, die in dieser Angst leben, meiden Wettbewerbssituationen und verbieten sich, ihr Potenzial ganz zu entfalten.

> »Wenn in einem Team von Wissenschaftlern eine Mitarbeiterin die besten Seminare und die kritischsten Diskussionsbeiträge liefert, aber seit zehn Jahren ihre Doktorarbeit nicht fertigstellen kann, ist sie wahrscheinlich die Begabteste der Truppe. (...) Ein im Examen erworbener Titel würde sie sichtbar machen. Sie will aber nicht sichtbar sein, das bringt nur Schmerzen. Sie will nicht auffallen, sie will ein Provisorium sein.« (Schmidbauer 2013, S. 124)

Hochbegabte, die sich verbieten, ihre geistigen Privilegien wahrzunehmen, erklären sich ihre schnelle Auffassungsgabe oft negativ. Sie hätten im Grunde nichts begriffen, sie seien überhaupt nicht in die Tiefen der Aufgabe, der Theorie, der Kunst vorgedrungen. Sie würden nur so tun, als ob sie verstanden hätten.

In den ersten zehn Jahren wurde das Hochstapler-Phänomen meist als weibliches Syndrom beschrieben, das bei Frauen aus unterprivilegierten Schichten besonders ausgeprägt sei. Dann setzte sich vor allem angesichts von Studien über Universitätslehrer:innen und Psychotherapeut:innen das Konzept eines geschlechts- und schichtneutralen Hochstapler-Phänomens durch. Als besonders anfällig erwiesen sich Aufsteiger:innen, Menschen, die aus einer ungebildeten Schicht kommen und sich dank ihrer Fähigkeiten Positionen erarbeiten, die sie der gebildeten Schicht gleichstellen, ja sie sogar über Mitglieder dieser Schicht positionieren. Aufsteiger:innen sind sehr häufig von der Phantasie belastet, in der neuen Umgebung fehl am Platz zu sein und nicht wirklich dazuzugehören. Gleichzeitig ist ihnen aber das alte Milieu fremd geworden. Dieses Phänomen ist bei vielen arrivierten Migrantentöchtern zu beobachten.

2.2 Asynchronie und das Gefühl des Andersseins

> »Das frappierendste Gefühl ist jedoch das des Andersseins.«
> (Fietze 2019, S. 171 ff.)

Hochbegabung verleiht einen anderen Blick auf die Welt. Lässt sich bei einem IQ ab 130 ein qualitativer Sprung feststellen, der sich in besonderen Denkprozessen und intensiverer Emotionalität zeigt? Ein vernetztes, ganzheitlicheres Denken bei Hochbegabten wurde bislang nicht eindeutig nachgewiesen. Dies zeugt allerdings im Umkehrschluss nicht von seiner Abwesenheit. Hochbegabung ist eine asynchrone Entwicklung, bei der fortgeschrittene kognitive Fähigkeiten und erhöhte Intensität zusammenkommen, die innere Erfahrungen und Bewusstsein jenseits der Norm schaffen. Mit höherer intellektueller Kapazität nimmt die Asynchronie zu, die sich auf die unterschiedliche Geschwindigkeit der körperlichen, intellektuellen, emotionalen, sozialen und fachlichen Entwicklung des begabten Kindes bezieht, und spiegelt sich in externen Anpassungsschwierigkeiten wider. Diese Einzigartigkeit der Hochbegabten macht sie besonders verletzlich und erfordert Anpassungen in Erziehung, Unterricht und Beratung. Dabei kann Asynchronie einen Weg zum Verständnis der inneren Erfahrung der Begabten ebnen und uns daran erinnern, dass insbesondere hochbegabte Kinder sehr verletzlich, gefährdet und schützenswert sind. Andrea Brackmann gebraucht in diesem Zusammenhang das Modell der Passung (Brackmann 2010). Eine Passung ist gegeben, wenn Menschen sowohl eine angemessene Entfaltung ihres Potenzials gelingt als auch ihre Integration in ihr soziales Umfeld. Beides erweist sich für viele Hochbegabte jedoch als schwierig. Schließlich gehören Hochbegabte mit 2,3 Prozent zu einer Minderheit in der Gesellschaft und haben den Eindruck, nicht dazuzugehören. Analog dazu verhält es sich mit Höchstbegabten, die trotz ihrer Zugehörigkeit zum Spektrum der Hochbegabten oft keine Passung mit Hochbegabten finden und noch weniger mit Normalbegabten.

Woher kommt dieses Gefühl, nicht dazuzugehören? Andrea Brackmann zufolge resultiert die gesellschaftliche Nicht-Passung aus der neuronalen Übererregbarkeit Hochbegabter, wie sie auch Kazimierz Dąbrowski beschreibt. Sie sind in der Regel geistig überaktiv, emotional hypersensibel und sensorisch überempfindlich. In ihrer Arbeit mit Hochbegabten entwickelte Brackmann die drei Kriterien »mehr denken, mehr fühlen, mehr wahrnehmen«, für die es in der deutschsprachigen Fachwelt einen allgemeingültigen Konsens gibt. Hochbegabung unter dem Aspekt erhöhter geistiger, emotionaler und sensorischer Sensibilität nach Brackmann (2010, S. 37–55) bedeutet:

Mehr Denken
- Erfassen komplexer Zusammenhänge
- hohe Lösungskompetenz und hohe Auffassungsgabe
- schnelles und vorauseilendes Denken
- Berücksichtigung zahlreicher Aspekte bei der Lösungsfindung
- Schwierigkeit bei einfachen Aufgaben
- Ungeduld und Langeweile
- überhöhtes Streben nach Perfektion
- Schwierigkeiten bei der Meinungsbildung/Entscheidungsfindung

Mehr Fühlen
- reiches Innenleben
- starke Emotionen
- hohe Empfindsamkeit
- starker Gerechtigkeitssinn
- hohes Einfühlungsvermögen und Mitgefühl
- kreative, künstlerische Potenziale
- Überempfindlichkeit, Dünnhäutigkeit
- Stimmungsschwankungen
- Schwierigkeit bei der Verarbeitung von Misserfolgen und unangenehmen Erlebnissen

Mehr Wahrnehmen
- hohe Auffassungsgabe
- feinfühlige Sinnesorgane
- gute visuelle Wahrnehmung
- gute Detailwahrnehmung

Brackmanns Ansatz geht zurück auf Kazimierz Dąbrowski und seine Theorie der Übererregbarkeit. Das Gefühl des Andersseins Hochbegabter liegt demzufolge in der Art ihrer Intelligenz. Hochbegabte führen regelrecht einen Kampf mit ihren chaotischen und unbeherrschbaren Gedanken und Gefühlen. Sie müssen lernen, ihre Intelligenz zu bezähmen, ihre Gedanken zu kanalisieren und ihr verästeltes Weltverständnis in einen linearen Fluss zu bringen. Die schwierigste Hürde dabei liegt für Hochbegabte darin, die schmerzhaftesten Unebenheiten ihrer Sensibilität zu glätten, da sie in ihrer extremen Ausprägung statt Integration Ausgrenzung zur Folge haben. Das schnelle Erfassen einer Problematik und die starke Einfühlung in alle Lebenslagen anderer können bewirken, dass Hochbegabte voreilige Schlüsse ziehen, soziale Signale überinterpretieren und aufgrund ihrer intensiven emotionalen Reaktionen auf Ablehnung stoßen.

> »So kommt es, dass die außergewöhnlichen Menschen gefühlsmäßig nicht nur der sie umgebenden Welt, sondern auch sich selbst oft ein Rätsel sind. (…) Was ein außergewöhnlicher Mensch von sich selbst denkt, ist jedenfalls nie das gleiche wie das, was man von ihm wahrnimmt.« (Gusovius 2005, S. 57)

Die Erfahrung des Andersseins machen hochbegabte Mädchen schon sehr früh und können das diffuse Gefühl nicht richtig einordnen. Das Anderssein bewirkt ein fehlendes Zugehörigkeitsgefühl, das Fremdheit und einen enormen Leidensdruck erzeugt, der in soziale Isolation, Depression und psychosomatische Erkrankungen führen kann. Die subjektiv wahrgenommene Ausgeschlossenheit reicht bis zu einem an die Schmerzgrenze gehenden Gefühl der Einsamkeit. Dabei gehört das Bedürfnis nach Zugehörigkeit zu den menschlichen Grundbedürfnissen überhaupt. Zwar tritt mit den Jahren die Akzeptanz des eigenen Andersseins ein, doch der Wunsch nach Zugehörigkeit und Normalität bleibt.

> »Die Definition von Hochbegabung als Anderssein fördert den Eindruck, die Mehrheit der Bevölkerung stehe auf der richtigen Seite und eine hochintelligente Minderheit auf der falschen. Aus dieser Perspektive haben Hochbegabte das typische Minoritätenproblem. Sie stehen zwischen Integration und Isolation, allerdings ohne die Verankerung in eine eigene identitätsstiftende Kultur, wie es bei ethnischen oder religiösen Minderheiten der Fall ist.« (Fietze 2019, S. 159)

Hochbegabte sind aufgrund mangelnder Identifizierungsmöglichkeiten einem höheren Risiko von Störungen in ihrem Selbstgefühl ausgesetzt, wobei Frauen erheblich stärker gefährdet sind. Für einen erfolgreichen Lebensweg ist der Realitätssinn Hochbegabter von entscheidender Bedeutung sowie ihre Fähigkeit, zwischen Nicht-Passung und Anpassung einen stimmigen Weg zu finden. Der quantitative Unterschied in der Intelligenz kann nämlich in einen qualitativen Unterschied münden: Viele Hochbegabte erleben eine Diskrepanz zwischen sich und der Welt. Sie machen die Erfahrung, dass ihre Art zu denken, zu fühlen, wahrzunehmen auf Unverständnis stößt und ihre Wahrnehmung falsch ist.

Das Gefühl des Andersseins hat mit der Fluidität und Komplexität der Gedanken Hochbegabter zu tun. Wird diesem Unterschied kein Name gegeben, können insbesondere hochbegabte Mädchen und Frauen in den Terror permanenter Selbstzweifel geraten. Die Erklärung für diese Entwicklung ist einfach: Mädchen passen sich besser an als Jungs, sie sind reifer und messen den Unterschied zu ihnen in der Erwartungshaltung mit besonderer Schärfe; Eltern investieren tendenziell weniger in Töchter als in Söhne. Lernt die junge Hochbegabte keine Selbstakzeptanz, verbringt sie unter Umständen ihr Leben damit, bei anderen Menschen Akzeptanz zu suchen und entwickelt das gefährliche falsche Selbst. Das Bewusstsein über die eigene Hochbegabung in jungen Jahren hingegen verhindert die Entwicklung des falschen Selbst. Wie sich das falsche Selbst anfühlen kann, beschreibt Romy auf poetische Weise.

»Ich weiß nicht, wer ich bin. Warum kann ich nicht normal sein? Ich will nicht hochbegabt sein. Ich bin auf keinen Fall hochbegabt. Doch und wahrscheinlich bist du höchstbegabt. Niemals!!!!! Natürlich bist du es. Du weißt es. Nein, es kann nicht sein. Ich gehöre nirgendwo dazu. Ich habe keinen Platz auf der Welt. Ich bin nicht vorgesehen. Ich bin für niemanden wichtig. Was mache ich falsch? Ich bin so zerrissen. Ich bin doch ganz normal. Die Emotionen tun weh. Ich habe keine Emotionen. Die vielen abgemachten Bäume tun mir weh. Es ist so friedlich draußen. Der Wald ist so schön. Die Berge beschützen mich. Ich bringe mich nicht zusammen. Die Nacht ist so anstrengend. Ich will mehr lachen. Ich will wieder Freude. Es macht mir Angst. Ich möchte mehr spüren. Ich spüre mich nicht mehr. Wo bin ich in mir? Es passt nichts zusammen. Ich weiß nicht, wie ich aussehe. Wie alt fühle ich mich? Der Kopf bleibt stehen. Der Kopf geht immer. Ich bin so kaputt und müde. Ich möchte normal sein. Ich möchte dazugehören. Es ist ein aussichtsloser Kampf. Ich stehe immer auf der falschen Seite. Warum gibt es mich? Was ist mein Sinn auf der Welt? Gibt es einen Sinn? Ich möchte wieder schneller denken, so wie früher. Ich möchte es erklären können. Ich will nicht so viel sehen und fühlen. Lebendig sein und sich annehmen. Mein Herz ist schwer. Ich will nicht so viel denken.« (Romy, 51 Jahre)

Im falschen Selbst liegt unter anderem die Erklärung für die Abwesenheit von Frauen in den Spitzen der Gesellschaft. Und wenn sie doch beruflich etabliert und sehr erfolgreich sind wie Romy, deren Geschichte in Kapitel 3.2.1 vorgestellt wird, so bleibt unter Umständen der quälende Selbstzweifel, nicht richtig zu sein.

Fallbeispiel: Katharina, 25 Jahre

- bildungsnahe Familie mit Bewusstsein um Hochbegabung
- Intelligenzquotient knapp unter 130
- keine Zugehörigkeit zu Gleichaltrigen im Laufe der gesamten Schul- und Studienzeit
- Mobbing und Einsamkeit in der Schulzeit

- Infragestellung von Autoritäten
- Bedürfnis nach Förderung und Akzeleration
- Druck, Hochbegabung in Leistungen transformieren zu müssen
- Anpassungsstörung und Krankheitsängste
- Gefühl der Ablehnung
- keine eindeutige sexuelle Orientierung bzw. Asexualität

Ich komme aus einer Familie, in der Bildung ein sehr hohes Ansehen hat und früh gefördert wird; mein Elternhaus steht voller Bücher. Ein Kind, das **früh Interesse am Lesen und Schreiben** zeigte, fiel daher erst mal nicht als ungewöhnlich auf. Damals wurde Eltern geraten, das Lesenlernen vor der Einschulung nicht aktiv zu fördern, da dies ein wichtiges gemeinsames Erlebnis im Klassenverband sei. Mir reichte eine kleine Anleitung meiner Mutter. Fortan las ich von Müslipackungen bis zu Autobahnschildern alles, was mir vor die Nase kam.

Meine Einschulung konnte ich kaum erwarten. Nach sechs Wochen kam ich heulend nach Hause, weil ich in der allseits angepriesenen Schule noch immer nichts Neues gelernt hatte: **Während ich bereits Bücher für Zehnjährige las, lernten die anderen das ABC. Ich durfte die Klasse überspringen**. Der Klassenwechsel wurde nicht vorbereitet, von einem auf den anderen Tag saß ich zwischen fremden Kindern, die sich seit dem Kindergarten kannten. Die plötzliche Umstellung und der erlebte Frust in der ersten Klasse belasteten mich sehr, ich war zwischenzeitig kurz vor der Schulverweigerung. Zudem starb in dieser Zeit meine Großmutter, woraufhin ich **Krankheitsängste und Hygienezwänge** entwickelte.

Meine Eltern brachten mich schließlich in eine kinderpsychiatrische Notfallklinik, wo eine allgemeine Anamnese durchgeführt wurde. Neben einer akuten Belastungsreaktion wurde **eine überdurchschnittlich hohe Intelligenz** festgestellt. Ab diesem Zeitpunkt wurde in meiner Familie der Begriff der Hochbegabung verwendet. Meine Eltern fanden Unterstützung in einer Selbsthilfegruppe für Eltern hochbegabter Kinder. Meinen eigenen IQ-Wert habe ich erst mit über 20 erfahren, er spielte zu Hause keine große Rolle; auch Noten oder Leistungen nicht. Unsere Begabungen wurden primär außerhalb der Schule gefördert und genutzt, die Schule selbst war ein Pflichtprogramm. In meiner neuen Klasse lebte ich mich schließlich ein und fühlte mich zunehmend wohl. Ein Faktor war dabei eine **leistungsorientierte Mädchengruppe**, zu der ich bald gehörte.

Der Wechsel aufs Gymnasium brachte neue Schwierigkeiten mit sich. Während der Unterricht sich an das breite Mittelfeld richtete und schwächere Schüler:innen gesondert gefördert wurden, langweilte ich mich wieder und hatte häufig das Gefühl, in meinem Frust nicht wahrgenommen zu werden. In meiner Gymnasialklasse erlebte ich zahlreiche **Konflikte und Mobbing durch meine Mitschülerinnen. Ich wurde die meiste Zeit geduldet, gehörte jedoch nie dazu. Ich hatte das Gefühl, außerhalb meiner Familie immer einen Teil meiner Persönlichkeit verbergen zu müssen.**

Meine Strategie für die Schule war, mit dem geringstmöglichen Aufwand gute Noten zu erzielen. **Ich entwickelte eine ablehnende Haltung gegenüber Fleiß**, war stolz darauf, selten Unterricht nachbereiten zu müssen und sah auf Mitschüler:innen herab, die viel lernten. Dass sie so häufig bessere Noten erzielten als ich, ertrug ich nur schwer. Wenn ich einmal etwas nicht auf Anhieb verstand, scheute ich mich davor nachzufragen und meine Schwierigkeiten einzugestehen. **Ich war sehr einsam und fühlte mich nicht wahrgenommen**. Ich entwickelte eine Abwehrhaltung gegen mein schulisches Umfeld, um mich nicht verletzlich zu zeigen.

Da ich nur wenige Freundinnen hatte, beschäftigte ich mich viel mit mir selbst. Ich las viel, zeichnete gern und hatte verschiedene Steckenpferde. So konnte ich bei Biologie-Exkursionen alle heimischen Pflanzenarten benennen, weil ich mich seit dem Kindergarten für Botanik interessiert hatte. Mein größtes Thema war jedoch der Holocaust. Seit dem Alter von etwa neun Jahren las ich alle Biografien ehemaliger KZ-Häftlinge und Vertriebener, die ich in die Finger bekam. Ein Bekannter aus unserem Elternverein organisierte jährliche Studienreisen nach Auschwitz und mit 16 Jahren kam ich schließlich mit.

Die Auflösung des Klassenverbandes mit dem Übergang zur Oberstufe (G8) war für mich ein Segen, da ich mit neuen Leuten in Kontakt kam. Eine Freundin aus dieser Zeit kannte ich bereits seit dem Kindergartenalter, wir sind bis heute gut befreundet. Als ich ihr vor ein paar Monaten von meiner Hochbegabung erzählte, stellte sich heraus, dass sie auch eine hat. Wir hatten nie von der Begabung der jeweils anderen gewusst, weil uns eingeschärft worden war, nicht darüber zu sprechen.

Mein Highlight in den letzten Schuljahren waren die jährlichen Sommerakademien einer Begabtenstiftung. Ich genoss den Austausch mit anderen Jugendlichen, die viele Interessen hatten, und fühlte mich endlich zugehörig. Die Sommerakademien waren mein Jahreshighlight, das ich später im Studium sehr vermisste.

In der Oberstufe fiel meine Intelligenz nicht mehr so stark auf wie etwa in der Grundschule. Ich hatte das Gefühl, meine besondere Begabung verloren zu haben. Das frustrierte mich, denn nach den Qualen der vergangenen Schuljahre **hatte ich mich immer darauf berufen, dass ich als Ausgleich für Mobbing und Frust immerhin eine Hochbegabung hatte.** Ich begann, mir große Sorgen um meine Berufswahl zu machen. Ich glaubte, etwas Weltbewegendes aus meiner Hochbegabung machen zu müssen, um der Welt meine Intelligenz zu beweisen.

Der Druck, den ich selbst und zu einem gewissen Grad auch meine Eltern mir machten, führte dazu, dass ich nach dem Abitur in eine **Depression** rutschte. Ich hatte zu viel freie Zeit und zerdachte mir meine gesamte Zukunft. Nach einem Auslandsaufenthalt und einem Praktikum begann ich schließlich ein Studium. Meine Hoffnung, an der Uni eine ähnliche Lernatmosphäre zu erleben wie bei meinen Sommerakademien erledigte sich nach wenigen Wochen. Ich brauchte eine Weile, um Kontakte zu knüpfen: **Der Gedanke, dass Leute mich höchstwahrscheinlich erst mal nicht gut würden leiden können, saß aus meinen Erfahrungen der Schulzeit noch tief.** Meine erste Uniclique verließ ich nach einigen Semestern recht abrupt. Sie waren sehr am Feiern-Gehen interessiert, während ich mich in Clubs unwohl fühlte.

In einem studentischen Volontariat erkannte meine Vorgesetzte meine Hochbegabung. Die Arbeitsatmosphäre ist sehr konstruktiv; ich werde nicht aktiv zurückgehalten, sondern ermutigt, auch komplexere Aufgaben anzugehen, daher arbeite ich immer noch dort.

Von Personen, die um meine Begabungen wissen, bekomme ich häufig gesagt, ich müsse mich besser verkaufen und meine Fähigkeiten aktiv bewerben. Das fällt mir schwer, da ich lange zur Zurückhaltung angehalten worden bin. In Bezug auf meine fachlichen Fähigkeiten lasse ich mich schnell verunsichern, habe das Gefühl, viel mehr wissen zu müssen. Dadurch halte ich mich in Diskussionen eher zurück, wenn ich das Gefühl habe, nicht jedes einzelne Detail zu kennen. Oft haben mich auch Kommilitonen verunsichert, die in Seminaren wild drauf los diskutierten und viel von ihrem Wissen hielten. Ich habe lange gebraucht, um zu verstehen, dass ich häufig mehr wusste als sie, aber jeden meiner Einfälle so sorgfältig abwog, dass ich sie selten rechtzeitig einbringen konnte.

Wie viele andere Studierende trieb mich die Corona-Pandemie in die **Psychotherapie**, in der ich zunächst an meiner **akuten Anpassungsstörung** arbeitete, die sich wie auch schon im ersten Schuljahr in Krankheitsängsten manifestiert hatte. Daneben fielen noch allerhand Altlasten auf, die zum Großteil aus meinen Mobbing-Erfahrungen der Schulzeit stammten oder indirekt mit meiner Hochbegabung zu tun haben: **Defizite in der Sozialkompetenz, schnelles Verletztsein und Schwierigkeiten in der Entscheidungsfindung**.

Um meine Begabungen besser einordnen zu können, machte ich auf Initiative meiner Therapeutin einen weiteren IQ-Test. Infolge der Testung fing ich an, mich wieder mehr mit dem Thema Hochbegabung auseinanderzusetzen. Der Hochbegabtenverein Mensa kam für mich nicht infrage, da ich bei meinen Testungen immer knapp an der 130 gescheitert war, die die Voraussetzung für die Aufnahme in diese Hochbegabtenorganisation ist. Dieser Um-

stand frustrierte mich: Da war ich scheinbar hochbegabt genug, um den gängigen Problem-Kanon aufzuweisen, aber nicht, um mich mit anderen darüber austauschen zu dürfen. **Außerdem widersprach die starre Definition von Hochbegabung nur über den IQ-Wert der Art, wie in meinem Umfeld mit dem Begriff umgegangen worden war.**
Schließlich fand ich ein Netzwerk, dass sich explizit an hochbegabte späterkannte Frauen richtete. Für mich ist diese Diskrepanz hingegen ein großer Frustfaktor: Ich höre schon mein Leben lang, dass ich schneller sei als andere und mich gedulden müsse. **Ich verzweifle daran, dass ich mich immer bremsen muss.**

Katharinas Herausforderungen

Es gibt einige Anhaltspunkte in Katharinas Geschichte, die für eine Hochbegabung sprechen:

- Frühes Interesse am Lesen und Schreiben
- Überspringen der Klasse
- Frühe Feststellung einer überdurchschnittlich hohen Intelligenz: IQ knapp unter 130
- Autonome Beschäftigung und spezielle Interessengebiete
- Bedürfnis nach Förderung und Akzeleration
- Infragestellung von Autoritäten

Gleichzeitig gibt es Anzeichen nicht-integrierter Hochbegabung:

- Druck, Hochbegabung in Leistungen transformieren zu müssen
- Angst vor Authentizität und Unsichtbarkeit zum Selbstschutz
- Unsichtbarkeit und Einsamkeit
- Schwierigkeiten in der Entscheidungsfindung
- Verzweiflungsgefühle ob des Ausgebremstseins

Das Gefühl des Andersseins trifft auf alle Teilnehmerinnen meiner Befragung zu; Katharina erläutert dies mit ihrer Erzählung über ihr Leben besonders gut. Obgleich sie aus einer bildungsnahen Familie kommt, die ein Bewusstsein um Begabungsfragen hat und ihre Kinder ohne Leistungsdruck mit Blick auf die Verwirklichung ihrer Potenziale begleitete und man davon ausgehen kann, dass in bewussten Familien die Integration von Hochbegabung begünstigt wird, war die Entwicklung von Gefühlen der Unterforderung und des Andersseins außerhalb der Familie nicht zu vermeiden.

Leider musste Katharinas Wissenshunger in der Institution Schule schnell enttäuscht werden. Lobenswert ist der pädagogische Blick ihrer Lehrer:innen, die einen Klassensprung ermöglichten. Seine Kehrseite ist die fehlende Inklusion in der neuen Klasse und das Gefühl der fehlenden Zugehörigkeit. Typische Anzeichen einer Hochbegabung sind Katharinas Bedürfnis nach Förderung und Akzeleration, die Infragestellung von Autoritäten, ihre autodidaktische Beschäftigung und die speziellen Interessengebiete.

Die Erfahrung des Andersseins machte Katharina wie viele hochbegabte Menschen schon sehr früh, und sie musste lernen, das diffuse Gefühl richtig einzuordnen. Es geht mit einem fehlenden Zugehörigkeitsgefühl einher, das sich durch die gesamte Biografie zieht und Depression und psychosomatische Erkrankungen zur Folge hat. Ob die früh entwickelten Krankheitsängste und Hygienezwänge auch damit zusammenhängen, ist unklar.

Hochbegabte sind aufgrund mangelnder Identifizierungsmöglichkeiten einem höheren Risiko von Störungen in ihrem Selbstgefühl ausgesetzt, was auch in Katharinas Geschichte erkennbar ist. Sie wird die Erfahrung gemacht haben, dass ihre Art zu denken und zu fühlen auf Unverständnis stößt und ihre Wahrnehmung falsch ist. Umso besser, dass sie sich mit den Störungen im Selbstwertgefühl professionell beschäftigt. Dabei ist es wichtig, einen Therapeuten oder eine Therapeutin zu finden, die sich mit der Thematik Hochbegabung gut auskennt.

2.3 Das falsche Selbst und die Divergenz zur weiblichen Rolle

> »Die menschliche Psyche ist auf Spiegelung angewiesen, um sich zu entwickeln. Während ein großer Spiegel auch eine kleine Gestalt gut abbilden kann, gelingt das einem kleinen Spiegel mit einer großen Gestalt nicht. Er muss diese entweder verkleinern (...) Oder aber er muss sie fragmentieren, wodurch ihre Ganzheit verloren geht. (...) Hochbegabte werden sehr oft falsch eingeschätzt, weil sie gegen solche Fragmentierungen und Verzerrungen ihrer Person Abwehrstrategien entwickelt haben.« (Schmidbauer 2013, S. 56 f.)

Das Selbst ist ein Begriff aus der Psychoanalyse, das auf den britischen Psychoanalytiker Donald Winicott zurückgeht. Es beschreibt ein Konstrukt bzw. eine Art, Handlungsmodelle wahrzunehmen und zu konzeptualisieren. Das Selbst ist letztlich das Ergebnis des Selbstbewusstseins, das sich von Geburt an im Laufe des Lebens entwickelt mit dem Wunsch nach Kohärenz und der Suche nach einem globalen Sinn. Es entspricht in seiner Schutzfunktion einer Persönlichkeit, die entstanden ist, um Aggressionen von außen abzuwenden und sich an eine schwierige Situation und an das von der Gesellschaft erwartete Bild anzupassen. Das falsche Selbst entsteht seit der jüngsten Kindheit, um das Selbst zu schützen und ist bis zu einem gewissen Maß unerlässlich für ein Leben in Gesellschaft. In der Konstruktion des Selbst sind die Bewertungen von außen viel mächtiger als das eigene Gefühl über den eigenen Wert. Und genau hier lauert die Gefahr insbesondere für hochbegabte Mädchen und Frauen, die aufgrund ihrer Sozialisation generell eher dazu neigen, ein falsches Selbst zu entwickeln.

Das Selbst, also die Persönlichkeit des Individuums, resultiert aus dem Ungleichgewicht zwischen den beiden Selbst, dem echten und dem falschen. Die Person, die am falschen Selbst leidet, ist sich dessen oft nicht bewusst, weiß nichts von dieser Maske, außer das Leiden ist so stark, dass alle Barrieren gesprengt werden. Zu solch einem dramatischen Weckruf kommt es, wenn zu einem bestimmten Stadium die Fassade keine Schutzfunktion mehr erfüllt und ein Individuum sich nicht glücklich in die Gesellschaft integrieren kann. Um die Identität Hochbegabter zu stärken, ist es notwendig, Hochbegabung nicht nur als das Andere der Norm zu definieren, sondern als einen Wert an sich anzusehen (Fietze 2019). Identität ist sozusagen die Art und Weise, wie jeder einzelne von uns die Welt wahrnimmt. Sie ist das Bild, das man von sich selbst hat. Ist die Identität konstanter Kritik ausgesetzt, zweifelt jedes menschliche Wesen an seinen Fähigkeiten. Kritik kann das Selbst ersticken, bei Hochbegabten möglicherweise mit drastischeren Auswirkungen.

Zwar kann die Verleugnung der Begabung anfangs ein Schutz sein, wenn Hochbegabte es aber nicht schaffen, zwischen wahrem und falschem Selbst zu unterscheiden, kann das desaströse Folgen für ihr psychisches Gleichgewicht haben. Das Leiden der Hochbegabten entsteht meistens aus der großen Kluft zwischen dem, was ihre tiefe Persönlichkeit ausmacht (dem Selbst), und der Identität, die entsteht, wenn sie sich im Laufe ihres Lebens zu sehr anpassen. Dies kann zu einer wahren Identitätskrise führen, wovon viele hochbegabte Frauen berichten, die in die psychotherapeutische Praxis kommen.

Idealerweise sollten sich das falsche und wahre Selbst so vereinen, dass Hochbegabte ihren Platz in der Gesellschaft finden und sich auf sozialem und affektivem Niveau entwickeln können. Das wahre Selbst ist gerade für hochbegabte Mädchen und Frauen ein essenzieller Faktor bei der harmonischen Entwicklung der Persönlichkeit. Mit dem Gefühl des Andersseins entwickeln sich starke Selbstzweifel insbesondere in Bezug auf eigene Leistungen. Mit der Zeit lernen Hochbegabte neben dem wahren Selbst eine sogenannte Doppelexistenz zu führen:

> »Außergewöhnliche Menschen führen als Erwachsene (…) sehr häufig eine Doppelexistenz. Das kindliche, frühe Einüben von Sonderwegen, das Einkapseln in sich selbst wie das ständig weiter zunehmende Vertrauen aufs eigene Urteil lassen im erwachsenen Alter nicht nach (…). Und damit unterscheiden sie sich kategorisch von den vielen vergleichsweise eindimensional

> lebenden Menschen, deren Kindheit es niemals erforderlich machte, Sonderwege einzuschlagen.« (Gusovius 2005, S. 35 ff.)

Selbstzweifel rühren oft vom Gefühl des Andersseins, das sich gerade bei hochbegabten Frauen sehr früh einstellt. Schon als Kinder bemerken sie Unterschiede zu Gleichaltrigen im Denken, in der Auffassungsgabe, in der Wahrnehmung und Kommunikation und können auf erhebliches Unverständnis oder Ablehnung stoßen. Das kann sie weiterhin verunsichern und ihnen den Eindruck vermitteln, falsch zu sein. Wesentlich leichter ist es für diese Menschen, wenn klar ist, weshalb sie auf gewisse Weise anders sind. Im Idealfall führt die Erkenntnis der eigenen Hochbegabung im Erwachsenenalter zu einer Umdeutung der Vergangenheit und mehr Selbstvertrauen und Freude am Anderssein. Dieser Weg geht über die geduldige Selbstannäherung durch Akzeptanz und Integration der eigenen Hochbegabung.

Das falsche Selbst als Überlebensform kann zu exzellenten Leistungen bei hochbegabten Frauen führen, die vom Perfektionismuskomplex betroffen sind, nicht aber zu persönlicher Erfüllung. Der Weg zu mehr Selbstvertrauen führt nicht über Anpassung an die Norm, vielmehr geht Anpassung mit Energieverlust und Selbstverleugnung einher. Selbstvertrauen entsteht durch das buchstäbliche Vertrauen in sich selbst und die eigenen Fähigkeiten und entwickelt sich vor allem aus der Akzeptanz der eigenen Persönlichkeit und der Selbsterkenntnis.

Die Psychoanalytikerin Monique de Kermadec, die einige Publikationen zur Hochbegabung bei Erwachsenen herausgebracht hat, zeichnet in ihrem Buch *Un sentiment de solitude* (2017) möglicherweise ein zu einsames Bild hochbegabter Erwachsener, gewährt jedoch einen Einblick in die spezifische Einsamkeit Hochbegabter. Grundsätzlich hat Einsamkeit viel mit der Schwierigkeit zu tun, soziale Beziehungen aufzubauen; das falsche Selbst, das sich durch Erziehung und Gesellschaft als Überlebensmechanismus entwickelt, lässt Einsamkeit mitten unter Menschen entstehen und erzeugt bei Hochbegabten ein spezifisches Leiden: Unangepasstheit, Anderssein, das Gefühl, nicht verstanden zu sein. Es ist anzunehmen, dass sich dieses Leiden insofern von dem Leiden unterscheidet, welches Menschen aus dem Norm-Intelligenz-Bereich erleben, als es etwas Archetypisches in der Einsamkeit Hochbegabter gibt: die Einsamkeit, seit der Geburt dazu bestimmt zu sein, einen einzigartigen Weg einzuschlagen und etwas Wesentliches hervorzubringen.

Die Einsamkeit, über die sich Hochbegabte beklagen, hat mit der Abwesenheit von Menschen zu tun, mit welchen sie das Leben teilen; es ist die schmerzhafte Abwesenheit der Stimme des anderen, in der man sich spiegelt. Die Einsamkeit trifft die Hochbegabten auf drei Ebenen ihrer Intelligenz: intellektuell, emotional und sozial. Zudem hat sie ihre Wurzel genau in den Eigenschaften, die die Hochbegabten am meisten auszeichnen:

- die Intensität ihrer Gefühle
- ihre intensive Art, in die Arbeit und in Beziehungen zu investieren
- ihre Komplexität, die sie mit einfachen Antworten nicht zufriedenstellt
- eine Art zu kommunizieren, die nicht der Art der meisten Menschen entspricht
- die gefühlte Notwendigkeit, sofort handeln zu müssen
- die intellektuelle Übererregung
- die originelle Lösungskompetenz
- die sprudelnde Kreativität
- das hohe Bewusstseinsniveau

Sozialisationsbedingt haben Frauen viel mehr die Tendenz, ihre Andersartigkeit zu kaschieren und sich sehr vom Blick der anderen abhängig zu machen, indem sie dem äußeren Urteil über ihre Einzigartigkeit zu viel Gewicht beimessen. Für hochbegabte Frauen mit falschem Selbst stellt jede Etappe im Leben eine Leidensphase dar. Immer wieder stoßen sie auf Unverständnis, Neid und Rivalität – diesen subjektiven Eindruck schildern viele hochbegabte Frauen. Ihre Einsamkeit entsteht zum Teil auch durch das Unvermögen, die Dinge zu kommunizieren, die ihnen wichtig sind. Sie suchen echte exklusive Freundschaften für einen grenzenlosen Austausch, und das können ihnen nur wenige Menschen bieten. In vielen der Interviews von Sally Reis beschrieben ältere und jüngere hochbegabte Frauen ihre Gefühle der Einsamkeit und des Verrats insbesondere durch andere Frauen (Reis 1998). Ähnlich erlebt es eine meiner Interviewpartnerinnen:

> »Mein Engagement war zwar gern gesehen, man bot mir jedoch keinerlei Entwicklungsmöglichkeiten, sondern hielt mich klein. Ich musste hart dafür kämpfen, und mir wurden mehr und mehr Steine in den Weg gelegt – ausgerechnet von den beiden mir vorgesetzten Frauen.« (Aida, 38 Jahre)

Erfolgreiche hochbegabte Frauen erleben nicht selten Vergleiche, Feindseligkeit und eine anhaltende Abwesenheit von Freundschaft. Neid und Missgunst der Männer wie Frauen können hochbegabte Frauen in die Einsamkeit treiben. So kommt es, dass manche hochbegabte Frauen ihre Leistungen bewusst vor Familie und Freunden verstecken und aufgrund ihrer hohen Leistungsfähigkeit oft ein schlechtes Gewissen haben.

Auch wenn heute der Druck aus der Gesellschaft deutlich geringer geworden ist, ist es für erfolgreiche intelligente Frauen immer noch schwieriger, einen passenden Partner zu finden, da weibliche Intelligenz Männern immer noch Angst macht. Je ausgebildeter und einflussreicher eine Frau, umso größer ist die Wahrscheinlichkeit, dass sie alleinstehend bleibt. Ein weiterer Diskriminierungsfaktor ist weibliche Attraktivität in Verbindung mit Intelligenz. Ist eine Frau hochbegabt und attraktiv, riskiert sie tendenziell eher eine unangenehme Reaktion bei Männern, die Angst haben, durch weibliche Intelligenz dominiert zu werden. Eifersucht von weniger attraktiven Frauen bleibt nicht aus. Auch dies treibt hochbegabte Frauen in die Einsamkeit und in ein falsches Selbst.

Viel mehr als Männer riskieren hochbegabte Frauen, ein falsches Selbst zu entwickeln, das sie lähmt und sie schlimmstenfalls in eine starke emotionale Abhängigkeit oder gar totale Unterwerfung in Liebesbeziehungen treibt. Frauen erliegen dem falschen Selbst eher, da sie massiven, komplexen und oft widersprüchlichen Erwartungen der Gesellschaft unterliegen. Stress und Frustration, die daraus resultieren, haben schädliche Auswirkungen auf ihr psychisches Gleichgewicht. Nach einer intensiven Leidenszeit und einer schlimmen Depression taucht das echte Selbst wieder auf.

Es gibt eine große Abweichung zwischen dem weiblichen Rollenmodell, das die Gesellschaft im Allgemeinen erwartet und der Vision, die die hochbegabte Frau von sich selbst hat. Eine hochbegabte Frau definiert sich weder über Geschlecht noch über Gattung. Sie positioniert sich als Frau nur dann, wenn man sie daran erinnert, eine Frau zu sein. Manche Psycholog:innen unterstreichen, dass kreative und hochbegabte Menschen ein Gefühl der Geschlechtslosigkeit haben, das als Androgynität bezeichnet wird. Barbara Kerr, Professorin der Psychologie der Universität Kansas stellt fest, dass hochbegabte Mädchen in vielerlei Hinsicht Jungen ähnlich sind und gleichzeitig eine weibliche Haltung, Werte und soziale Verhaltensweisen vertreten, um nicht zu sehr von der Norm abzuweichen. Sowohl Winner (1998) als auch van de Ven (2022) bestätigen, dass hochbegabte Kinder alle dominanten Werte ablehnen, so auch geschlechtsbezogene Stereotype. Und auch in meiner Coachingpraxis ist dies zu beobachten.

»Ich bin Mädchen und Junge zugleich.« (Lana, 11 Jahre)

Das falsche Selbst treibt die Hochbegabte aufgrund von Schamgefühlen nicht selten in die Unsichtbarkeit. Erst wenn ihre persönliche Geschichte nähere Betrachtung erfährt, sind die Spuren der entstandenen Unsichtbarkeit von Hochbegabung erkennbar. Die Gründe dafür können so komplex und vielfältig sein wie die Hochbegabten selbst. Streznewski (1999) erklärt dies mit früher sozioemotionaler Vernachlässigung und Frustration in Familie und Schule. Es kann sich auch um einen Widerstand gegen die Gesellschaft handeln, aus Protest gegen die eigene Unsichtbarkeit.

Einige der unsichtbaren Hochbegabten verbringen ihr Arbeitsleben in prekären Jobs, jenseits ihres Potenzials. Andere fliehen in die Sucht oder den Suizid, werden kriminell und landen im Gefängnis. Und manche werden aufgrund einer psychischen Überlastung in die Psychiatrie eingewiesen. Die meisten dieser unsichtbaren Frauen werden nicht mehr als hochbegabt erkannt. In jedem Fall erleben manche von ihnen eine tragische Verschwendung von kostbarem Leben.

Belastete hochbegabte Frauen finden eher den Weg in Psychotherapie und Coaching als solche, die eine gute Balance aus falschem und wahrem Selbst gelungen ist. Möglicherweise neigt man aus der Praxis der Psychotherapie und des Coachings dazu, ein eher problematisches Bild Hochbegabter zu portraitieren, allerdings legen Hochbegabte, die an sich arbeiten, mit der Zeit ihr falsches Selbst ab, entdecken ihre eigentliche Identität und beginnen ein neues Leben. Diejenigen, die in einer passenden Umgebung aufgewachsen sind, angenommen und gefördert wurden, haben ihre Hochbegabung bestenfalls schon integriert und erkennen sich nicht so sehr in den Schilderungen über Einsamkeit und andere sozioemotionale Schwierigkeiten.

Gelingt es den Hochbegabten, ihr wahres Selbst zu bewahren, ist das Gefühl der Autonomie stark. Sie laufen nicht Gefahr, sich zu verlieren und in neue Beziehungen zu investieren. Hochbegabte mit einem wahren Selbst müssen nicht permanent die Reaktionen anderer Menschen antizipieren, nicht das ausgleichen, was sie als Defizit erkennen und auch nicht das überkompensieren, was sie von anderen nicht bekommen.

Für hochbegabte Frauen ist es wesentlich, in jeder Beziehung einen Modus Vivendi mit sich selbst zu finden. Sie müssen die Differenz zur Außenwelt verstehen, um mit ihrem Gefühl der Andersartigkeit und der Einsamkeit einen besseren Umgang zu finden. Sie brauchen Zeit, um zu verstehen, dass nicht jeder so ist wie sie. Die Herausforderung für die Hochbegabte ist in der Tat, sich zu entwickeln, ohne sich aufzugeben; ohne aufzuhören die zu sein, die sie ist; ohne sich zu verstellen, um andere zu beschwichtigen oder die Liebe der anderen zu bekommen.

KAPITEL 3

Das Außenleben der hochbegabten Frau: Die soziale Dimension

> »Der Ausschluss der Frauen beginnt zunächst damit, dass die Geschichte der Menschheit bis heute überwiegend als Männergeschichte erzählt wird. Weiße, heterosexuelle cis Männer sind die Protagonisten in der vorherrschenden Geschichtsschreibung, was sie tun, gilt als ›geschichtsrelevant‹.« (Schutzbach 2021, S. 75 ff.)

Frauen haben aufgrund der patriarchalischen Struktur Schwierigkeiten, ihre Erfahrungen in den historischen Kontext einzuordnen und deuten sich als rein individuelle, zufällig entstandene Biografien. Diese Geschichtslosigkeit bewirkt, dass Frauen nicht nur ihren Beitrag zur Geschichte der Menschheit nicht erkennen, sondern ihr Leben oft als etwas wahrnehmen, das jenseits des Bedeutsamen abläuft. Wie können Frauen dann ein Gefühl von Daseinsberechtigung entwickeln?

Der Ausschluss der Frauen aus der Geschichtsschreibung rührt von der Gleichsetzung zwischen Menschsein und Mannsein her. Die aufklärerischen Ideale schlossen bei der Ausrufung der Gleichheit Frauen ebenso wie nicht-weiße Menschen aus und erklärten sie für minderwertig (s. Schutzbach 2021, S. 75 ff.).

> »Besonders die Wissenschaften – allen voran die Medizin – starteten im 18. Jahrhundert eine Offensive, um die Ungleichheit und Nachrangigkeit der ›Weiber‹ und der nicht-weißen Menschen biologisch zu beweisen und damit ihren Status als Indivi-

> duum und (Rechts-)Subjekt infrage zu stellen. Ab dem 18. Jahrhundert versuchten zahlreiche Mediziner, den Unterschied zwischen den Geschlechtern in ihrer Körperlichkeit zu begründen und damit den Mann mit dem Geist, der Vernunft und dem Politischen zu verbinden und die Frau mit Körper, Emotionen, Irrationalität und ihrer Funktion als Gebärende«. (Schutzbach 2021, S. 76)

Die Abwertung von Frauen und ihren Lebenszusammenhängen ist auch sprachlich verankert: Das französische Wort *l'homme* steht gleichzeitig für Mann und Mensch, ebenso verhält es sich beispielsweise im Serbischen: *Čovek* steht für Mann und Mensch. Das Weibliche wurde nicht als etwas Eigenes betrachtet, sondern es existierte nur im Verhältnis zum Männlichen, als dessen Abweichung und verschwand in Unsichtbarkeit.

Die Geschlechterforscherin Franziska Schutzbach beschäftigt sich in *Die Erschöpfung der Frau* mit einem allgegenwärtigen gesellschaftlichen System, das von Frauen alles erwartet und die Frauen in Erschöpfung treibt. Für das Verständnis des sozialen Lebens hochbegabter Frauen ist es zunächst wichtig, einen kritischen Blick auf die Gesellschaft und ihre Beziehung zu Frauen zu werfen, um gerade das Leben hochbegabter Frauen im Außen besser zu verstehen. Schutzbach wendet sich gegen dieses misogyne System und zeigt in ihrer Arbeit auf eindrucksvolle Weise, welch vielfältigen Widerstand Frauen gegen die Ausbeutung ihrer Energie, ihrer Psyche und ihres Körpers leisten. Dies ist ein Widerstand, der zu einer treibenden Kraft für neue Arbeits- und Lebensweisen wird und die Welt verändert; und dies gilt insbesondere für hochbegabte Frauen mit ihrer scharfsinnigen Beobachtung und ihrem wuchtigen Potenzial.

Gemäß einer Studie zu Sexismus im Alltag vertreten insbesondere Männer aus den Leistungseliten die Meinung, Sexismus und Geschlechterhierarchien wären natürlich. Die Leugnung von Sexismus hat die Funktion der Legitimation von Macht und Immunisierung der eigenen Deklassierung (Schutzbach 2021, S. 121 ff.). Diese Männer sind gekennzeichnet durch Erfolgsethik, Exklusivitätsansprüche und einem Habitus, der sie in Lebensführung und Lebensstil von anderen abgrenzt (Distinktionskultur). Ihre Berufsfelder sind vor allem BWL, VWL, Medizin, Jura, Chemie und Ingenieurswissenschaft. Der Begriff Sexismus ist aus Sicht dieser Männer ein Propagandawerkzeug des Feminismus, das alle Männer unter Generalverdacht stellt. Misogynie ist eng verbunden mit Männlichkeitskonzepten. Von ihnen hängen die Überwindung von Geschlechterhierarchien und weiblicher Erschöpfung ab. Und die Sichtbarkeit weiblichen Potenzials.

3.1 Externe Barrieren in der Gesellschaft

> »Why are so many gifted women unaware of, ambivalent about, or frightened by their potential?«[9] (Noble 1989, S. 133)

Das Dilemma der hochbegabten Frau ist ein provokantes Thema, das oft Vermeidung oder eine starke emotionale Reaktion hervorruft, aber es muss ehrlich aus der Perspektive von Theorie, Forschung und klinischer Praxis angesprochen werden, wenn wir verstehen wollen, wie Frauen mit ihrer Begabung im Außen leben.

Es gibt zunehmend mehr Frauen an den Spitzen von Wirtschaft, Politik, Kunst, Wissenschaft und Sport, darunter auch viele Hochbegabte. Auch gibt es viele hochkompetente Frauen, die in ihrem Beruf oder als Familienfrauen glücklich sind. Doch ein beträchtlicher Teil der hochbegabten Frauen definiert sich nicht über Leistung und Erfolg und wirkt im Hintergrund. Kaum jemand vermutet hier eine Hochbegabung: Das sind starke Frauen hinter erfolgreichen Männern, engagierte Mütter, Frauen in Ehrenämtern, aber auch die Unzufriedenen, die sich in ihrem Beruf nicht wohl fühlen, und diejenigen, die ins Abseits geraten, krank und unsichtbar werden. Für all diese Frauen ist es sehr schwierig, bei sich selbst eine Hochbegabung zu vermuten, da sich ihre Kompetenz nicht in einer entsprechenden von der Gesellschaft honorierten Leistung ausdrückt. So ist die Hochbegabung weder für sie selbst noch für Außenstehende sichtbar. Die Kenntnis der Hochbegabung als wichtiger Teil menschlicher Identität ist die Grundlage für ein Leben im Gleichgewicht (vgl. Fietze 2019).

---

9 Warum sind sich so viele begabte Frauen ihres Potenzials nicht bewusst, stehen ihm ambivalent gegenüber oder haben Angst davor? (Übersetzung AD)

Kathleen Noble (1989) führte in ihrer klinischen Praxis eine Umfrage unter 109 Frauen durch, die 1986 an der Konferenz »Women of high potential« teilnahmen und untersuchte externe Barrieren als Hindernisse für die Selbstverwirklichung hochbegabter Frauen in sozialen Systemen. Viele Probleme, die Noble benennt, sind auch im Leben von Frauen erkennbar, die nicht als hochbegabt gelten. Ihre Auswirkungen auf hochbegabte Frauen sind allerdings besonders schädlich, da sich Hochbegabte der Komplexität und der Gefahren der Welt sehr bewusst sind. Vielen hochbegabten Frauen wird schon sehr früh beigebracht, dass Kompetenz und Leistung mit Einsamkeit und Ausgrenzung einhergehen können, mit Verzicht auf Zugehörigkeit zu Familie und Partner sowie Verlust von Weiblichkeit. Leider verzichten aus diesen Gründen viele hochbegabte Mädchen und Frauen auf den Weg der Selbstverwirklichung. Und obgleich diese Untersuchungen über 30 Jahre zurückliegen, sind ihre Ergebnisse immer noch aktuell.

Die meisten hochbegabten Frauen, mit welchen Kathleen Noble gearbeitet hat, erinnern sich an schmerzhafte Erfahrungen, Isolation und Ausgrenzung aufgrund ihrer Andersartigkeit. Allerdings sind die von Noble untersuchten hochbegabten Frauen mit größerer Wahrscheinlichkeit in Familien aufgewachsen, die durch Alkoholismus, sexuellen, physischen, emotionalen Missbrauch oder andere Formen von Dysfunktionalität beeinträchtigt waren. Die Mehrheit der untersuchten Frauen wurden durch das Bildungssystem und die Eltern konditioniert, sich als weniger fähig zu sehen als Männer und sozialisiert, passiv zu sein, keine Risiken einzugehen, geringere Erfolgserwartungen zu haben und ihre eigenen Fähigkeiten gering zu schätzen. Die Studie unterliegt einer ungewollten Selektion durch sehr ungünstige soziale Faktoren der Interviewpartnerinnen und ist möglicherweise nicht repräsentativ für alle hochbegabten Frauen.

In der bestehenden Fachliteratur des letzten Jahrhunderts aus den USA versteht man, dass Familien und sogar Lehrende Mädchen und Frauen benachteiligen, die von kulturellen Normen abweichen – wenn sie zu klug, begabt oder erfolgreich erscheinen. Männliche Schüler werden begabten Mädchen vorgezogen, da ihre Fähigkeiten sichtbarer sind, z. B. analytische Fähigkeiten, Originalität und Kreativität, Durchsetzungsvermögen sowie unkonventionelle Lern- und Problemlösungsansätze. Nicht wenige hochbegabte Mädchen werden in der präpubertären Phase eher abgelehnt und gemobbt und subtil vor die Wahl gestellt, zwischen ihren Fähigkeiten auf der einen Seite und der sozialen Anerkennung auf der anderen zu unterscheiden.

Obwohl es nur wenige Daten gibt, weiß man aus den Arbeiten von Kerr (1985) und Silverman (1986), dass hochbegabte Frauen im Laufe ihrer Entwicklung in alarmierendem Maße verschwinden. Ärztinnen und Wissenschaftlerinnen beispielsweise sind aufgrund widersprüchlicher Werte und Rollenerwartungen, Anfeindungen durch männliche Kollegen und der Schwierigkeit, Beruf und Privatleben miteinander zu vereinbaren, einem höheren Risiko für Selbstmord und Substanzabhängigkeit ausgesetzt als Frauen aus der Allgemeinbevölkerung. Die kulturelle Verwirrung darüber, was eine angemessene Leistung für Frauen darstellt, kann auch heute noch zu vielfältigen Beeinträchtigungen führen: chronische Unzufriedenheit mit dem Leben, Depressionen, Ängste, Krankheiten, Perfektionismus oder Erschöpfung. Essstörungen sind bei hochbegabten Mädchen und Frauen keine Seltenheit, wie man aus der klinischen Erfahrung der französischen Psychoanalytikerin Monique de Kermadec weiß, ebenso wenig wie chronische Depressionen und Angstzustände, die aus langwierigem familiärem Stress und Trauma resultieren. Nur wenige Frauen, die inmitten eines solchen emotionalen Chaos aufwachsen, werden ermutigt, ihre Fähigkeiten zu entwickeln, und die meisten erhalten wenig oder gar keine Anleitung, wie sie ihre Talente nutzen und in die Welt einbringen können. Einige Lebensgeschichten, die ich in dieser Arbeit vorstelle, zeugen von der Aktualität der wissenschaftlichen Ergebnisse der amerikanischen Autorinnen aus dem letzten Jahrhundert.

Auch Ellen Winner (1998) bestätigt, dass die Ambitionen hochbegabter Frauen im jungen Erwachsenenalter immer mehr abnehmen, einige von ihnen ihre Erfüllung im Familienleben finden und andere schlichtweg an der Umsetzung ihrer Begabungen systematisch gehindert werden. Insbesondere herausragend begabte Frauen werden zu einem großen Teil durch althergebrachte Strukturen und männliche Dominanz gebremst. Das Patriarchat und die damit einhergehenden gesellschaftlichen Rollenbilder tendieren dazu, Frauen in Klischees zu pressen und sie auf tradierte Rollenerwartungen zu reduzieren.

Kate Kingsbury und Francis Heylighen (2019) haben Selbstauskünfte hochbegabter Frauen aus der ganzen Welt analysiert, um interne und externe Barrieren konkreter zu belegen, unter Berücksichtigung von Scham, Schuldgefühlen, Angst und Selbstzweifeln. Ein umfassendes Verständnis dieser Probleme erfordert eine Dekonstruktion des symbolischen Paradigmas, das unserem sozialen System zugrunde liegt. Mit ihrer Vorliebe für kreative, unabhängige und intellektuelle Tätigkeiten weichen hochbegabte Mädchen und Frauen von den Normen ab, die das soziale System ihnen auferlegt. Die daraus resultierenden negativen Reaktionen führen häufig dazu, dass sie glauben, etwas stimme mit ihnen nicht. Es entsteht ein schmerzhaftes Schamgefühl, das die Selbstverwirklichung stark hemmt.

Die Unterdrückung von normabweichendem Verhalten in der Gesellschaft erfolgt grundsätzlich vor allem durch Scham, Schuldgefühle und Angst. Scham ist eine der heimtückischsten emotionalen Kontrollmechanismen. Sie führt dazu, dass Frauen glauben, etwas sei von Natur aus irreparabel falsch mit ihnen, und behindert das Selbstvertrauen und den Glauben an sich selbst und damit die Verwirklichung eigener Ziele und Visionen. Schuld und Scham sind generell wirksame Kontroll- und Manipulationsinstrumente, um Menschen gehorsam und dem sozialen System nützlich zu machen. Solche disziplinierenden Mittel unterdrücken gerade die Fähigkeiten hochbegabter Frauen, stumpfen sie ab und hinterlassen massive schädliche Auswirkungen auf ihr Leben:

> »Wer schneller ist als andere, mehr leistet, originellere Einfälle hat, muss damit rechnen, dass er beschämt und entwertet wird, wenn er nicht sorgfältig darauf achtet, in welchen Machtstrukturen er sich bewegt. Jede Intelligenz, die nicht in der von einem Erzieher gewünschten Richtung wirkt, weckt den Impuls, ihren Träger zurechtzustutzen, ihn kleiner zu machen und zu beschämen. Das gilt in Schulklassen genauso wie im Lehrerkollegium,

(…) für den Richter gegenüber den Anwälten, für den Arzt gegenüber seinen Patienten.« (Schmidbauer 2013, S. 117)

Der Weg zur Verwirklichung ihres hohen Potenzials ist für die meisten hochbegabten Frauen beschwerlich, doch einige bleiben hartnäckig und entwickeln ihre Begabungen gegen enorme Widerstände:

- Geldmangel
- Entmutigung durch Familie und Gesellschaft
- Mangel an akademischer Unterstützung
- Stigmatisierung und Ausgrenzung
- Unzureichende Vorbereitung auf ein unabhängiges Leben
- Bestrafung für das Ausleben der Tiefe ihrer Begabung und Bandbreite von Fähigkeiten
- Berufliche Isolation
- Zwiespalt der doppelten und vielfachen Marginalität für hochbegabte Frauen mit Migrationshintergrund und sexueller Diversität
- Diskriminierung
- Sexismus

All diese externen Barrieren erschweren erheblich die Identitätsbildung und Chancen von Talententwicklung junger hochbegabter Mädchen und Frauen und bergen ein hohes Suizidrisiko (Kerr & McKay 2014). Selbst emotional gesunde Familien neigen dazu, die Fähigkeiten von begabten Töchtern zu unterschätzen oder zu ignorieren. Ein beachtliches Beispiel dafür geht aus einem Interview mit der Nobelpreisträgerin in Physiologie oder Medizin Christiane Nüsslein-Volhard hervor, die in Maren Kroymanns Podcast *War's das?* am 28. Juli 2022 von der fehlenden Anerkennung ihrer akademisch-wissenschaftlichen Leistungen in ihrem hoch gebildeten Umfeld berichtet. Wenn Frauen in ihrem eigenen Elternhaus erfahren, dass ihre Leistungen im Vergleich zu denen der Männer zweitrangig oder nichtig sind, wie können sie dann erwarten, dass sie ihr Potenzial ohne Ambivalenzen oder Unsicherheiten entwickeln? Ist weibliche Hochbegabung eine kulturelle Behinderung?

Eine der tragischsten Botschaften, die eine hochbegabte Frau erhält, ist die, dass die Gesellschaft ihre Begabungen und Fähigkeiten nicht braucht, dass die eigentliche Arbeit in der Welt von Männern geleistet wird und dass jeder Beitrag, den sie leisten könnte, nebensächlich ist. Es gibt hochbegabte Mädchen, die Feindseligkeiten und Entwertungen ihrer Intellektualität in den harmlosesten Begegnungen erleben, oft so, dass es sonst niemand merkt. Leider ist es schwer zu erfassen, wie oft diese Feindseligkeit Frauen gegenüber tatsächlich stattfindet, und zwar emotional, körperlich und sexuell. Gewalt in all ihren Ausprägungen, auch in subtilster Dosis, wird ohne Zweifel den Ausdruck von weiblicher Hochbegabung verdunkeln und hochbegabte Mädchen und Frauen sehr stark daran hindern, ihre Begabungen ernsthaft zu kultivieren.

Bei der traditionellen Erwartung an hochbegabte Frauen liegt ein klassischer Double-Bind vor: Von talentierten Studenten erwartet man, dass sie in traditionell männlichen Gebieten wie der Naturwissenschaft, Mathematik, Medizin und Business Erfolg haben, während begabte Mädchen bis vor wenigen Jahren zumindest in Mitteleuropa kaum zum Studium der Mathematik und der Naturwissenschaften ermutigt wurden. Den Aufruf zu MINT-Studiengängen gibt es hierzulande explizit erst seit wenigen Jahren. Frauen, die nicht-traditionelle Berufe ergreifen wollen, hatten oft keine Vorbilder ihres Geschlechts, keine Mentorinnen, keine Unterstützungssysteme und keine Strategien, mit diesen neuen Herausforderungen umzugehen. Auch heute erwartet man, dass Frauen geringer verdienen und ihre Karrieren für die Familie unterbrechen. Für einige hochbegabte Frauen sind die Folgen dieses Double-Binds fatal.

Die geringeren Chancen von hochbegabten Mädchen auf eine befriedigende Verwirklichung ihrer geistigen und sozialen Bedürfnisse sehen Fachleute in dem Bestreben der Mädchen, Konkurrenz mit Männern zu vermeiden, in ihrem geringen Selbstvertrauen in gesellschaftlich als typisch männlich markierten Domänen, im breiteren Interessensspektrum der Frauen und der Orientierung an Beruf und Familie, die Höchstleistungen meistens ausschließt.

In den in diesem Buch vorgestellten Lebensgeschichten hochbegabter Frauen zeigt sich, dass Hochbegabung in der allgemeinen Wahrnehmung auch heute noch weder ausreichend bekannt ist noch richtig verstanden wird. Die nach wie vor fehlende Unterstützung intellektueller Exzellenz durch die Gesellschaft vermittelt gerade hochbegabten Frauen den Eindruck, nicht geschätzt, ja sogar unbrauchbar zu sein. Es ist unerlässlich, dass hochbegabte Frauen zunächst ihren Wert selbst erkennen und vielleicht in einer entsprechenden Beratung oder Psychotherapie an der Akzeptanz und Integration ihrer Hochbegabung arbeiten und gleichzeitig ein Umfeld suchen, in welchem sie als Hochbegabte in ihrer Komplexität gerne gesehen und geschätzt werden.

Und es gibt sie, die hochbegabten Frauen, die es trotz aller Widrigkeiten schaffen, sich zu verwirklichen. Der größte Beweis für die Hochbegabung vieler dieser strukturell und institutionell systematisch durch die Jahrhunderte unterdrückter hochtalentierter und bezaubernder Mädchen und Frauen liegt in ihrer Fähigkeit, ihre Kindheit und ihr Leben psychisch relativ intakt zu überstehen.

> »What I find so remarkable about these women in their extraordinary resilience of spirit, their creativity, their honesty and integrity, their passion and enthusiasm, their complexity and capacity for insight and healing, and the openness they bring to the experience of life.«[10] (Noble 1989, S. 133)

Wie die amerikanischen Autorinnen gehe ich aus meiner Beobachtung davon aus, dass die Probleme, die der Selbstverwirklichung begabter Frauen im Wege stehen, ihren Ursprung in der sozialen, kulturellen und wirtschaftlichen Topografie haben. Meiner Erfahrung nach geht dieses Unbehagen auch über Kultur, Ethnie und sozioökonomischen Status hinaus und wird durch die Tatsache verstärkt, dass es keine allgemein akzeptierte, kulturübergreifende oder gefühlsneutrale Definition von Hochbegabung gibt. Das größte Gewicht liegt auf dem eigenen blinden Fleck hochbegabter Frauen:

---

10 Was ich an diesen Frauen so bemerkenswert finde, ist ihre außergewöhnliche geistige Widerstandsfähigkeit, ihre Kreativität, ihre Ehrlichkeit und Integrität, ihre Leidenschaft und Begeisterung, ihre Komplexität und ihre Fähigkeit zu Einsicht und Heilung sowie die Offenheit, mit der sie das Leben erleben. (Übersetzung AD)

> »What is also remarkable is that few realize they are gifted despite years of evidence to the contrary.«[11] (Noble 1989, S. 133)

Mädchen und Frauen schrecken vor der Vorstellung zurück, begabt zu sein, und lehnen die Anwendung des Konzepts auf sich selbst ab, obwohl sie bei ihren Kindern und Partnern ohne Weiteres Begabungen wahrnehmen. Einige Frauen lehnen das Etikett ab, weil es Elitismus und Überlegenheit impliziert, und viele glauben, dass es nur auf diejenigen zutrifft, die sehr hohe IQ-Werte erreichen. Hochbegabte Frauen, die ich in der Karriereberatung begleite, berichten, nicht hochbegabt sein zu können, da sie arbeitslos sind, in ihrer Karriere nicht weiterkommen, keine nennenswerten Erfolge haben oder in MINT-Fächern schlecht abschneiden. Manche von ihnen fühlen sich unwohl angesichts der Dissonanz, die ihr akademischer oder beruflicher Erfolg in ihren Familien oder kulturellen Gruppen hervorruft, sodass sie ihre Leistungen verunglimpfen, leugnen oder vermeiden. Andere fürchten, dass die Anerkennung ihrer Begabungen bei ihnen selbst oder anderen hohe Erwartungen weckt. Viele verbergen ihre Fähigkeiten, um Eltern, Freunde und Bezugspersonen nicht zu verlieren. Gleichzeitig haben viele dieser Frauen enormen Respekt vor dem Intellekt anderer und neigen dazu, ihre Schwächen mit den Stärken anderer zu vergleichen. So unterschätzen sie ihre eigenen Fähigkeiten und überschätzen die Vorzüge anderer (▸ Kap. 3.2.2).

Wir sollten uns daran erinnern, dass die implizit wie explizit untergeordnete Stellung der Frau gegenüber dem Mann in der Gesellschaft, die Rollenzuschreibungen und -erwartungen sowie die Idee der Kernfamilie nicht natürlich sind. Geschlechtsspezifische Rollen sind soziale Konstruktionen, die durch Religion und Moral vorgeschrieben werden. Dieses Modell herrscht nach wie vor vielerorts, ist jedoch weder zeitlos noch universell. Anthropolog:innen erkennen an, dass es in Gesellschaften auf der ganzen Welt vielfältige Konfigurationen von Geschlechterrollen gibt und dass das Geschlecht selbst eine soziale Konstruktion ist. Und auch heute noch ringen Frauen

---

11 Bemerkenswert ist auch, dass nur wenige erkennen, dass sie begabt sind, obwohl es seit Jahren Beweise für das Gegenteil gibt. (Übersetzung AD)

immer wieder um ihre Existenzberechtigung. Hochbegabte Frauen, die intellektuelle Herausforderungen außerhalb der Erwartungen von Familie und Gesellschaft stellen, gefährden die Kohärenz der imaginären Binärität Frau–Mann/Natur–Kultur, auf der das soziale System beruht. Es ist höchste Zeit für einen Paradigmenwechsel.

3.2 Liebesbeziehungen, Partnerschaft und Familie

> »Angleichungsversuche durch die Geringschätzung eigener Intelligenz und die Hochschätzung einer fiktiven Überlegenheit des Partners verbinden den Kassandra- mit dem Symbiose-Komplex.« (Schmidbauer 2013, S. 8)

3.2.1 Hochbegabte Frau sucht Mann

Hochintelligente Personen haben laut James T. Webb oft keine klaren Vorstellungen davon, was Hochbegabung für sie selbst und ihre Beziehungen zu anderen bedeutet (Webb et al. 2015, S. 271). Schließlich sind sie mit ihrer Art, die Welt zu sehen, aufgewachsen und gehen davon aus, dass alle anderen die Welt mit ähnlichen Augen betrachten. Selbst höchstbegabte oder außerordentlich hochbegabte Erwachsene streiten häufig ab, besonders intelligent und kreativ zu sein. Dieses Spannungsfeld zwischen gefühlter Andersartigkeit und der Projektion der eigenen Intelligenz auf andere macht es besonders hochbegabten Frauen schwer, ihren Platz in der Gesellschaft zu finden. Zudem stellen sie sich nicht selten die Frage: Kann ich gleichzeitig weiblich und hochintelligent sein?

Weibliche Intelligenz macht Angst, Männern wie Frauen. Im Kontakt mit einer besonders intelligenten Frau können Männer Sorge bekommen, nicht mithalten zu können und in ihren Schwächen erkannt zu werden. Selbst im 21. Jahrhundert hat der Mann in heterosexuellen Beziehungen das Bedürfnis, sich stärker zu fühlen und seine Partnerin zu beschützen. Hochbegabte Frauen sind mit der Herausforderung konfrontiert, aus der stereotypen Rolle der freundlichen und unterwürfigen Frau auszubrechen und gleichzeitig attraktiv zu sein. Tragischerweise zweifelt die hochbegabte Frau nicht selten an ihrem Wert, an ihrem Aussehen und dem, was sie sagt sowie dem Interesse, das andere ihr entgegenbringen.

Hochbegabte gehören zu den intelligentesten 2,3 Prozent der Bevölkerung, Höchstbegabte machen nur 0,1 Prozent aus. Angesichts dieser Zahlen bekommt man eine Vorstellung davon, wie schwierig es sein kann, eine Person zu finden, die eine ähnliche Qualität im Denken hat. Rein rechnerisch können natürlich weitere Faktoren die Aussicht auf potenzielle Partner:innen drastisch reduzieren, beispielsweise Temperamentunterschiede, familiäre und religiöse Hintergründe oder persönliche Gewohnheiten. Bei LGBTQIA+-Personen[12], die schätzungsweise 7,5 Prozent der Bevölkerung ausmachen (vgl. Haunhorst 2016), ist die Auswahl an potenziellen Partnern für Hochbegabte sogar noch geringer. Wenn man zwei oder mehrere dieser Faktoren zusammennimmt, reduziert sich die Zahl potenzieller Partner erheblich, zumindest theoretisch. Aber wie verhält es sich in der Realität? Sind Hochbegabte in der Liebe am glücklichsten unter ihresgleichen? Sind die Chancen auf eine glückliche Partnerschaft wirklich gering?

Um eine Person zu finden, mit der man eine dauerhafte Beziehung eingeht, ist es wichtig, dass Kommunikation, Werte und Interessen passen, die eine Intimität erst möglich machen. Hochbegabte erleben diesen Lebensbereich äußerst unterschiedlich: Einige haben keine größeren Schwierigkeiten; ein beträchtlicher Teil hingegen berichtet von Problemen sowohl bei der Partnersuche als auch bei der Beziehungsgestaltung. Hochbegabte können mit dem, was sie am meisten ausmacht, überfordern und irritieren: Intensität, Sensitivität, ausgefallene Interessen, ungewöhnlicher Sinn für Humor, ausgeprägter Gerechtigkeitssinn, hohe moralische Ansprüche, unkonventionelle Ideen und die Gabe für das Erkennen außergewöhnlicher Zusammenhänge. Das klingt nach einer wuchtigen Kombination, die als Bedrohung verstanden werden kann. Da bleiben manche Hochbegabte lieber unter ihresgleichen oder alleine, auch aus Selbstschutz.

---

12 LGBTQIA+ ist die Abkürzung der Wörter Lesbian, Gay, Bisexual, Transsexual/Transgender, Queer, Intersexual, Asexual. Das Plus steht für alle anderen Sexualitäten.

Hochbegabte bevorzugen in Liebesbeziehungen meist ähnlich begabte Personen, wobei sie nicht hochbegabt sein müssen. Vielmehr geht es darum, sich auf Augenhöhe begegnen zu können. Die in diesem Kapitel erörterten Aspekte beziehen sich vornhemlich auf heterosexuelle Beziehungen und den damit verbundenen Rollenerwartungen innerhalb der Paarbeziehungen. Auf Partnerschaften und Beziehungsverhalten hochbegabter homo- und bisexueller Frauen wird in einem eigenen Kapitel eingegangen (▸ Kap. 3.3.1).

Hochbegabte Frauen können auch mit Männern ohne hohen Bildungsgrad eine sehr gute Beziehung haben, die ihnen Vertrauen, Austausch und den Dialog bieten. Die auserwählte Person kann auch eine hohe Begabung im sozialen oder emotionalen Bereich haben oder besondere alltägliche praktische Fähigkeiten, die die Hochbegabten gut ergänzen und ihnen die nötige emotionale Stabilität geben. Das Gefühl, emotional angenommen zu werden, ist Hochbegabten sehr wichtig; wie alle anderen Menschen wollen sie wertgeschätzt und geliebt werden, wie sie sind. Die Angst vor Zurückweisung kann größer sein als bei vielen anderen, da sie sie schon zu oft im Leben erlebt und dadurch erhebliche Selbstzweifel entwickelt haben. Das Gefühl des Anders- oder Falschseins führt dazu, dass sie länger brauchen, um sich zu öffnen und sich geliebt zu fühlen.

Das Wesentliche in der Partnerschaft mit einer hochbegabten Frau ist der starke Selbstwert des Partners, der sich nicht in Konkurrenz mit ihr fühlt. Machtkämpfe in der Beziehung entstehen aus der Verbindung eines sehr empfindlichen Mannes und einer geistig überlegenen Frau, die in ihrer intellektuellen Selbsteinschätzung blockiert ist und sich nicht vorstellen kann, wirklich die Klügere zu sein. Körperliche Attraktivität und ein starkes Liebesgefühl können eine intellektuelle und emotionale Unterlegenheit nicht immer ausgleichen. Die Hochbegabung des männlichen Partners ist kein Garant für den Erfolg einer Liebesbeziehung mit einer Hochbegabten, sondern sein starker Selbstwert, gemeinsame Ziele und Werte.

Für heterosexuelle hochbegabte Frauen kann es schwierig sein, den passenden Partner zu finden, der eine ebenbürtige, ja sogar überlegene Partnerin wünscht. Da weibliche Kompetenz von Männern (und Frauen) nicht selten als Provokation empfunden wird und in der Partnerschaft mit Streit, Liebesentzug, Ablehnung und Gewalt beantwortet werden kann, verbergen einfühlsame und vorsichtige hochbegabte Frauen ihre Intelligenz, um ihre Partner nicht zu kompromittieren. Zudem haben sie eine hohe Leidensfähigkeit – und manchmal bleiben sie trotz aller Demütigungen bei ihren Partnern, da sie Veränderungen scheuen und eine Reinszenierung fürchten. Eine Beziehung mit einer hochbegabten Frau kann am besten gelingen, wenn der Partner ein starkes Selbstwertgefühl hat und die Partnerin wachsen lässt.

Die Kombination weiblicher Hochbegabung und Attraktivität kann für manche Männer betörend sein und für andere ein besonderes Problem darstellen, das die Aussichten attraktiver hochbegabter Frauen auf eine Partnerschaft erschweren.

Es existiert eine gewisse Korrelation zwischen Intelligenz und Attraktivität. Ein als hübsch wahrgenommenes Gesicht kann einen Halo-Effekt[13] bewirken, der attraktive Frauen klüger erscheinen lässt als andere und als sie tatsächlich sind. Für begabte Frauen jedoch ist die Assoziation zwischen Intelligenz und Attraktivität ein zweiseitiges Schwert: Auf der einen Seite scheinen kluge Mädchen sowie Frauen als gesünder, stärker, und attraktiver wahrgenommen zu werden als andere. Auf der anderen Seite können Mädchen, die den gängigen Schönheitsidealen nicht entsprechen, übersehen und fälschlicherweise als weniger intelligent eingestuft werden.

Verletzte, enttäuschte oder gar traumatisierte Hochbegabte haben in der Beziehungsgestaltung oft das Gefühl, stets wachsam sein zu müssen, um sich vor weiteren Verletzungen zu schützen. Auf der einen Seite träumen sie von intimen Beziehungen, auf der anderen fürchten sie die Selbstaufgabe. Der Gedanke, sich auch in einer Paar-

13 Als Halo-Effekt versteht man einen systematischen Fehler der Personenbeurteilung, bei dem ein einzelnes Merkmal einer Person so dominant wirkt, dass andere Merkmale in der Beurteilung dieser Person sehr stark gar nicht mehr berücksichtigt werden. Ausgehend von dem gewählten Merkmal wird auf weitere Eigenschaften der Person geschlossen, ohne dass hierfür eine objektive Grundlage vorliegen muss. Ausgangspunkt für den Halo-Effekt sind markante Merkmale wie die physische Attraktivität oder außergewöhnliche Leistungen. Der Effekt der physischen Attraktivität ist besonders häufig belegt worden. Personen, die gut aussehen, werden meist auch als intelligent, gesellig oder dominant beurteilt.

beziehung so stark anpassen zu müssen, ist für manche daher unerträglich. Eine der größten Schwierigkeiten im Kontext von Beziehungen sehen Hochbegabte in der Wahl von ausgeglichener Distanz und Nähe. Sie bewegen sich in einem Spektrum zwischen zu starker Nähe bis hin zur gefühlten Erstickungsgefahr, und so großer Distanz, dass eine Entfremdung droht. Manchmal fällt es ihnen sehr schwer, ein gesundes Maß an Balance und Kompromissbereitschaft zu finden. Zahlreiche Frauen sprechen davon, Zeit für sich selbst zu brauchen – um sich zu zentrieren, zum Wesentlichen zu kommen. Diese Momente sind sehr wichtig, damit sie auftanken und für andere da sein können. Sie müssen lernen, solche Auszeiten dem Partner/der Partnerin gegenüber zu formulieren, um ihn/sie nicht wegzustoßen. Das Schädlichste in der Liebesbeziehung ist das falsche Selbst. Um geliebt zu werden, unternimmt die Hochbegabte mit dem falschen Selbst erschöpfende Bemühungen, um sich an die potenziellen Erwartungen ihres Partners anzupassen. Diese Anstrengungen bringen nicht den erwünschten Ausgleich für die zahlreichen Aggressionen im Leben. Ihr Liebesdurst äußert sich in einer Forderung nach Anerkennung und Bereitschaft für ein langfristiges Engagement.

Andrea Brackmann portraitiert das Leben einiger berühmter Höchstbegabter aus Geschichte und Gegenwart und beschreibt ihr Liebesleben in einigen Fällen als zügellos und chaotisch, mit Phasen des Leids, der Eifersucht und inneren Zerrissenheit (Brackmann 2020, S. 154). Hochintelligente Menschen sehnen sich durchaus nach tiefer Bindung und Zugehörigkeit, verfallen aber oft der Intensität ihrer wechselnden Emotionen. Es ist zu beobachten, dass hochbegabte Paare aus dem Bedürfnis nach Freiraum und Rückzug sehr unkonventionell und nach eigenen Regeln leben, fern traditioneller Vorgaben.

Es gibt Hochbegabte, die mehr Zeit brauchen, um einen passenden Partner zu finden. Schließlich lernen sie erst im Laufe der Jahre einen guten Umgang mit ihrer Unsicherheit und ihrer tiefen Sensibilität. Sie machen sich in der Regel viele Gedanken, bevor sie eine Beziehung eingehen, denn das Risiko verletzt zu werden, ist ihnen stärker bewusst als anderen. Zudem fürchten sie, den Erwartungen an emotionale und körperliche Nähe in einer Liebesbeziehung nicht gewachsen zu sein. Und manche fühlen sich von der Gesellschaft unter Druck gesetzt, sich zu binden, obwohl sie sich dazu noch nicht bereit fühlen. Wenn sie eine gewisse Reife erlangt haben, fällt es ihnen leichter, den Schritt in eine erfüllte Beziehung zu wagen. Das Beziehungsverhalten Hochbegabter ist kaum erforscht und bildet eine weitere wissenschaftlich zu schließende Lücke. Bekannt sind eine Schrift von Dijkstra et al. (2012) sowie die psychoanalytische Schrift der französischen Analytikerin de Kermadec (2020) und eine Arbeit von Andrea Schwiebert (2023).

Das soziokulturelle Gewicht und das Unbewusste können hochbegabte Frauen zur sog. Hypergamie treiben, der Suche nach einem Mann höheren Niveaus auf intellektueller, sozialer und finanzieller Ebene. Die intellektuellen Bedürfnisse dieser Frauen sind unersättlich; ihre Neugier auf die Welt unerschöpflich. Die Erwartung, dass der Partner all diese Bedürfnisse befriedigt, übt einen immensen Druck auf ihn aus, ganz egal ob er nun intellektuell auf der Höhe ist oder nicht.

Im Gegensatz zu Männern stellt der berufliche Erfolg von Frauen im Allgemeinen keinen Vorteil bei der Partnerwahl dar. Ein Großteil der Männer zieht es vor, eine Frau zu heiraten, die eine niedrigere soziale Position hat. Dies wertet ihre Männlichkeit auf und ermöglicht mehr Raum für die Familie. Manche Frauen haben Glück und finden einen Partner, der die Begabungen der Frau nicht als Bedrohung empfindet. Eine herausragende Frau hat eine viermal so große Chance, nicht verheiratet zu sein als ein Mann ihres Ranges (Winner 1998).

Die meisten hochbegabten Frauen suchen keinen reichen und mächtigen Mann, sondern eine Beziehung mit tiefer Verbundenheit und einem bereichernden Dialog. Das Glück eines Paars besteht nicht aus der Gleichheit der IQs, sondern aus dem zufriedenstellenden Funktionieren mehrerer Intelligenzen: kognitiv, interpersonell, kreativ, emotional. Erwünscht sind einerseits liebevolle und unterstützende Menschen, die ihre Eigenheiten akzeptieren, und zugleich gefestigte und starke Persönlichkeiten, die ihnen eine Beziehung auf Augenhöhe bieten.

Werden sie von ihrer außergewöhnlichen Intelligenz isoliert, wirkt ihr Blick auf die Welt einschüchternd. Dann entwickeln hochbegabte Frauen häufig ein unnahbares und selbstsicheres Auftreten. Stolz und Distanziertheit zeichnen sie nach außen aus, doch hinter der Maske verbergen sich Einsamkeit und die Angst, verletzt und abgelehnt zu werden. Dabei haben sie ein so großes Bedürfnis danach, geliebt und beschützt zu werden, ihre immense Affektivität kaschieren sie um jeden Preis – zuallererst vor sich selbst, um von eigenen Gefühlen nicht überwältigt zu werden.

> »Traumatisierte Begabungen (…) drücken ihre Verletzungen nicht als Verletzungen aus. Diese lassen sich nur indirekt erkennen: am Glanz der Rüstung, an der Stärke der Waffen, an der Höhe der Mauern, welche sie unzugänglich und unnahbar machen.« (Schmidbauer 2013, S. 202)

Was wollen die hochbegabten Frauen heute? Ein dauerhaftes Gleichgewicht zwischen allen Lebensbereichen bei gleichzeitiger Exzellenz ist ein Mythos. Die Hochbegabte soll nicht in allem sehr gut sein, sondern sie darf aus allen ihren Sphären Ressourcen herausziehen, aus dem das Leben besteht.

In jeder Begegnung mit einem potenziellen Partner sind Mutterschaft und Familiengründung subtil präsent. Sobald entschieden ist, dass man sich aufeinander einlässt, werden die Qualitäten als Mann und Vater geprüft. Hier kommt man nicht umhin, die Standards aus dem sozialen Milieu und der vorherrschenden Kultur auf den Mann zu projizieren und eine große Erwartungshaltung zu hegen.

> »Die durchschnittlich Begabte wird schwanger werden, weil das einfach zum Leben gehört und weil alle Frauen es tun. Sie wird die entstehenden Probleme nacheinander anpacken – die Geburtsvorbereitung, das Stillen, die Beziehung mit dem Partner, die Erziehung des Kindes. Die Hochbegabte hingegen stellt sich das ganze Leben ihres Kindes vor, imaginiert die möglichen Probleme, die ihr Partner mit ihr und sie mit ihm haben wird, und verzagt. Sie findet keinen Partner, der bereit ist, sie in diese komplexe innere Anforderungswelt zu begleiten und sie zu entlasten.« (Schmidbauer 2013, S. 54 f.)

Diese Tendenz hat auch Ellen Winner beobachtet, dass junge herausragende hochbegabte Frauen eine dreimal so große Chance haben, keine Kinder zu bekommen als ein herausragender verheirateter Mann. Die Gründe hierfür sind multifaktoriell: Die Schwierigkeit, einen Partner zu finden, der Wunsch, sich der Karriere zu widmen, die Angst, nicht auf der Höhe zu sein, die Erinnerung an die eigenen Schwierigkeiten im Leben und die Angst vor morgen. Viele hochbegabte Frauen haben existentielle Ängste. Wie kann man bei klimatischen Veränderungen und der bedrohlichen Welt Kinder in die Welt setzen? In einer Welt, die in Richtung Desaster geht, erscheint die Fortpflanzung wie ein Verbrechen. Das demografische, ökologische, ökonomische Drama, das der Planet erlebt, die Gewalt und die Kriege – all das belastet die Hochbegabte, die in so eine Welt keine Kinder setzen will. Der chronische Zweifel lässt die Entscheidung für eine Mutterschaft erschwert zu. Ihre Mutterrolle kann sie sich gar nicht vorstellen mit ihrer erhöhten Vision von Liebe, Hingabe und der Opfer, die sie glaubt, nicht erbringen zu können. Es kommt natürlich sehr auf die Persönlichkeit und den soziokulturellen Hintergrund an. Es gibt hochbegabte Frauen, die sich nur auf die Familie konzentrieren und solche, die für den Job leben. Manche koordinieren beides perfekt.

Und dann gibt es diejenigen, die Angst haben, das Rendezvous mit sich selbst und ihrer Fruchtbarkeit zu verpassen. Sie setzen sich enormem Druck aus und treiben sich in die Einsamkeit.

> »Als Frau denke ich ständig an die Zeit, die mir für die gewünschte Familienplanung bleibt. Das schränkt mich in der Berufsplanung ein. Ich möchte weise Entscheidungen treffen und die Zeit, die mir bleibt, sinnvoll nutzen. Ich denke über Social Freezing nach, gleichzeitig habe ich Sorge, mir würde etwas im Leben fehlen, wenn ich nur die Karriere verfolge. Ich glaube, als Mann hat man die Freiheit, sich zu jeder Zeit beruflich umzuorientieren. Das Gefühl habe ich als Frau nicht.« (eine Klientin)

> »Bei mir persönlich hat sich die Tatsache, dass ich eine Frau bin, auf zwei Ebenen als Hürde erwiesen: Erstens liegt mein geringes Selbstvertrauen u. a. daran, dass ich als Mädchen zu Zurückhaltung und Bescheidenheit erzogen wurde. Ich soll fürsorglich, häuslich, freundlich, bescheiden und angepasst sein. Wie wäre ich wohl erzogen worden, wenn ich als Junge zur Welt gekommen wäre? Zweitens spielte das Thema Familienplanung in meinem Leben eine große Rolle. Immer wieder habe ich Entscheidungen so getroffen, dass Raum ist für die Gründung einer Familie. Dabei wollte ich mich sehr lange überhaupt nicht fest binden, und auch Kinder habe ich mit fast 40 noch immer nicht. Doch bei jedem wesentlichen Schritt im Leben gibt es eine Stimme im Hinterkopf, die sagt: Aber wie soll das gehen mit Mann und Kind? Ich beneide Männer sehr darum, diesen Druck nicht zu haben und keine biologische Uhr ticken zu hören.« (Aida, 38 Jahre)

Und die hochbegabten Frauen, die bewusst keine Mütter werden wollen? Die Terman-Studien zeigten, dass die glücklichsten hochbegaben Frauen diejenigen waren, die sich in ihre Leidenschaften investierten und keine Kinder hatten. Das Gleichgewicht zwischen den verschiedenen Leben erscheint leichter erreicht zu werden, wenn die bewusste Wahl gegen ein Leben mit Kindern getroffen wird.

Trotz aller Fortschritte gilt für viele Menschen kulturübergreifend noch immer das Ideal der klassischen Paarbeziehung. Sie wird als Norm definiert und setzt damit alle, die dieser nicht entsprechen, unter Druck. Auch jene, die sich als Single wohlfühlen und sich nichts anderes wünschen. Es ist sogar die Rede von Singlismus und Single-Shaming, der Stereotypisierung und Diskriminierung von Menschen ohne Partner.

Die beiden Autor:innen Katja Kullmann (2022) und Daniel Schreiber (2021) haben über ihre Erfahrung als Alleinlebende Bestseller geschrieben. Mit Barbara Bleisch haben sie in der Sendung *Sternstunde Philosophie* (25.02.2022) über das Singlesein und die Einsamkeit gesprochen und bei allem Schmerz eine Lebensform verteidigt, die das Alleinsein mit sich bringen kann.

Gerade Philosophinnen und Philosophen, unter ihnen sicherlich viele Hochbegabte, haben immer wieder bewusst allein gelebt und fernab von Ablenkung und sozialen Zwängen zu ihren Gedanken gefunden. Andererseits kann Alleinsein auch in Einsamkeit abgleiten, gerade im Alter oder bei Krankheit. Das Alleinsein kann gerade für hochbegabte Frauen eine bewusst gewählte Lebensform sein. In ihrem Buch *Singuläre Frau* (2022) beschreibt Kullmann das Leben alleinstehender kluger Frauen und die Beweggründe für diese auch bewusste Entscheidung.

Alleinstehende Frauen werden anders wahrgenommen als Single-Männer und werden viel häufiger mit persönlichen Fragen zum Beziehungsstatus behelligt. Dabei geben laut Kullmann (2022) zwei Drittel der Singles an, sehr glücklich oder glücklich zu sein. Kullmann (2022) beobachtet, dass auch ältere Frauen nach dem Tod des Partners bzw. nach einer Trennung genau abwägen, ob sie in Zukunft wieder mit einem Mann zusammenleben und ihre restliche Lebenszeit als Pflegekraft verbringen wollen. Und dann gibt es noch die Frauen, die Frauen lieben oder vielleicht erst im Alter anfangen, sich für Frauen zu interessieren.

Das Alleinsein wird in der Gesellschaft vielleicht mit der Zeit mehr Akzeptanz finden und zumindest in gebildeten Kreisen als eine autarke, legitime und reiche Lebensform verstanden werden. Wir können festhalten, dass hochbegabte Frauen in ihrer Lebensgestaltung mit allen Fragen konfrontiert sind, die sich die meisten Frauen in unserer Gesellschaft stellen. Außergewöhnlich intelligente Frauen stehen vor ganz besonderen Fragestellungen und Hürden. Ein Beispiel dafür ist das folgende Beispiel einer höchstbegabten Ärztin.

Fallbeispiel: Romy, 51 Jahre

- Zweifache Fachärztin
- DDR-Sozialisation
- Höchstbegabt
- Extrem hohe Leistungsfähigkeit
- Erfolgreich, attraktiv, sportlich
- Ausgeprägte, aber unterdrückte Hochsensibilität

- Zerrissenheit zwischen innerer Verletzlichkeit und Stärke
- Anhaltendes unbefriedigendes Gefühl, noch viel mehr geleistet haben zu können
- Lebensthema: Schwierigkeiten, eine passende Partnerschaft zu finden

Meine Geschichte unter der Lupe der Hochbegabung

Ich wurde 1971 in der DDR geboren und habe eine zwei Jahre ältere Schwester. **Meine frühesten Kindheitserinnerungen gehen auf das dritte Lebensjahr zurück**. Ein prägnantes Bild habe ich immer noch vor meinem inneren Auge: Ich beobachte voller Interesse, wie mein Vater (Chirurg) das amputierte Bein meines Urgroßvaters in der Küche verbindet.

Ich habe keine schlechten Erinnerungen an meine Kindheit, **habe mich allerdings selbst auch nicht wie ein Kind gefühlt oder gesehen**. Mir war früh bewusst, was ich möchte und wie man sich vernünftig verhält. Dabei kamen diese Sichtweisen und Erkenntnisse immer aus mir selbst. Ich habe wenig einschränkende oder gar abwertende Sätze von meinen Eltern oder Großeltern im Gedächtnis.

Ich habe mich gut in den Kindergarten integriert, mich einfach angepasst und mich so verhalten, wie es von mir erwartet wurde. Ich war als Kind in den Ferien viel bei meiner Oma auf dem Bauernhof. Die tägliche Arbeit mit Tieren und im Garten war interessant, und ich half gerne mit. Ob ich bereits vor der Schule lesen konnte, weiß ich nicht mehr. **Ich kann mich aber erinnern, dass wir später bei meiner Oma Bücher in altdeutscher Schrift gelesen haben, obwohl es keiner erklärt hat.**

Auch meine Schulzeit habe ich nicht in schlechter Erinnerung. Mein erster und einziger Berufswunsch Kinderärztin zu werden war immer klar. Mein Vater und mein Kinderarzt waren meine Vorbilder. Ich hatte die Vorstellung, eine bahnbrechende medizinische Erfindung zu machen, die den Menschen helfen würde. Ich las z. B. gerne Bücher über Robert Koch und habe auch als Kind selbst mikroskopiert. Dabei hatte ich nie Zweifel, dass alle Kinder so denken würden wie ich.

Mir war sehr früh bewusst, dass ich für ein Medizinstudium in der DDR in der Schule sehr gut sein und **ins System passen** muss. Die Schule ist mir immer sehr leichtgefallen und hat Spaß gemacht. Wenn ich selbst das Gefühl hatte, jetzt weiß ich genug, waren die Noten sehr gut. **Mathe, Biologie, Chemie, Physik, Geografie und Astronomie waren meine Lieblingsfächer.** Überhaupt hat es mir unheimlich Spaß gemacht zu lernen und sehr gute schulische Leistungen zu zeigen. Ich wollte einfach die Beste sein. Ich hatte von der 1. bis zur 12. Klasse **einen Notendurchschnitt von 1,0.** Besser ging es in der DDR nicht. Es hat mir unheimlich viel Spaß bereitet, mein Hirn zu benutzten. Es hat immer zu meiner vollsten Zufriedenheit funktioniert. Manchmal war mir auch nicht klar, woher ich bestimmte Dinge wusste. Ich war in der Klasse nicht isoliert, ich wurde nicht gemobbt und hatte mehrere Freundinnen. **Gute schulische Leistungen wurden in der DDR mit Auszeichnungen und Abzeichen honoriert, allerdings kam nie jemand auf die Idee, mich zu fördern oder Klassen überspringen zu lassen.** Nebenbei habe ich sehr gerne drei- bis viermal pro Woche Leichtathletik trainiert. Hier gehörte ich aber nicht zu den Herausragenden und belegte nur den vierten Platz. Das wurmte mich. Ich wäre sicher eine gute Siebenkämpferin geworden. **Sowohl die Schule als auch das Training organisierte ich selbst**. Die Unterstützung meiner Eltern brauchte ich dafür nicht. Immer wieder wollte ich **schnell erwachsen sein,** damit ich alle Entscheidungen selbst treffen kann.

Mit zunehmendem Alter habe ich die Enge des DDR-Systems gespürt. Es hat für mich vieles nicht zusammengepasst. Dadurch kam ich aber in innerliche Konflikte, weil ich ja für mein Studium Systemtreue zeigen musste. Man hatte in der DDR einfach zwei Meinungen, eine öffentliche und eine private. **Gelitten habe ich als Kind unter einer Angst vor Krieg**. Da spielte sicher die DDR-Propaganda eine Rolle. Hier wurden Ängste vor Atomangriffen des Westens geschürt. Ich hatte z. B. immer Angst, der Golfkrieg würde zum Dritten Weltkrieg führen. Retrospektiv habe ich mir da also schon sehr viele Zukunftsgedanken über die

Weltpolitik gemacht. **Mit 17/18 Jahren habe ich mich jedoch das erste Mal innerlich gefragt, warum sich die Jungs nicht so für mich interessieren.** Ich habe mir da noch keine Sorgen gemacht, weil ich dachte, es wird schon noch, und es sind einfach nicht die Richtigen dabei.

Die zwei Jahre in der Oberschule (Abiturklassen) waren sowieso eine sehr turbulente Zeit. Ein Jahr noch voll DDR-Regime. Das zweite Jahr war nach der Wende. Mein Abitur habe ich 1990 gemacht. Danach machte ich einen Schüleraustausch, lernte komplett neue Leute kennen und fasste den Entschluss, in Bayern zu studieren. Ich habe mich bewusst für die »normale« Uni entschieden, da ich nicht mehr so auf »Leistung« aus war. **Meines Erachtens begann ich in dieser Zeit mein hochbegabtes Ich zurückzudrängen**. Gleichzeitig war es für mich eine Wohltat, mein Leben selbst organisieren zu können und nicht mehr in ein staatliches Schema gepresst zu werden. Ich hatte mit dem Wechsel DDR/BRD überhaupt kein Problem. **Im Studium lief es sehr gut, ich hatte einen ausreichend großen Freundeskreis und habe die Berge für mich entdeckt. Ich hatte nie Probleme, neue Leute kennenzulernen und Freundschaften zu schließen.**

Zunehmend machte mir aber das Thema Männer zu schaffen. Alles lief gut in meinem Leben, nur ich lernte einfach keinen Mann kennen. Es gab extrem wenige Männer, die mich als Partner wirklich interessierten. Diese wiederum interessierten sich meist nicht für mich. Und wenn sie sich mal für mich interessierten, flaute das Interesse innerhalb kurzer Zeit ab. So bekamen die Zweifel in mir immer mehr Raum. Zunächst noch leise, aber deutlich hörbar kamen folgende Sätze zum Tragen: Was ist falsch an mir? Warum will mich keiner? Bin ich irgendwie komisch? Bin ich nicht gut genug? Stimmt mit mir was nicht? Bin ich es nicht wert? Habe ich eine unsichtbare Markierung auf meiner Stirn? usw.

Mein Leben und meine Persönlichkeit entwickelten sich in zwei Strängen weiter: Ich entwickelte ein sehr gutes Funktions-Ich. Da war zum einen das Berufsziel, welches ich weiter konsequent verfolgte und mir auch richtig Spaß machte. Nach außen funktionierte alles perfekt. Beruf, Hobbies, Freunde, gutes soziales Umfeld usw. Innerlich kamen jedoch immer mehr emotionale Enttäuschungen dazu. **Die Liebe wollte einfach keinen Einzug in mein Leben halten. Ich versuchte, mich mit psychologischer Hilfe zu ändern**, doch auf das eigentliche Kernproblem kam niemand. Ich wollte es aus psychologischer Sicht perfekt machen, aber natürlich funktionierte das nicht. Es verfestigte sich einfach der Glaube, mit mir stimmt halt was nicht. Ich bin nicht liebenswert und selber schuld am Single-Dasein. Ich würde eigentlich gar keine Beziehung wollen. Ich würde mich in die falschen Männer verlieben und und und. Ich hatte auch mit psychologischer Hilfe nicht das Gefühl, an das eigentliche Problem zu kommen. **Dabei probierte ich verschiedene Therapieformen aus, die meistens frustrierend endeten. Meist ging mir auch relativ schnell das Vertrauen in die Professionalität der Therapeuten verloren, und ich hatte das Gefühl, sie würden mir nicht helfen können. Auf die Idee einer Hochbegabung kam keiner.**

Also lebte ich im zweiten Strang mein ganz normales Leben weiter und wurde Kinderärztin. Beruflich hatte ich an all meinen Ausbildungsstellen immer schnell eine sehr gute Reputation, hatte nie Probleme mit Vorgesetzten und konnte immer sehr gut mit meinen Kollegen arbeiten. Mein Erfolgsrezept war: Mit Wissen mein Gegenüber zu überzeugen. Ich habe eine hohe Selbstreflektion und bin natürlich auch immer sehr selbstkritisch. Fünf Jahre lang habe ich in der pädiatrischen Onkologie gearbeitet. Das war emotional eine sehr anspruchsvolle Arbeit. Am Ende meiner ersten Facharztausbildung wechselte ich das Fach und machte eine zweite Facharztausbildung zur Radiologin. Hier fühlte ich mich schnell »heimisch«. Der Vorteil dieses Faches ist, man kann sich sehr in unterschiedliche Fachrichtungen fortbilden. Das macht es so interessant, da es alle Fachgebiete betrifft. So wird ein hoher diagnostischer Wissensdrang in mir gestillt und mein Gehirn ausgelastet. Auch während dieser Ausbildung und bis zum heutigen Tag wurde und werde ich fachlich und menschlich ge-

schätzt. Ich würde mich als beruflich sehr erfolgreich und auch zufrieden bezeichnen.
Ich versuchte es mit Annoncen und später mit Online-Dating. Es funktionierte einfach nicht. Mit zunehmendem Alter belastet mich das ungewollte Alleinsein immer mehr. Manchmal fühlt es sich an wie eine chronische Krankheit. Durch verschiedene Umstände wurde mir zum ersten Mal bewusst, dass die wenigen Männer, die mich wirklich interessierten, einen gemeinsamen Nenner haben. Sie sind alle sehr intelligent.
Mit nun mittlerweile 45 Jahren stieß ich das erste Mal auf eine Seite zum Thema Hochbegabung. Schlagartig war mir klar, was mein »Problem« ist. Mit dem ersten Tag der Auseinandersetzung mit dem Thema Hochbegabung wusste ich, ich bin es. Es passte mit einem Mal alles zusammen. Gleichzeitig war ich entsetzt darüber, weil ich wusste, mein Leben würde also nicht leichter werden. Gleichzeitig fing mein Hirn sofort an, sich gegen solch eine »Diagnose« zu wehren. Das kann gar nicht sein! Du kannst dieses und jenes nicht! Wie kannst Du nur so arrogant sein? Eine schier endlose Anzahl von »Es kann nicht sein«-Sätzen.
Meine Quintessenz war: Ich habe einige Eigenschaften einer Hochbegabung, nur den Intellekt habe ich sicher nicht. Aber das Thema ließ mich nicht mehr los. Bald bestätigte sich der Verdacht bei einem Test. Es stand schwarz auf weiß. Wirklich glauben kann ich es bis heute nicht. Mein allererster Gedanke nach dem Test war: Mist, dann wird sich das mit den Männern nie ändern. Die zweite Erkenntnis war: Ich kann aufhören, mich ändern zu wollen. Ich sollte anfangen, mich so zu akzeptieren, wie ich bin. Ansonsten kam es leider nicht zu den vielfach beschriebenen Erleichterungen. Ich fühlte mich nicht wirklich besser, und die oft beschriebene Energiefreisetzung trat ebenfalls nicht ein. Es kam sogar zu einem gegenteiligen Effekt. Je mehr ich mich damit beschäftigte, umso mehr blockiert war mein Gehirn.
Die Erwartungshaltung an mich selbst hat zu einer gewissen »Prüfungsangst« und zu Blockaden geführt. Das hatte ich früher überhaupt nicht.

Zur Hochsensibilität und Hochsensivität (Medialität): Hochsensibel bin ich auch schon als Kind gewesen. Ich habe bereits als Kind und Jugendliche komische körperliche Beschwerden ohne eindeutige medizinische Ursache gehabt. Partys mit vielen Menschen strengen mich meist an, obwohl ich keine Abneigung dagegen hege. Meine Lärm- und Lichtempfindlichkeit sind hoch. Meine hohe Emotionalität habe ich in den letzten Jahren häufig unterdrückt.

Am Beispiel der Emotionalität kann ich die Spaltung meiner Person beschreiben. **Es gibt das rationale alltagstaugliche Funktions-Ich, beruflich erfolgreich. Hier spielen Emotionen weniger eine Rolle**, ich habe sie unter Kontrolle. Die Kontrolle macht sich aber durch psychosomatische Beschwerden bemerkbar. **Dann gibt es ein sehr emotionales Ich, welches ich mit Beginn des frühen Erwachsenenalters unterdrückt habe**. Es gibt z. T. große Traurigkeit in mir. Da kommt dann tatsächlich ein **Schmerz über die Andersartigkeit** zum Tragen, da mich als Kind keiner entdeckt und gefördert hat und ich keinen Partner finde. Mein größter Wunsch wäre, beide Anteile miteinander zu verbinden. Eine vorhandene Medialität kann ich bis heute nicht akzeptieren.

Als mein größtes Lebensthema würde ich das Thema Partnerschaft bezeichnen. An schlechten Tagen habe ich das Gefühl, ich könnte daran zerbrechen. Diese Ablehnung als intelligente und erfolgreiche Frau macht mir einfach zu schaffen. Mit der Diagnose Hochbegabung hat sich außer ein besseres Verständnis für mich selbst nicht so viel verändert. Ganz habe ich mich auch noch nicht gefunden. Es blieben auch nach der »Diagnose« viele Fragen für mich offen. Manchmal habe ich das Gefühl, ich passe nirgends dazu. Der Widerspruch zwischen Verletzlichkeit und Stärke ist bei mir besonders ausgeprägt. Dadurch fühle ich mich innerlich oft zerrissen.

Romys Herausforderungen

Romy ist in ihrem Auftreten eine herzenskluge und grundehrliche, sehr bodenständige, aparte und sportliche Frau, die großen beruflichen Erfolg und eine sehr gute Reputation genießt und sich ganz natürlich zeigt. Romys Testergebnisse belegen einen Wert, der im Bereich der moderaten Hochbegabung liegt, allerdings ist aus der Fülle biografischer Details und der sehr starken Ausprägung zwischen Verletzlichkeit und Stärke anzunehmen, dass es sich um eine Höchstbegabung handelt. Romys berufliche Performance lässt keinen Zweifel darüber, dass es sich um eine sehr intelligente Person handelt, gleichzeitig wissen wir, dass Menschen im IQ-Bereich 120 die höchste Wahrscheinlichkeit für Erfolg haben (Ziegler 2018).

Romys Erinnerungsvermögen, das auf das dritte Lebensjahr zurückgeht, ist beispielsweise ein Indiz möglicher Höchstbegabung wie auch die typische Überreife, sich schon immer als Erwachsene gefühlt zu haben. Für Romys Hochbegabung sprechen

- das frühe Lesen und Schreiben (auch in weiteren Schriften),
- hohe Anpassungsfähigkeit,
- Autonomie seit der Kindheit sowie
- Selbstdisziplin und Selbstmanagement.

Obgleich Romy in einem sehr privilegierten Elternhaus aufgewachsen ist, ein Vorbild in der Familie hatte und ihr Berufsziel immer klar war, hat sie bei objektiver Betrachtung berufliche Hochleistungen erbracht, fühlt jedoch immer noch und zeitlebens, ihr Potenzial bei Weitem nicht genutzt zu haben. Immerzu hört man aus ihrer Erzählung heraus, dass sie viel mehr wertschöpfen könnte, als sie dies ohnehin schon tut. Exzellente Noten in Schule und Studium, hohe sportliche Aktivität – so hat Romy, wie sie selbst formuliert, ein sehr hohes Funktions-Ich, das zulasten der Psychosomatik die ausgeprägte Hochsensibilität und Hochsensitivität zurückdrängt, um funktionieren zu können.

Dass das Alleinsein als chronische Krankheit empfunden wird, verwundert nicht: Wie kommt es, dass eine sehr angenehme, gutaussehende, gebildete und beruflich erfolgreiche Frau, die zudem bodenständig und sensibel ist, geschätzt als Kollegin und Freundin, Schwierigkeiten hat, einen passenden Mann kennenzulernen, obgleich sie im beruflichen Kontext vornehmlich sehr intelligenten männlichen Kollegen begegnet? Für heterosexuelle hochbegabte Frauen kann es schwierig sein, den passenden Partner zu finden, der eine ebenbürtige, ja sogar überlegene Partnerin wünscht. Die Kombination weiblicher Hochbegabung und Attraktivität kann für manche Männer ein besonderes Problem darstellen, das Romys Aussichten für eine Partnerschaft erschwert. Die Antwortmöglichkeiten auf die Frage nach der Schwierigkeit einer Partnerschaft in diesem Fall sind komplex. Festzuhalten ist, dass gerade die Kombination aus hoher Intelligenz, Attraktivität, Autonomie und Selbstbestimmtheit Romys, und auch einiger anderer hochbegabter Frauen, die Aussicht auf eine passende Partnerschaft drastisch reduziert.

Sehr bezeichnend für Hochbegabte ist Romys Erfahrung in der Psychotherapie: die Infragestellung der Professionalität von Psychotherapeuten, Frustration und die Unwissenheit der Therapeuten über das Phänomen Hochbegabung. Glücklicherweise erlebt das Thema in einschlägigen Fachkreisen zunehmend mehr Sichtbarkeit und Kompetenz.

3.2.2 Die Projektion weiblicher Intelligenz

Der Münchener Psychoanalytiker Wolfgang Schmidbauer (2013), der in *Kassandras Schleier* die Besonderheiten und das »Drama der hochbegabten Frau« skizziert, ist die Grundlage dieses Kapitels. Schmidbauer entwickelt ein psychoanalytisches Konzept weiblicher Hochbegabung mit aufschlussreichen Einblicken in die Psyche hochbegabter Frauen, die viele Fragen eröffnen. Seine Analysen beziehen sich vornehmlich auf die traumatisierte weibliche Hochbegabung und haben daher keine Allgemeingültigkeit.

Schmidbauer spricht vom sogenannten Kassandrakomplex und bezieht sich dabei auf die griechische Mythologie: Kassandra bekommt vom Gott Apollon wegen ihrer Schönheit die Gabe der Weissagung und wird vom ihm verflucht, als sie seine Verführungsversuche zurückweist. Niemals soll irgendjemand ihren Weissagungen Glauben schenken. Daher gilt sie in der antiken Mythologie als tragische Heldin, die immer das Unheil voraussah, aber niemals Gehör fand. Derart ungehörte Warnungen werden als Kassandrarufe bezeichnet. Schmidbauer befasst sich in Analogie zur griechischen Mythologie mit der Belastung des Selbstgefühls von Frauen durch ihre Hochbegabung und wählt die Figur der Kassandra, an welcher sich Dynamiken innerhalb der Mutter-Vater-Tochter-Beziehungen sowie der Liebesbeziehungen und der Sexualität hochbegabter Frauen sehr gut erklären lassen.

Die Tragödie der hochbegabten Frau wurzelt häufig in der Projektion ihrer Überlegenheit in einen idealisierten Mann oder eine idealisierte Frau. Die Hochbegabte kann andere maßlos überschätzen, indem sie ihnen ihre eigenen Fähigkeiten zur freien Verfügung stellt. Aus den Einfältigkeiten des Partners oder der Partnerin macht sie Tugenden und interpretiert ihre Langsamkeit als Ausdruck einer besonderen Gewichtigkeit. Hochbegabte Frauen werden oft falsch eingeschätzt oder verkannt, da sie gegen Fragmentierungen und Verzerrungen ihrer Person schon früh Abwehrstrategien entwickelt haben. Um Ablehnung zu vermeiden und nicht in soziale Isolation zu geraten, machen viele von ihnen ihre geistige Überlegenheit möglichst unsichtbar (Schmidbauer 2013).

Wer den Menschen in seiner Umgebung geistig überlegen ist, gerät im Allgemeinen in eine potenziell gefährliche Situation, abhängig vom Grad der Kränkbarkeit der jeweiligen Bezugsperson und der Machtverhältnisse. Bei Begabungsunterschieden verschärfen sich die Spannungen, wenn der geistig Unterlegene Macht und Gewaltbereitschaft zeigt. Ein seelisch ausgeglichener und durchschnittlich intelligenter Vater, Chef, Lehrer, Therapeut oder Ehepartner wird die geistige Überlegenheit einer Hochbegabung hochschätzen und versuchen, aus ihr Nutzen zu ziehen, um gemeinsame Ziele zu erreichen. Im umgekehrten Fall ist die Wahrscheinlichkeit für Missbrauch sehr groß. Die Projektion der eigenen Intelligenz hochbegabter Mädchen und Frauen findet bereits früh in der Familie statt. Dies verdient eine genauere Erläuterung.

Mutter-Tochter-Beziehungen sind ziemlich komplex und stellen mit ihren beiden Extremen Symbiose und Konflikt eine Herausforderung dar. Für hochbegabte Mädchen ist die Unterstützung durch die Mütter ganz besonders von Bedeutung, da ihre Anpassung an die Welt sehr erschöpfend sein kann und daher viel Akzeptanz und Führung durch die Mutter braucht. Da es gerade hochbegabte Mädchen schwer haben, ein Vorbild zu finden, ist die Rolle der Mutter umso bedeutender. Wie es in der Mutter-Tochter-Dynamik aussehen kann, berichtet Schmidbauer an einem Beispiel von Patientinnen, die von ihren Müttern niemals Anerkennung fanden, selbst für außerordentliche Errungenschaften. Dies ist auch in meiner Coachingpraxis keine Seltenheit.

Ist die wichtigste Bezugsperson des Mädchens fragil, vertauschen sich die Rollen, und eine Parentifizierung findet statt: Die hochbegabte Tochter wird zur Krankenschwester der Mutter, auch wenn diese sie ein Leben lang verkannte, missachtete, übersah oder demütigte. Mit ihrer Reife und ihrem Verständnis für die Welt ist die hochbegabte Tochter prädisponiert dazu, diese Rolle zu übernehmen und sich einer destruktiven Mutter auszusetzen, die sie auch für die nächsten Jahre an jeder weiteren Form der Selbstverwirklichung hindern kann.

Sie darf ihre geistige Überlegenheit auch als Erwachsene nicht leben und richtet Aggressionen gegen sich selbst, die sich ursprünglich gegen die Unterdrückung durch die Eltern richtete. Schmidbauer (2013) hat eine Erklärung dafür: Das Kind kann nur aus seiner Opfersituation an Stärke und Sicherheit gewinnen, denn es ahnt, dass es für die Mutter lebenswichtig ist, zu verleugnen, dass sie selbst gelähmt und auf das Kind angewiesen ist:

> »Wenn ich ihr meine Stärke zur Verfügung stelle, ohne um sie zu wissen, stütze ich die schwache Mutter, die sich weiterhin einbilden darf, sie sei stark und fürsorglich, weil ich ja gar nicht weiß, was sie von mir bekommt. Das heißt, ich bin vor dem traumatischen Verlust sicher, gar keine Mutter zu haben.« (Schmidbauer 2013, S. 67)

Der Ursprung dieses Verhaltens liegt in der Kindheit: Das hochbegabte Mädchen musste seine geistige Übermacht vernichten, um nicht den Schutz zu verlieren, den es von seinen Eltern braucht. Sind diese in ihrem Selbstgefühl sehr belastet, unterbindet die kleine Hochbegabte ihre Intelligenz zu ihrem Selbstschutz (Schmidbauer

2013, S. 61 ff.) und läuft dadurch Gefahr, ein falsches Selbst auszubilden.

Traumatisierte hochbegabte Mädchen und Frauen sind meistens unsichtbar. Werden Begabungen übersehen und ausgelacht, liegt die Wahrscheinlichkeit nahe, dass das Mädchen für seine Begabungen Scham entwickelt und unsichtbar wird. Ein Mädchen, das die eigene Überlegenheit über die Eltern verleugnen musste, um sie nicht zu beschämen, gerät als Erwachsene in Gefahr, mit den Unterschieden zwischen dem eigenen Selbst und den anderen destruktiv umzugehen. Es erlebt die Andersartigkeit von Freunden oder Liebespartnern als Erwachsene nicht als interessant, sondern als verwerflich und versucht die anderen nach dem eigenen Bild zu formen. Mit heftiger Kränkung reagiert die Hochbegabte, wenn sie in dieser Absicht scheitert. Wer sich verkannt fühlt, unterstellt dem Gegenüber, dass es ihn erkennen könnte, wenn es nur wollte. Aber eben das ist angesichts der hohen Begabung oft nicht möglich. Rücksicht zu nehmen auf weniger Begabte setzt die eigene Integration und Entfaltung von Hochbegabung voraus. Eine Hochbegabte, die von ihrer Hochbegabung nichts weiß, wird den Begabungsunterschied nicht sehen und anderen weniger Begabten böse Absichten unterstellen, wo Hilflosigkeit und Verwirrung herrschen. Dieses Muster kann sich in jeder zwischenmenschlichen Begegnung abbilden (Schmidbauer 2013).

Das hochbegabte Mädchen kann manchmal eine willkommene Zielscheibe sein für Geschwister oder Eltern, wenn es zu expressiv oder zu brillant ist. Ihre Familie kann, wenn auch vielleicht unbewusst, einen gewalttätigen Neid und Antagonismus spüren, und ihre Tochter und Schwester zerstören, bevor es ihre einzigartigen Talente überhaupt entwickeln kann. Barbara Kerr (1994) fand heraus, dass zahlreiche eminente Frauen eine unglückliche Jugend hatten und es schafften, die Gefühle der Zurückweisung und Einsamkeit zu überwinden, indem sie sehr unabhängig wurden, sich für ihre Leidenschaften einbrachten und ein außergewöhnliches Talent entwickelten.

Ein häufiges Schicksal hochbegabter Mädchen und Frauen drückt die Figur Turandot aus (Schmidbauer 2013, S. 131 ff.), ein Symbol der sogenannten ödipalen Siegerin. Die männerfeindliche Jungfrau und

Kaisertochter aus Peking ist das Sinnbild einer hochbegabten Vater-Tochter und stellt ein patriarchalisches Mythologem dar, das eine Projektion weiblicher Intelligenz auf den Vater zum Ausdruck bringt: Während sie Verehrer mit einer hoch entwickelten Kritikfähigkeit abwehrt, bleibt der ausbeuterische, egozentrische Vater für sie unantastbar. Er wird im Unbewussten der Tochter zugleich festgehalten und abgewehrt. Die Hochbegabte erlebt sich als blockiert und dumm und kann sich nur unter großen Opfern von ihrem Vater befreien (Schmidbauer 2013, S. 131 ff.). Häufiger genießt der Vater zwar die Verehrung durch die Tochter, erwidert diese jedoch nicht immer mit Loyalität und Schutz, und sie geht oft leer aus, ohne Vater und ohne Partner.

Die Untersuchung Schmidbauers ergibt eine doppelte Verletzung des Selbstgefühls hochbegabter Frauen: Sie haben die Mutter nicht genügend bewundern können, um in der weiblichen Identifizierung genügend inneren Halt und Zuversicht zu gewinnen und mussten gleichzeitig die gefährliche Nähe zum Vater bekämpfen. In diesen vielfältigen Verletzungen wurzelt ein »erotischer Perfektionismus« (Schmidbauer 2013): Der Hochbegabten gelingt es bei allen erotischen Erfolgen nicht, sich in einer erotischen Beziehung zu entspannen. Anfangs sucht sie eine Beziehung mit Männern, die sie begehren und die ihr Selbstgefühl heilen. Doch die Idealisierung führt oft zu einer Projektion ihrer eigenen Fähigkeiten auf ihn, die unglücklich endet: In ihren Augen muss er mindestens so klug sein wie sie. Enttäuschungen deutet sie vorwiegend als ihr eigenes Versagen und schreibt dem idealisierten Partner geistige Vorzüge zu, die die Betroffene sich selbst nicht als solche eingestehen kann.

Männer gehen mit Begabungsunterschieden viel natürlicher um und reagieren nicht mit Schuld und Versagen. Dies hängt mit ihrer frühkindlichen Entwicklung zusammen, die weniger von einer symbiotischen Beziehung mit der Mutter geprägt ist. Jungen müssen sich früher aus der Symbiose mit der Mutter lösen und erleben daher naturgemäße Differenzen als nichts Bedrohliches. Die körperliche Differenz erleichtert Männern die seelische Ablösung von der Mutter; Frauen hingegen suchen aus ihrer symbiotischen Muttererfahrung heraus mehr Geborgenheit und Harmonie und sind schneller irritiert, wenn sie Unstimmigkeiten in ihrer Beziehung spüren. Bereits als Mädchen gelingt es ihnen nicht so gut, Abhängigkeit und Erniedrigung der Mutter abzuschütteln.

> »So kommt es, dass in der Regel ein Mann seine Überlegenheit über eine Frau genießt. Eine Frau hingegen erlebt ihre Überlegenheit über einen Mann in milden Fällen als eigentlich unerwünschte Differenz. (…) Vor allem in ihrem Selbstgefühl belastete Frauen neigen zu einer kompensatorischen Idealisierung des Mannes. Sie erleben ihre geistige Überlegenheit als Zeichen, dass etwas mit ihnen nicht in Ordnung ist.« (Schmidbauer 2013, S. 205)

Narzisstisch belastete hochbegabte Frauen erleben ihre Überlegenheit ihrem Mann gegenüber als Qual. In ihren Bemühungen, ihn umzuerziehen, verlieren sie ihre Weiblichkeit. Heute noch scheint es, dass eine Frau mit einem kritischen Geist und einer hohen sozialen Position bei manchen Männern eine Bedrohung ihrer Männlichkeit hervorruft. Kommt der Mann dadurch in eine unkomfortable Situation, passiert es oft, dass er sie kontrolliert und entwertet, um die Kräfteverhältnisse wiederherzustellen. Erst wenn die Hochbegabte diese Projektion nachvollzieht, kann sie die Hemmung ihrer Intelligenz auf intelligente Weise auf den Narzissmus des männlichen Partners anwenden, indem sie ihm das Gefühl gibt, der Klügere und Stärkere zu sein, und sich dabei sehr wohl ihrer eigenen Brillanz bewusst ist.

3.2.3 Die Gefahr narzisstischer Ausbeute

Haben hochbegabte Kinder aufgrund ihrer hohen Sensibilität mehr Risiken, Opfer psychischer Misshandlungen zu werden? Möglicherweise sind die Folgen des Missbrauchs für hochbegabte Kinder schwerwiegender. Der Mangel an Respekt ist besonders zerstörerisch für hochbegabte, vulnerable Mädchen, die von der Qualität interpersoneller Beziehungen viel abhängiger und dadurch verletzlicher sind.

Hochbegabte Kinder haben ein großes Bedürfnis nach Kohärenz, Logik und Gerechtigkeit. Wächst das Kind in einer toxischen Familie auf, ist eine Traumatisierung der Begabung unvermeidbar. Eine der Techniken narzisstischer Menschen liegt in paradoxalen, inkohärenten Verhaltensweisen. Das hochbegabte Kind, das Ordnung und Logik braucht, wird ganz und gar verwirrt sein durch das, was keinen Sinn ergibt. Es wird unvorhersehbares Verhalten eines toxischen Elternteils nicht dechiffrieren können, es wird desorientiert und in die Irre getrieben. Der Wechsel von Nähe und Distanz kann für hochbegabte hochsensible Kinder verheerende Folgen haben. Psychische Misshandlungen erleben sie möglicherweise besonders intensiv.

Der Anfang des psychischen Missbrauchs nimmt seinen Anfang meist in der Kindheit. Wenn der narzisstische Elternteil oder Lehrer sich nicht verwirklicht hat, erscheint ihm der Weg des hochbegabten Kindes vielleicht schwer tolerierbar. Neid ist die treibende Kraft narzisstischer Menschen. In ihrem Narzissmus unausgeglichene Eltern können Neid auf das eigene Kind empfinden, das sein ganzes Leben vor sich hat und sie vielleicht überfliegen könnte. Hochbegabte Mädchen sind oft durch eine Empathie ausgezeichnet, einen Idealismus und ein Bedürfnis, Dinge gut zu machen, also Bedürfnisse, die zur eigenen Bedürfnisbefriedigung von narzisstischen Eltern missbraucht werden. Die Tochter wird kein Recht haben, ihre eigene authentische Persönlichkeit zu leben: Jeder Versuch von Autonomie wird streng unterdrückt.

Das narzisstische Paradox der Elternschaft liegt darin, dass Kinder ihre Eltern übertreffen sollen, schließlich sollen sie es besser haben, aber sie sollen nur den Weg nach den Vorstellungen der narzisstischen Eltern gehen. Je ausgeprägter die Bedürfnisse der Eltern sind, umso heftigere Ängste entwickeln die besonders Begabten. Die Kinder narzisstischer Eltern gehen vernichtend mit ihren Begabungen um; die Folgen können insbesondere für hochbegabte Mädchen desaströs sein: Sie opfern eigene Bedürfnisse zugunsten der Umgebung und werden mit ihrer Hochbegabung eine willkommene Beute, in der Familie, Verwandtschaft, in Liebesbeziehungen und anderen vermeintlich geschützten Kontexten, wo sie toxischen Erwachsenen ausgeliefert sind.

Monique de Kermadec, die seit vielen Jahrzehnten mit hochbegabten Kindern und Erwachsenen arbeitet, schildert, dass hochbegabte Erwachsene nicht selten von narzisstischem Missbrauch[14] erzählen. Die Übergriffe ereignen sich in der Liebesbeziehung, in der Beziehung zu Vorgesetzten, Kollegen und auch zu Autoritäten, auch schon während der Schulzeit. In der Beratung hochbegabter Erwachsener finden sich nicht selten Spuren psychischen Missbrauchs bereits durch narzisstische Väter und Mütter und durch Autoritäten wie Lehrkräfte und nahe Verwandte.

> »L'enfant précoce est aussi trop souvent victime d'adultes extérieurs à la famille, d'adultes en position d'autorité … L'enfant n'ose pas évoquer leurs transgressions et les excès d'autorité et d'influence que ceux-ci se plaisent à exercer sur lui. Il ressent un profond sentiment de culpabilité et ne pense pas pouvoir être entendu par ses parents.«[15] (de Kermadec 2016, S. 142)

Das hochbegabte Kind kann leicht Opfer von Autoritätspersonen wie Verwandten und Lehrern werden und die Übergriffe und Exzesse der betreffenden autoritären Person für immer verschweigen. Diese sensiblen begabten Kinder empfinden ein tiefes Gefühl von Schuld und Scham und glauben, kein Gehör bei ihren Eltern zu fin-

---

14 Narzisstischer Missbrauch (auch: narzisstische Gewalt) im engeren Sinne bezeichnet eine spezielle Form der emotionalen Gewalt narzisstischer Eltern an ihren Kindern, die diese darin behindert, eigene Wünsche und Gefühle zu entwickeln, und stattdessen auf die Erhöhung des elterlichen Selbstwertes abzielt. Der Begriff entstand im späten 20. Jahrhundert in den Arbeiten von Alice Miller und anderer Neopsychoanalytiker:innen. In den letzten Jahren wurde der Begriff häufig breiter verwendet für jede Gewalt, die von einem narzisstischen Menschen ausgeht, insbesondere in Beziehungen unter Erwachsenen. Die Selbsthilfe-Bewegung rezipiert, dass jemand, der als Kind narzisstische Gewalt von einem Elternteil erfahren hat, im späteren Leben zu Co-Abhängigkeit neigt. Ein Erwachsener, der sich in einer Beziehung zu einem Narzissten befindet, kann womöglich die Besonderheit der narzisstisch-co-abhängigen Beziehung nicht erkennen.

15 Das frühreife Kind ist auch allzu oft das Opfer von Erwachsenen außerhalb der Familie, von Erwachsenen in einer Autoritätsposition … Das Kind wagt nicht, die Überschreitungen und Exzesse der Autoritätsperson auszusprechen. Es hat tiefe Schuldgefühle und glaubt, von seinen Eltern nicht erhört zu werden. (Übersetzung AD)

den. Besonders sensible und vulnerable Kinder sind in der Gefahr, Opfer eines psychischen oder sexuellen Missbrauchs zu werden.

> »Que le pervers soit dans une position d'abus sexuel ou de maltraitance psychologique, son emprise n'est possible que grâce à la fragilité et à la vulnérabilité affective de l'enfant surdoué.«[16] (de Kermadec 2016, S. 143)

Die Mischung aus emotionaler Zerbrechlichkeit und intellektueller Begabung ist ein ideales Spielfeld für narzisstische Persönlichkeiten. Es sind die Naivität und »Reinheit« der Hochbegabten sowie ihre intensive Persönlichkeit, die sie zu einer besonderen Beute für narzisstische Menschen machen. Mit ihrer Idee von Gerechtigkeit kommen Hochbegabte überhaupt nicht auf die Idee, dass jemand in der Lage sein könnte, anders zu agieren als nach den hohen ideellen Werten, die sie selbst vertreten. So können sich Hochbegabte skrupellosen Menschen ausliefern.

> »C'est un fait indubitable, le mélange de grande fragilité émotionnelle et de surefficience intellectuelle est un terrain de jeu idéal pour le pervers narcissique, qui va entraîner sa proie dans des yoyos affectifs de plus en plus vertigineux. Il la flattera jusqu'à plus soif, avant de se détourner d'elle et de l'amener à se déprecier à ses propres yeux.«[17] (de Kermadec 2016, S. 141)

Monique de Kermadec spricht von der magischen Anziehung der hochbegabten Frau und des Narzissten (de Kermadec 2020, S. 157). Nichts ziehe den Narzissten mehr an als die Hochbegabte, das emo-

---

16 Ob der Narzisst nun eine sexuelle oder psychische Misshandlung vollzieht, sein Übergriff ist nur wegen der Zerbrechlichkeit und emotionalen Verletzlichkeit des begabten Kindes möglich. (Übersetzung AD)

17 Es ist eine unbestreitbare Tatsache, dass die Mischung aus großer emotionaler Zerbrechlichkeit und intellektueller Überforderung eine ideale Spielwiese für den Narzissten ist, der seine Beute in immer schwindelerregendere emotionale Jojos führt. Er schmeichelt ihr bis zum Umfallen, bevor er sich von ihr abwendet und sie dazu bringt, sich selbst zu verachten. (Übersetzung AD)

tional und geistig überentwickelte Geschöpf. Der Narzisst, unfähig, sich außerhalb seiner mentalen Szene hinaus zu projizieren, trachtet danach, andere für sich zu gewinnen, um in seiner Selbstinszenierung die Hauptrolle spielen zu können. Während die Hochbegabte in ihrer Empathie aufgeht, nutzt der Narzisst die Leidenschaft allein für sich selbst.

Die hochbegabte Frau ist für den Narzissten extrem interessant: Es sind ihre Andersartigkeit, ihre Superiorität und ihre Vielschichtigkeit, die ihn faszinieren. All diese Ressourcen wird er unaufhörlich ausbeuten. In einer ersten Zeit wird sie den Beginn der emotionalen Vernichtung mit Liebe verwechseln. Das Beste an ihr wird er in einer ersten Zeit betonen und ihre Ressourcen ausbeuten, bevor er sie gänzlich entwertet. Die Hochbegabte, die bereits ihr Leben lang hört, sie sei zu komplex und ihr Anderssein ein Makel, wird es kaum erwarten, jemandem zu begegnen, der ihr schmeichelt, sie beruhigt und verführt. Endlich kann sie sich jemandem öffnen, jemandem all ihre Vitalität und Energie zukommen lassen – genau das, wovon sich ein Narzisst nährt.

Das Desaster ist immens, und die Schäden können so weit reichen, dass Hochbegabte in den Suizid getrieben werden. Hochbegabte laufen Gefahr, in ihrer Gutgläubigkeit narzisstischen Persönlichkeiten wiederholt Glauben zu schenken und sich immer wieder überzeugen zu lassen, nicht nur in Liebesbeziehungen. Diese gefährliche Dynamik löst bei hochbegabten Frauen einen tiefen Mangel an Selbstwert aus. Es entsteht eine destruktive und verheerende Beziehung durch extreme emotionale Abhängigkeit, tiefe Einsamkeit und Abwertung. In einer narzisstischen Beziehung werden Hochbegabte buchstäblich zerstört.

Mehr als alle anderen Menschen brauchen hochbegabte Mädchen und Frauen aufgrund ihrer extremen Zerbrechlichkeit Strategien zum Selbstschutz. Sie müssen aufpassen, nicht zu schnell für irgendjemanden zugänglich zu sein:

> »Enfin, la femme surdouée doit être très vigilante, et garder en tête qu'elle est la victime idéale des pervers narcissiques, qui sauront jouer avec sa tendance à douter d'elle-même jusqu'à la

> briser, après l'avoir portée au plus haut en flattant son idéalisme, sa créativité et son originalité.« (de Kermadec 2016, S. 144)[18]

Die toxische Sprache ist eine furchteinflößende Waffe gegen die Hochbegabte in der Liebesbeziehung, denn egal wie groß ihre hohe Intelligenz und die Kunst, mit Sprache umzugehen sein mögen, wird der Narzisst oder die Narzisstin sie in den Zustand der Verwirrung bringen. Liebt die Hochbegabte und lässt sich auf eine sexuelle Beziehung ein, so glaubt sie, sich ganz und gar anvertrauen zu können und rechnet fest mit Loyalität. Sie wird sich jedoch durch die toxische Rhetorik des Narzissten in ihrer Andersartigkeit stigmatisiert fühlen und nicht in der Lage sein, die Manipulationen zu verstehen.

> »Besonders bösartige Beziehungskämpfe entstehen aus der Verbindung einer geistig überlegenen Frau mit einem besonders kränkbaren Mann, wenn die Frau in ihrer intellektuellen Selbsteinschätzung blockiert ist und sich einfach nicht vorstellen kann, dass sie wirklich die Klügere ist.« (Schmidbauer 2013, S. 19)

Möglicherweise sind es die unersättliche Neugier der Hochbegabten und ihre Anziehung durch ganz besondere und außergewöhnliche Persönlichkeiten, die Narzissten den Zugang erleichtern. Marylou Streznewski (1999) beschreibt dieses gefährliche Phänomen der magischen Anziehung durch Außergewöhnlichkeit bei hochbegabten Frauen wie folgt:

> »There was a time in my life when I didn't know any smart guys who were eligible and alive – happy, committed to their work, able to share with others. (…) there is the curiosity which a gifted person has about other people, other lifestyles. There was a

18 Schließlich muss die hochbegabte Frau sehr wachsam sein und sich stets vor Augen halten, dass sie das ideale Opfer von Narzissten ist, die es verstehen, sie durch Schmeicheleien für ihren Idealismus, ihre Kreativität und ihre Originalität an die Spitze zu bringen, und mit ihrer Neigung zu Selbstzweifeln zu spielen, bis sie gebrochen ist. (Übersetzung AD)

time when I was attracted to people who were different intellectually also. There is something magical and dangerous about playing with that. I suffered for it. The alternatives they offered were not dull, and I guess that was the attraction.«[19] (Strieznewski 1999, S. 223)

Traumatisierte Begabte sind nicht nur besonders suchtgefährdet; häufig geraten sie auch in die Rolle einer Co-Abhängigen. Die Frau des Alkoholikers ist häufig eine Hochbegabte, die ihre Schuldgefühle und Selbstzweifel dadurch kompensiert, dass sie etwas leistet, das anderen unmöglich erscheint. Die seelisch verletzte Frau geht in dem auf, was ein anderer geltungssüchtig fordert, und bemerkt irgendwann, dass sie eigentlich viel tüchtiger ist als ihr Partner. Oft ist es zu spät für diese Erkenntnis. Hochbegabte Frauen können zu künstlichen Mitteln greifen, um ihre Ängste zu betäuben, um nicht mehr klüger und besser zu sein als andere. Über ihre traumatisierte Hochbegabung in toxischen Konstellationen berichten Aida und Kristina:

»Der Kontaktabbruch meines Vaters machte mir sehr zu schaffen, und ich hatte eine Beziehung zu einem jungen Mann begonnen, der aus einer dysfunktionalen und traumatisierten Familie stammte, sehr belastet und spielsüchtig war. Gegen Ende des Studiums bekam ich zum ersten Mal in meinem Leben Lernblockaden und Prüfungsängste. Hinzu kamen Existenzängste, da ich keinen Anspruch auf ein Stipendium mehr hatte und das Lernen neben meinen vielen Jobs in den Hintergrund geriet. Schließlich begann ich mit einer Therapie, die mir durch diese Zeit half. Ich verließ den Freund und beendete das Studium mit einer sehr guten Note. (…) In der Zwischenzeit hatte

19 Es gab eine Zeit in meinem Leben, in der ich keine klugen Leute kannte, die verfügbar und lebendig waren – glücklich, engagiert in ihrer Arbeit, fähig, mit anderen zu teilen. (…) da ist die Neugier, die ein begabter Mensch auf andere Menschen, andere Lebensweisen hat. Es gab eine Zeit, in der ich mich zu Menschen hingezogen fühlte, die auch intellektuell anders waren. Es hat etwas Magisches und Gefährliches, damit zu spielen. Ich habe darunter gelitten. Die Alternativen, die sie boten, waren nicht langweilig, und ich schätze, das machte die Anziehungskraft aus. (Übersetzung AD)

ich einen neuen Partner, der sich als Kopie meines narzisstischen Vaters erwies. Wir standen uns sehr nahe, waren uns sehr ähnlich, begleiteten uns in unserer beruflichen Entwicklung, kämpften aber aussichtslose Egokämpfe aus. Auch diese Beziehung kostete mich sehr viel Kraft, vier Jahre später beendete ich sie.« (Aida, 38 Jahre)

»So hielt ich sehr lange sehr viel aus, u.a. seinen stetig steigenden Alkoholkonsum, der auch ein stagnierendes Studium zur Folge hatte, während ich sowohl während meines Studiums als auch direkt im Anschluss arbeitete. Ich musste ihn andauernd finanziell unterstützen. Trotzdem habe ich ihn nach neun Jahren geheiratet, da ich die Erwartungen spürte, die nach so vielen Jahren und Mitte 20 im Raum standen. Hätte ich zu mir stehen können, wäre ich mir selbst etwas wert gewesen, hätte ich diese Beziehung längst beendet.« (Kristina, 41 Jahre)

Frauen mit traumatisierter Begabung sollten mit ihrer hohen Emotionalität behutsam umgehen und sehr bewusst wählen, wem sie sich anvertrauen.

3.3 Weibliche Hochbegabung im Diversitätsspektrum

»Ich wünsche mir bei der Hochbegabung einen Paradigmenwechsel in der Inklusionsdebatte.« (eine Klientin)

Diversität bezeichnet ein Konzept der Soziologie und Sozialpsychologie zur Unterscheidung und Anerkennung von Gruppen- und individuellen Merkmalen. Diversität von Personen – sofern auch rechtlich relevant – wird klassischerweise auf folgenden Ebenen betrachtet: Alter, ethnische Herkunft und Nationalität, Geschlecht und Geschlechtsidentität, körperliche und geistige Fähigkeiten (früher verengt auf das Merkmal »Behinderung«), Religion und Weltanschauung, sexuelle Orientierung und Identität sowie soziale Herkunft. In diesem soziologischen Framing spielt die individuelle

Diversität genetisch vererbter Faktoren eine untergeordnete Rolle zugunsten des Konzepts der kollektiven Identitäten (englisch: *nature versus nurture*[20]). Zwischen verschiedenen Diversitätsdimensionen bestehen Wechselwirkungen, die sich in unterschiedlichen sozialen Kontexten addieren und verstärken, reduzieren und abschwächen oder in permanenten Widerspruch treten können. Diese Verschränkung von Diversitäten (z.B. Geschlecht und Hautfarbe, Alter und Geschlecht) wird Intersektionalität genannt.

Das Diversitätsmanagement als eine Methode des betrieblichen Personalwesens zielt darauf ab, die Diversität der Mitarbeiter konstruktiv und gewinnbringend zu nutzen. Eine bekannte Vertreterin des Diversitätsmanagements in Deutschland ist die wirtschaftspolitische Initiative *Charta der Vielfalt*[21]. Die Kritik an dieser Idee liegt darin, dass Unternehmen und Organisationen nicht der sozialen Gerechtigkeit wegen an Diversitätsbestreben interessiert sind, sondern zum Ziel der Steigerung von Produktivität und Arbeitskräftemobilität. Der Vorwurf liegt in der angestrebten Rechtfertigung von Ungleichheiten und nicht in der Minimierung von Diskriminierung. In jedem Fall ist es wichtig, dass die Intention gleicher Chancenverteilung gesetzlich verankert ist und allein durch die unterzeichnenden renommierten Unternehmen mehr Awareness in der Öffentlichkeit bekommt.

Die Hochbegabung ist als Diversitätsdimension zu verstehen und sollte in Schulen und Unternehmen neben weiteren Diversitäts-

---

20 Der Ausdruck »nature vs. nurture« beschreibt die Frage, inwieweit die Eigenschaften eines Menschen durch »nature« oder »nurture« geprägt sind. Mit »Natur« sind angeborene biologische Faktoren (die Genetik) gemeint, während »Erziehung« sich auf Erziehung oder Lebenserfahrung im Allgemeinen beziehen kann. Experten erkennen inzwischen bei der Debatte »Natur vs. Erziehung« an, dass sowohl »Natur« als auch »Erziehung« eine Rolle bei der psychischen Entwicklung spielen und auf komplexe Weise zusammenwirken.

21 Die Charta der Vielfalt ist eine 2006 veröffentlichte Selbstverpflichtung, die sich für ein vorurteilsfreies Arbeitsumfeld einsetzt. Mit der Unterzeichnung der Charta der Vielfalt versprechen die Verantwortlichen Chancengleichheit für ihre Beschäftigten. 2018 gab es laut eigenen Angaben 3 000 Unterzeichner. Die Charta der Vielfalt setzt sich mit Diversity Management für ein Arbeitsumfeld ein, in dem alle Beschäftigten die gleiche Wertschätzung und Förderung erfahren, unabhängig von Nationalität, ethnischer Herkunft, Religion oder Weltanschauung, Behinderung, Alter sowie sexueller Orientierung und Identität.

dimensionen gleichwertige Berücksichtigung finden – im Sinne der Chancengleichheit und wirtschaftlichen Produktivität. Hochbegabung ist auch ein wirtschaftlicher Faktor.

Welche Wechselwirkung Intersektionalität bei Hochbegabten, speziell bei hochbegabten Frauen hat, soll an den Beispielen der sexuellen und soziokulturellen Diversität konkret erläutert werden.

3.3.1 Sexuelle Diversität

> »La plus belle chose qui existe dans un amour lesbien, c'est d'être tendre et de discuter en même temps.«[22] (de Kermadec 2020, S. 93)

Die stereotypen männlichen und weiblichen Eigenschaften treffen auf viele Hochbegabte nicht zu. Während hochbegabte Frauen mit ihrer überdurchschnittlichen Intelligenz als »männlich«, kalt, distanziert und analytisch gesehen werden können, erlebt man hochbegabte Männer als überdurchschnittlich warm, empathisch und sensibel. Viele hochbegabte Frauen sind nicht wirklich mädchenhaft und viele hochbegabte Männer nicht besonders machohaft. Leider gibt es dazu noch keine soliden wissenschaftlichen Untersuchungen.

James T. Webb spricht von den Schwierigkeiten der Geschlechtsidentität hochbegabter Jungen und Mädchen, die insgesamt häufiger androgyn sind als die Allgemeinbevölkerung (vgl. Webb et al. 2015, S. 262). Die Interessen und Einstellungen hochbegabter Jungen und Mädchen sind in der Regel weit weniger geschlechtsspezifisch als die nicht-hochbegabter Kinder. Eltern sind oft besorgt, wenn ihre hochbegabten Kinder sich über traditionelle Geschlechterrollen hinwegsetzen. Über diesen wichtigen Aspekt im Leben einiger hochbegabter Kinder wurde bislang nicht viel geforscht. Webb weist auf eine qualitative Studie von Barbara Kerr aus den Jahren 1997, 2001 und 2015 hin, die die überdurchschnittliche Androgynität hochbegabter

22 Das Schönste, was es in einer lesbischen Liebe gibt, ist, zärtlich zu sein und gleichzeitig zu diskutieren. (Übersetzung AD)

Jungen und Mädchen und das damit einhergehende Problem mit der Geschlechtsidentität dokumentiert. Um mit ihrem Anderssein zurechtzukommen, verleugnen sie häufig einen dieser Aspekte ihrer Identität, entweder die Hochbegabung oder die sexuelle Orientierung.

Eltern und Lehrkräfte sollten unbedingt auf die besondere Problematik von hochbegabten homo- und bisexuellen Jugendlichen aufmerksam gemacht werden, damit sie das persönliche Dilemma und die Peerprobleme verstehen, mit welchen sich diese zweifach außergewöhnlichen Menschen konfrontiert sehen. Diese Jugendlichen müssen vielleicht einen doppelten Coming-Out-Prozess durchlaufen, brauchen jedoch zunächst das Bewusstsein sowohl für ihre sexuelle Orientierung als auch die Hochbegabung. Da ein Coming-Out sehr viel Mut und Kraft erfordert, bleibt die Hochbegabung erst einmal verdeckt zugunsten des sexuellen Outings. Die Gefahr liegt darin, dass die sexuelle Orientierung als Erklärung für das Gefühl des Andersseins zunächst ausreicht und der eigenen Hochbegabung erst viele Jahre später gerecht wird. Daher braucht es hier einen differenzierten Blick auf heranwachsende Jugendliche und ein Zusprechen von Mut zur Offenheit und Authentizität bei den betreffenden Jugendlichen und eine Atmosphäre von Toleranz und Respekt im Umfeld.

Meine Praxiserfahrung zeigt, dass hochbegabte erwachsene Menschen kein ausgeprägtes Gefühl für das Geschlecht haben. Auch Kolleg:innen, die mit Hochbegabten arbeiten, bestätigen, dass Geschlechtsumwandlungen bei Hochbegabten häufiger vorkommen als bei Nicht-Hochbegabten. Dafür gibt es jedoch keine belastbaren Daten (vgl. van de Ven 2022, S. 51). Ähnliches gilt für Bisexualität: Oft ist von hochbegabten Klientinnen zu hören, dass sie sich nicht zu einem Geschlecht der Person hingezogen fühlen, sondern zu ihrer Persönlichkeit und daher Frauen wie Männer als Liebespartner:innen in Frage kommen.

Wird die Hochbegabung identifiziert, so gibt es bei den Menschen mit doppelter und vielfacher Besonderheit immer (mindestens) noch einen Faktor, der die Betroffenen vom Privileg trennen kann – die Hautfarbe, die Religion, das Geschlecht, der soziokulturelle Hintergrund, die Attraktivität. In allen Fällen gilt es, die Hochbegabung zu fördern. Glücklicherweise sind das Bewusstsein und die Akzeptanz für sexuelle Diversität in der Gesellschaft größer denn je. Doch was ist mit sexueller Diversität genau gemeint?

Homosexualität bezeichnet sowohl gleichgeschlechtliches sexuelles Verhalten, erotisches und romantisches Begehren gegenüber Personen des eigenen Geschlechts als auch darauf aufbauende sexuelle Identitäten. Homosexuelles Verhalten, homosexuelles Begehren und die sexuelle Identität fallen nicht zwingend zusammen und werden deshalb in der Forschung unterschieden. In der Umgangssprache werden diese Aspekte jedoch häufig vermischt oder miteinander gleichgesetzt.

Gleichgeschlechtliche Liebe und Lust sind in allen Gesellschaften und historischen Epochen durch entsprechende Quellen nachweisbar und werden abhängig von Kultur und Epoche unterschiedlich gewertet, teils befürwortet und toleriert, teils untersagt und verfolgt. Dagegen gilt die Entstehung der sexuellen Identität – im Sinne einer klaren Festlegung des Individuums auf eine bestimmte sexuelle Orientierung – heute als das Resultat von Entwicklungen der modernen Gesellschaft.

Mit der Konstruktion homosexuellen Begehrens als Abweichung von einer unterstellten »heterosexuellen Norm« war von Anfang an auch der Versuch einer ätiologischen, medizinisch-psychologischen Erklärung verknüpft. Nach 150 Jahren Forschung gibt es in der Sexualwissenschaft immer noch keinen Konsens über die ursächlichen Faktoren für die Ausbildung sexueller Präferenzen. Genannt wurden unter anderem genetische, endokrinologische und psychoanalytische Erklärungsmodelle.

Zusätzlich zur Einteilung in Homo- und Heterosexuelle, hat man seit 1900 die Residualkategorie der Bisexualität eingeführt. Jedoch ist dieses Konzept seinerseits zur Basis einer selbst gewählten Identität geworden und produziert daher neue begriffliche Unklarheiten, wie etwa die Existenz von Menschen, die sich in Umfragen weder als homo- noch bisexuell einstufen, sich aber trotzdem vom eigenen Geschlecht in unterschiedlichem Grade erotisch angezogen fühlen.

Als Bisexualität bezeichnet man die sexuelle Orientierung oder Neigung, sich zu mehr als einem Geschlecht emotional und/oder sexuell hingezogen zu fühlen. Sigmund Freud stellte 1915 die These auf, dass die ursprüngliche Anlage des Menschen bisexuell sei.

Julia Shaw (2022a), die Expertin für Queer History, hat ein bemerkenswertes Buch über Bisexualität geschrieben, mit welcher sie eine zeitgemäße politische Botschaft aussendet und auf die große Lücke in der Debatte um sexuelle Befreiung hinweist. Das Werk *BI* widmet sich der historischen Einordnung von Bisexualität und der aktuellen Position bisexueller Menschen in unserer Gesellschaft. Die Autorin dokumentiert die Unterdrückung der Bisexuellen und zeigt Erkenntnisse aus der Zoologie-Forschung, die Bisexualität als Norm bei allen Tierarten belegen. Shaw ist darüber verwundert festzustellen, dass es viele Menschen gibt, die sich als heterosexuell beschreiben, wobei sie auch bisexuelle Erfahrungen haben.

Als Unsichtbarkeit von Bisexualität (englisch: *bisexual erasure*) wird eine Tendenz bezeichnet, Bisexualität in der Geschichte, in akademischen Kreisen und in den Medien zu ignorieren, zu verleugnen oder umzudeuten. Die Gründe für die Unterdrückung von Bisexualität sowohl bei homosexuellen als auch bei heterosexuellen Menschen könnten sein: die Stabilisierung ihrer sexuellen Orientierung, um sie nicht selbst hinterfragen zu müssen, der Schutz der traditionellen Auffassung von Geschlecht, die für monosexuelle Menschen wichtig ist und durch Bisexualität in Frage gestellt wird, sowie die Aufrechterhaltung der Monogamie; es wird gesellschaftlich meist angenommen, dass Bisexuelle intrinsisch nicht monogam sind. Und genau hier liegt die Gefahr der vielfachen Diskriminierung und fehlenden Akzeptanz Bisexueller und der sozialen Isolation und erhöhten Suizidalität infolge von Ausgrenzung (Kerr & McKay 2014). Im Podcast *Dr. Julia Shaw über Diversität in der Wissenschaft und Bi-Sexualität bei WDR 2 Böttinger, Wohnung 17* vom 08.08.2022 gelingt der deutsch-kanadischen Rechtspsychologin die erstmalige Sichtbarmachung von Bisexualität, ihrer Schönheit und Schwierigkeit. Damit leistet sie einen wertvollen Beitrag zu Inklusion und Sichtbarkeit von Bisexuellen.

Zur Komplettierung sexueller Diversität sei unbedingt auch

Transgender genannt, das Phänomen, bei welchem Menschen, deren Geschlechtsidentität nicht oder nicht vollständig mit dem nach der Geburt anhand der äußeren Merkmale im Geburtenregister eingetragenen Geschlecht übereinstimmt oder die eine binäre Geschlechtszuordnung ablehnen. Als Gegenteil zu transgender wurde ab den 1990er-Jahren die Bezeichnung cisgender[23] in die wissenschaftliche Diskussion eingebracht, später verkürzt zu cis (Cis-Mann, Cis-Frau, Cis-Personen). Transgeschlechtlichkeit ist unabhängig von sexueller Orientierung. Im Kontext der Hochbegabung ist diese Personengruppe umso mehr von Bedeutung, als Fachleute häufigere Geschlechtsumwandlungen bei Hochbegabten als bei Nicht-Hochbegabten beobachten. Wissenschaftlich ist dies jedoch nicht belegt und erfordert entsprechende Studien. Transgender-Menschen erfahren Diskriminierung in vielfacher Weise und leiden infolge dessen häufiger an Sucht, Angst und Suizidalität als Cis-Personen.

Diese Begriffsklärung dient der Awareness und Sensibilität für sexuelle Diversität und soll Anstoß dazu geben, auch über die Tabuisierung eigener sexueller Wünsche nachzudenken und Menschen außerhalb des heteronormativen Verständnisses wahrzunehmen. Die Bezeichnungen homo- und bisexuell sollen die Menschen nicht auf ihre sexuellen Verhaltensweisen reduzieren, auch deshalb nicht, da sie Veränderungen im Leben unterliegen, sogar mehrmals im Laufe eines Lebens. Auch soll der politische Aspekt verschiedener feministischer Strömungen außer Acht gelassen werden. Die Heterosexualität als Norm zu verstehen und die Homo- und Bisexualität als eine abweichende Störung, gar eine Perversion, wird nach wie vor als ein rein ideologisches Argument genutzt, eine Konstruktion, die auf dem Patriarchat fußt und dem Prinzip der sozialen Ordnung und Geburtenregulation.

In ihrer psychoanalytischen Praxis beobachtet de Kermadec eine auffällig hohe Repräsentanz homosexueller Männer und Frauen unter hochbegabten Erwachsenen, insbesondere von Frauen, die in der zweiten Lebenshälfte eine Liebesbeziehung mit einer Frau leben

23 Aus dem Lateinischen cis »diesseits«, und dem Englischen gender »soziales Geschlecht«.

und damit einen neuen Lebensabschnitt beginnen, den sie als befreiend empfinden. Diese Frauen entdecken eine bislang gänzlich unbekannte Facette ihrer Persönlichkeit.

Auch gibt es Frauen, die psychologischen Rat suchen, da sie in der Versuchung sind, eine Beziehung zu einer Frau anzufangen und nun diese Anziehung nicht verstehen. Es entstehen Fragen, ob dies eine natürliche Veranlagung ist, die lange Zeit unterdrückt wurde oder etwa eine alternative Lösung in Ermangelung an heterosexuellen Begegnungen. Wenn es um die sexuelle Anziehung geht, ist die Bildung der Geschmäcker und der Charaktere komplex und mysteriös. Genetik, chemische Prozesse im Gehirn, die persönliche Geschichte und das eigene kulturelle Ursprungsmilieu spielen eine Rolle.

Die Schwierigkeit für die hochbegabten Frauen, die sich über die Wirklichkeit und den Ursprung ihrer homosexuellen Begierden fragen, liegt in der Natur weiblicher Affekte. Die Studien von Terman und Oden von 1947 haben ergeben, dass die nahen und tiefen Beziehungen für Frauen genauso wichtig sind wie der berufliche Erfolg für Männer. Gerade hochbegabte Frauen sind dafür bekannt, sich nicht für oberflächliche Freundschaften zu verausgaben und dafür gute Freundschaften mit der Intensität einer Liebesbeziehung zu leben. Hochbegabte Frauen haben oft Freundschaften, die genauso stark sind wie ihre Liebesbeziehungen. Sie haben eine exklusive und einnehmende Art. Ob das damit zu tun hat, dass sie Schwierigkeiten haben, eine Freundin zu finden, die sie wirklich versteht? Es gibt große Divergenzen zwischen ihren Interessen und denen ihrer Zeitgenossinnen. Zudem verbietet ihnen ihre Investition in Studien und ernste Projekte, sich in oberflächlichen Beziehungen zu verschwenden. Das lässt sie möglicherweise umso mehr an einmal gewonnenen Freundschaften festhalten.

Ein Bruch in der Freundschaft kann einen ähnlichen Kummer und Schmerz auslösen wie das Liebesunglück. Ob sie hochbegabt sind oder nicht, Frauen sind in der Lage, starke und exklusive Verbindungen mit ihren Freundinnen zu führen, die auch in körperliche Beziehungen münden können. Es gibt in der Literatur zahlreiche insbesondere verheiratete Frauen, die ihren Ehemännern in Liebe verbunden sind und gleichzeitig passionierte Liebesbeziehungen mit verheirateten Frauen hatten. Beispiele aus der Geschichte sind Virginia Woolf und Vita Sackville-West, Colette, Missy und Marguerite Yourcenar, etc.

Sind hochbegabte Frauen eher prädisponiert als andere Frauen, sich in homosexuellen Beziehungen zu versuchen? Es gibt zwar keine Statistik zu diesem Thema, doch Frauen, die sich für eine Beziehung mit einer Frau entschieden haben, berichten, mit ihrer Partnerin einen viel intensiveren Austausch zu finden als mit Männern, eine subtilere Annäherung und tiefere Sinnlichkeit. Die Gründe für die Abwehr eigener erotischer Gefühle für dasselbe Geschlecht können vielfältig sein: Es kann das schwere Gewicht der soziokulturellen Prägung sein, die Angst vor den Reaktionen der eigenen Kinder, der Familie und des Arbeitsumfelds. Es können auch die politischen Rahmenbedingungen in einem Land sein oder sexueller Missbrauch, den Frauen erlebt haben.

Hochbegabte sind schwer reduzierbar auf eine Gattung, Religion, ethnische Gruppe, Sexualität, sofern diese als Mitgliedschaft einer Gemeinschaft verstanden wird. Hochbegabte Frauen mit einer extravertierten Natur finden durchaus ihren Weg in die Homosexualität; die Randstellung dieser Praktik entspricht perfekt ihrer marginalisierten Rolle als hochbegabte Frau, ihrem eigenen Gefühl der Andersartigkeit und Differenz, die sie aufgrund ihrer Hochbegabung spüren.

> »Par ailleurs, beaucoup de surdouées d'une nature extravertie, tout en refusant le communautarisme, trouvent un réconfort particulier dans l'homosexualité. La marginalité de cette pratique, du moins selon l'opinion sociale, correspond parfaitement à la leur, au sentiment de décalage et de différence qu'elles ressentent à cause de leur douance avec le groupe d'individus lambda.«[24] (de Kermadec 2020, S. 88)

---

24 Darüber hinaus finden viele extravertierte Hochbegabte, die sich zwar gegen die Gemeinschaftlichkeit wehren, besonderen Trost in der Homosexualität. Die Marginalität dieser Praxis, zumindest nach der gesellschaftlichen Meinung, passt perfekt zu ihrer eigenen, dem Gefühl der Diskrepanz und des Andersseins, das sie aufgrund ihrer Begabung gegenüber der Gruppe der Normalbürger empfinden. (Übersetzung AD)

Für manche hochbegabte Frauen ist die Sexualität eine Art und Weise, sich in einer höheren Dimension zu vereinigen so wie in der Kunst und Spiritualität und so die Leidenschaft mit anderen Frauen zu teilen. Charles Baudelaire hat in seinen Schriften *Fleurs du mal* die Essenz dieser Zuneigung erfasst. So wie Baudelaire waren seinerzeit homosexuelle Frauen leidende Wesen am Rande der Gesellschaft. Das Movens mancher hochbegabter Frauen ist die Unmöglichkeit des sexuellen Aktes, die ewige Begierde, die auf die baudelairsche Schönheit zurückführen ist:

> »Aux yeux de Baudelaire (…) l'impossibilité de l'acte sexuel (…), il ne s'agît pas de chercher le contentement, mais encore le désir, appelant par là l'infini et l'inconnu. Cette beauté qui réside (…) dans le bizarre est inhérent aux lesbiennes.«[25] (de Kermadec 2020, S. 89)

All diejenigen Frauen, die die Gelegenheit haben, ein Zusammenleben mit dem einen und dem anderen Geschlecht zu vergleichen, sehen zwei starke Argumente für ihre homosexuelle Beziehung: eine gewisse Leichtigkeit im Leben, ja sogar eine unvergleichliche Intelligenz des Alltagslebens, eine viel harmonischere Beziehung, jenseits gesellschaftlicher Erwartungen. Der zweite Grund für eine homosexuelle Lebensform ist die Intimität, die perfekte Verbindung zwischen der hochbegabungsimmanenten Hypersinnlichkeit auf der einen Seite und dem immensen erotischen Vergnügen, das sie in ihren Beziehungen zu anderen Frauen erleben. Komplizenschaft und Freiheit sind die beiden Begrifflichkeiten, die Frauen allesamt als Hauptcharakteristikum benennen, wenn sie nach einem heterosexuellen Leben eine homosexuelle Beziehung eingehen.

---

25 In Baudelaires Augen (…) ist die Unmöglichkeit des Geschlechtsaktes (…) nicht die Suche nach Befriedigung, sondern nach Verlangen, wodurch das Unendliche und Unbekannte aufgerufen wird. Diese Schönheit, die (…) im Bizarren liegt, ist lesbischen Frauen eigen. (Übersetzung AD)

> »Entre elles, les surdouées découvrent une intelligence de vie unique. Chaque appliquée à aider l'autre à trouver dans sa propre liberté l'occasion de déployer ses talents personnels.«[26] (de Kermadec 2020, S. 92)

Noch ist es für manche schwer, die Schwelle zwischen Hetero- und Homosexualität zu überschreiten. Für diejenigen, die starke berufliche Ambitionen haben, hat die homosexuelle Beziehung den großen Vorteil, ihr Leben zu vereinfachen. Ihre immerzu schwierigen heterosexuellen Beziehungen und der Geschlechterkampf werden eingetauscht durch Harmonie, Übereinkunft, gegenseitige Unterstützung. Bei allen Vorzügen homosexueller Frauenbeziehungen bleibt die Frage nach dem Kind nicht aus. Die Entscheidung für eine Mutterschaft verkompliziert sich mit der eigenen Infragestellung über die Fähigkeit einer Mutterschaft. Die verschwenderische Analysefähigkeit, die Projektion potenzieller Szenarien und ihre Fähigkeit zur Risikoevaluation bremsen sie in ihrem vitalen Instinkt aus und machen eine Entscheidung für ein Kind schwierig, die eigentlich nur den Glauben an die Zukunft braucht.

Die Homo- und Bisexualität hochbegabter Frauen kann ihre Schattenseiten haben, insbesondere bei jungen Mädchen und Frauen, die keine Akzeptanz in ihrer Gemeinschaft finden. Kerr und McKay (2014) zufolge haben homosexuelle Mädchen, die sich als solche identifizieren, ein deutlich höheres Risiko, psychisch zu erkranken als heterosexuelle Mädchen oder homosexuelle Jungen. In einer nationalübergreifenden, repräsentativen Studie von Jugendlichen in High Schools, bei der 17 Prozent Mädchen eine gleichgeschlechtliche Anziehung fühlen und 14 Prozent als bisexuell deklariert sind, haben die Mädchen eher die Tendenz, von Zuhause davonzulaufen, Alkoholsucht zu entwickeln und sich selbst zu bestrafen als andere Mädchen (Kerr & McKay 2014). Homo- und bisexuelle Mädchen sind deutlich mehr Konflikten in Familien sowie Gewalt ausgeliefert als heterosexuelle Mädchen. Sie erleben insgesamt mehr Ablehnung

26 Hochbegabte Frauen entdecken untereinander eine einzigartige Lebensintelligenz. Jede bemüht sich, der anderen zu helfen, in ihrer eigenen Freiheit die Gelegenheit zu finden, persönlichen Talente zu entfalten. (Übersetzung AD)

und Konflikte, die aus dem Coming-Out resultieren. Mädchen, die nicht aus sich herauskommen und versuchen, ihre sexuelle Orientierung zu verstecken, sind der Gefahr ausgesetzt, eine Depression oder Angststörung zu entwickeln und können auch suizidal werden.

> »For smart girls, being lesbian in orientation means being doubly different; during adolescence, this double difference can be particularly hard.«[27] (Kerr & McKay 2014, S. 254)

Da ist die große Gefahr, in der Schule und unter Freunden gemobbt und von der Schule verwiesen zu werden, Gesundheitsprobleme wie Essstörungen und Gewichtsprobleme zu entwickeln. Mit der Erfahrung der Sanktionierungen und Bestrafungen, des Mobbings, der Inakzeptanz und der dadurch gefährdeten Gesundheit haben homo- und bisexuelle und darunter insbesondere hochbegabte Mädchen, die alle Zukunftsszenarien visualisieren können, das Gefühl, von Privilegien und Macht weit mehr entfernt zu sein als alle anderen Personengruppen.

> »When smart lesbians belong to religions or ethnicities that are negative or punishing toward LGBT orientations, they are particularly at risk. A smart adolescent girl, with her capacity for deep reflection, questioning, and sensitivity, may find herself in an internal struggle for identity as well as an external struggle with the teaching of her religion and her community. In a community where homophobia runs deep, the smart girl may grow defensive and deeply isolated.«[28] (Kerr & McKay 2014, S. 255)

27 Für hochbegabte Mädchen bedeutet eine homosexuelle Orientierung, doppelt anders zu sein; in der Pubertät kann diese doppelte Andersartigkeit besonders schwer sein. (Übersetzung AD)

28 Wenn sehr intelligente homosexuelle Frauen Religionen oder Ethnien angehören, die gegenüber LGBT-Orientierungen negativ eingestellt sind oder sie bestrafen, sind sie besonders gefährdet. Ein kluges heranwachsendes Mädchen mit seiner Fähigkeit zu tiefgreifender Reflexion, Hinterfragung und Sensibilität kann sich in einem inneren Kampf um seine Identität sowie in einem äußeren Kampf mit den Lehren seiner Religion und seiner Gemeinschaft wiederfinden. In einer Gemeinschaft, in der Homophobie weit verbreitet ist, kann ein kluges Mädchen in die Defensive geraten und sich stark isolieren. (Übersetzung AD)

Homosexuelle junge hochbegabte Frauen, die von einer unterstützenden Gemeinschaft umgeben sind, fühlen sich sicher und können sich freier entfalten. Ein Engagement beispielsweise im Sport oder im LGBTQAI+-Aktivismus kann helfen, mit der Verleugnung der eigenen Privilegien als Ergebnis ihrer Orientierung besser zurechtzukommen.

Die Betroffenheit durch Hochbegabung und die Zugehörigkeit zu LGBTQIA+ bedeuten nicht selten einen schwierigeren Anschluss an die Gesellschaft und die Notwendigkeit eines doppelten Outings, sondern vor allem eine subjektiv empfundene doppelte Andersartigkeit. Diversitätsdimensionen wie Hautfarbe, Religion, Geschlecht, soziokultureller Hintergrund und Attraktivität können die Hochbegabung verdecken und ihre Identifizierung erschweren – abhängig vom Umfeld.

Im Folgenden eine bewegende Lebensgeschichte zur weiblichen Hochbegabung und Homosexualität.

Fallbeispiel: Kristina, 41 Jahre

- Geisteswissenschaftlerin mit Tätigkeit an der Universität
- Promovendin
- Vermutung einer Hochbegabung, nicht getestet
- Gefühl des Andersseins, der Benachteiligung und der Unsichtbarkeit
- Turbulente Jugendzeit
- Mutter von vier Kindern in einer Ehe mit einer Frau
- Schwierigkeiten der Selbstakzeptanz und Selbstabgrenzung
- Besonders hohe Motivation, eigene Töchter bestmöglich in ihrer Hochbegabung zu fördern

Herkunftsfamilie

Mein Vater kommt aus einer **Arbeiterfamilie** und hat sein Leben lang darunter gelitten, dass er nach der Volksschule in die Lehre musste. Mein Vater ist sehr belesen und hat eine hohe Allgemeinbildung, er hätte gerne etwas anderes als die von seinem Vater organisierte Lehre gemacht. Als ich ca. elf Jahre alt war, hat er eine

Umschulung zum Arbeitspädagogen gemacht, während er zuvor ständig in **prekären Arbeitsverhältnissen** beschäftigt war.
Meine Mutter hingegen stammt aus einer Beamtenfamilie, hat Abitur und wäre gerne Grundschullehrerin geworden. Aufgrund der Schwangerschaft mit meiner Schwester hat sie ihr Studium kurz vor dem Staatsexamen nicht beendet und ist später Erzieherin geworden. **Ich bin also in diesem Spannungsverhältnis aus verschiedenen familiären Bildungshintergründen und unerfüllten Berufswünschen aufgewachsen.**
Zu meiner zweieinhalb Jahre jüngeren Schwester empfand ich seit meiner bewussten Erinnerung hauptsächlich Konkurrenz und Rivalität. **Meine Schwester** war eine Risikoschwangerschaft und **absorbierte**, seit ich denken kann, die **Aufmerksamkeit unserer Eltern**, während ich einfach mitlief. Ihre Erfolge wurden immer sehr gefeiert, während meine (weit besseren) Leistungen als selbstverständlich hingenommen wurden. So war es beispielsweise beim Fahrradfahren lernen, welches ich mir mit vier Jahren an einem Nachmittag hart mit vielen Schürfwunden erarbeitete. Meine Schwester ist sehr viel länger im Kindersitz mitgefahren, um dann mit fast sechs auf ein Fahrrad zu steigen und loszufahren – was als der größere Erfolg gefeiert wurde. **Ich habe mich immer in ihrem Schatten gefühlt, sie war die Sonne, die von meinen Eltern umkreist wurde.**

Kindheit

Ich habe schon als Baby und Kleinkind viel Energie gehabt, so habe ich schon mit wenigen Monaten keinen Mittagsschlaf mehr gemacht und war schwer müde zu bekommen. **Ich habe einen ausgeprägten Gerechtigkeitssinn, einen starken eigenen Willen, einen Drang nach Selbstbestimmung und Unabhängigkeit** und habe meinen Gefühlen in Wutausbrüchen Ausdruck verliehen. Meine Eltern erzählen, dass ich als Kleinkind unkontrollierbare Wutausbrüche hatte. Mir wurde gesagt, ich solle nicht so aggressiv sein. An meinem zweiten Geburtstag muss ich das mit »ich bin nicht schief« kommentiert haben – seither ist dieser Ausdruck ein Running Gag in meiner Familie, wann immer ich meine Gefühle nicht kontrolliert bekomme. In meinem Denken und Fühlen bin ich nicht ernst genommen worden. Wenn ich etwas in den Augen meiner Eltern falsch gemacht hatte, dann hat vor allem meine Mutter vorwurfsvoll geschwiegen. Diese unausgesprochenen Vorwürfe standen groß wie ein Elefant im Raum und förderten meine **Schuldgefühle.** In meiner Familie wurde und wird generell nicht viel gesprochen. So versuchte ich, **immer alles richtig zu machen**, die Erwartungen anderer möglichst genau zu erfassen, um sie nicht zu enttäuschen. Es wurde nicht gestritten oder geredet. Beides wäre eine greifbare Auseinandersetzung gewesen, die mir sicher geholfen hätte. **Ich passte mich nach außen hin extrem an und das kleine wütende, rebellische, »nicht schiefe« Mädchen kehrte sich nach innen.**

Auch heute noch spielt sich Wut in meinem Inneren ab, macht mich hilflos und handlungs- und manchmal auch sprachunfähig. Ich wurde also lieb, versuchte keinen Anlass zur Kritik zu geben – mein Selbst verschwand. Ich habe mich möglichst **unsichtbar gemacht** und auch so gefühlt – noch heute bin ich manchmal überrascht, wenn mich jemand richtig einschätzt. Dieses Unsichtbarmachen hat noch immer eine große Unsicherheit zur Folge, weil ich **immer alles »richtig« machen und niemandem zur Last fallen** will. **Ich habe mich völlig aufgegeben, um so zu sein, wie ich dachte, sein zu müssen und bin nie zufrieden mit mir.**

Schule/Studium

Ich hatte in der Schule nie Probleme. Ich war keine Überfliegerin, habe aber ohne große Anstrengungen gute Leistungen erbracht. Dabei war ich im Schriftlichen sehr viel stärker als im Mündlichen – hier habe ich mich selten getraut, etwas zu sagen, zu groß war die Angst/Sorge/Scham, etwas Falsches zu sagen und damit aufzufallen. Hinzu kam, dass mir die Fragen häufig zu simpel und suggestiv vorkamen und ich den Haken suchte. Ich fühlte mich meistens unfähig und dumm, traute mir sehr wenig zu. Im Rückblick betrachtet war es vielleicht auch mein perfektionistischer

Anspruch, auch wirklich alles bedacht zu haben, gleichzeitig habe ich häufig Schwierigkeiten, Stellung zu beziehen, da ich Argumente für (fast) jede Sichtweise finden und verstehen kann. Und auch dann, wenn ich eine klare Meinung habe, fällt es mir schwer, diese zu kommunizieren. **Meine schulischen und später universitären Leistungen fanden zu Hause kaum Beachtung**, da sie als völlig selbstverständlich hingenommen wurden. Wenn überhaupt wurden sie damit kommentiert, dass mir ja immer alles zufliegt und ich wenig tun muss. **Bis heute kann ich mich nicht über Erfolge freuen und schreibe sie glücklichen Umständen zu.**

Einen (möglichen) Misserfolg führe ich hingegen immer auf meine Dummheit und Unfähigkeit zurück und kann diesen auch Jahre später noch mit dem gleichen dazu abgespeicherten Gefühl in meiner Erinnerung abspulen. Ich kann meine Leistung nicht objektiv betrachten und bewerten und **lege sehr hohe Maßstäbe** an.

Ich hatte in meiner Schulzeit immer Freunde und war nicht allein. Einige Kontakte bestehen noch heute. Dennoch habe ich mich im Klassenverband unwohl gefühlt und konnte mit den Themen meiner Klassenkamerad:innen meistens nichts anfangen. Manche Sachen habe ich auch schlicht nicht verstanden. Im Gegenzug wurde auch ich oft nicht verstanden: **Wenn ich etwas sagte, konnten anderen meinen Gedanken(-sprüngen) nicht folgen.** So wurde ich noch leiser. Das gilt nicht nur für meine Schulzeit, sondern im Grunde für alle Zusammentreffen mit Menschen. Situationen und Gespräche lassen mich oft lange nicht los, während beteiligte Personen diese – auch kurze Zeit später – längst vergessen haben. Ungereimtheiten arbeiten so lange in meinem Kopf, oft auch im Hintergrund, bis ich die Lösung gefunden habe. Beides führte zu Irritationen bei den anderen. Dazu kommt, dass ich mich **nicht »typisch weiblich«** gekleidet habe. Damit habe ich auch äußerlich nicht zu meinen Klassenkamerad:innen gepasst, was mir aber nichts ausgemacht hat.

Jugend

Ich habe mit elf Jahren das Basketballspielen begonnen und viele Jahre aktiv betrieben. Im Nachhinein betrachtet war das ein Anker für mich, da ich mich in dieser Gemeinschaft zugehörig gefühlt habe. Ich habe die meiste Zeit nach der Schule in Sporthallen oder auf Sportplätzen verbracht und nicht nur selber gespielt, sondern auch über viele Jahre ein Jugendteam trainiert. **Die körperliche Auslastung hat mein sich immerzu drehendes Gedankenkarussell zumindest in dieser Zeit gestoppt.** Hier fand ich Gleichgesinnte – sehr viele Jahre später stellte sich heraus, dass wir fast alle mit Frauen zusammen sind. Vielleicht war das auch u.a. ein Grund, warum ich mich dort so wohlgefühlt habe.

Aber auch hier stand ich mir oft selbst mit meinem Perfektionismus im Weg: Ich war nie mit mir zufrieden, hatte einen großen inneren Druck auf dem Spielfeld, keine Fehler zu machen und war oft traurig bis zur Verzweiflung, wenn in einem Training oder Spiel nicht alles gelang.

Dieses Gefühl des Andersseins, des Unsichtbarseins hat dazu geführt, dass ich in meiner Jugend oft in trauriger Grundstimmung war, ohne genau zu wissen, warum. Viele Jahre habe ich gedacht, dass ich depressiv sein könnte. Die Sehnsucht nach Zugehörigkeit, nach »Normalsein« war groß und hat zu Überangepasstheit geführt, gleichzeitig wollte ich ich selbst sein dürfen, ohne genau zu wissen, wer ich eigentlich bin. Gespürt habe ich einen großen Drang nach Selbstbestimmung und Unabhängigkeit, gleichzeitig habe ich mich jedoch aufgegeben, meinen Wünschen und Bedürfnissen keinen Raum gegeben, womit ich mich in (für mich) schwierige Situationen manövriert habe.

Prägende Situationen im jungen Erwachsenenalter

Meinen ersten Freund hatte ich mit 16 Jahren – nicht, weil ich verliebt war, sondern weil alle anderen um mich herum anbandelten und ich hier nicht wieder die **Außenseiterin** sein wollte. Diese erste »Beziehung« hielt nicht lange, hat mich aber sehr geprägt, weil ich erste sexuelle Erfahrungen über mich ergehen ließ. Ich

wusste, dass ich das nicht wollte, konnte es aber nicht aussprechen.
Mit 17 bin ich ungewollt schwanger geworden – meine schmerzhafteste Erfahrung bis heute. Ich war nicht in der Lage, meinen Wunsch auch nur zu formulieren, dieses Kind zu bekommen, sondern fügte mich dem Willen und Druck meines damaligen Freundes und unserer Eltern. Ich habe mich sehr allein gefühlt und konnte mit niemandem darüber sprechen. Meine Eltern waren sehr enttäuscht von mir, auch wenn sie es nicht direkt ausgesprochen haben. **Ich war doch immer so vernünftig und unkompliziert.** Ich habe es nicht geschafft, für mich selbst und das Ungeborene einzustehen. Im Gegenteil, ich unternahm danach noch größere Anstrengungen, nichts falsch zu machen und möglichst niemanden zu enttäuschen.
Diese völlige Selbstaufgabe hat mich dann in die nächste schwierige Situation gebracht: Meinen nächsten Freund haben meine Eltern, vor allem meine Mutter, sehr gemocht, was meinen Bestrebungen, die liebe, unkomplizierte und funktionierende Tochter zu sein, sehr entgegenkam. Auch in diesen Menschen war ich nicht wirklich verliebt, es ging mir eigentlich alles zu schnell, aber ich wollte nicht schon wieder enttäuschen. So hielt ich sehr lange sehr viel aus, u.a. seinen stetig steigenden Alkoholkonsum, der auch ein stagnierendes Studium zur Folge hatte. Trotzdem habe ich ihn nach neun Jahren geheiratet. Hätte ich zu mir stehen können, wäre ich mir selbst etwas wert gewesen, hätte ich diese Beziehung längst beendet. **Wir waren ein schreckliches Jahr verheiratet, es bestand nur aus Lügen, Abstürzen und meinen verzweifelten, aber aussichtslosen Versuchen, noch irgendwas zu retten.** Meine Eltern haben hohe moralische Ansprüche; niemand in meiner Familie ist geschieden, und ich habe von meinen Eltern gelernt, dass eine Ehe nicht »einfach« aufgegeben wird. Als er nahezu täglich sehr betrunken war und unter Alkoholeinfluss auch aggressiv wurde, habe ich endlich den Absprung geschafft.

Liebe zu (m)einer Frau

Dass ich die Stärke gefunden habe, mich zu trennen, lag auch an meiner jetzigen Frau, die meinen Mann als Trainer kannte. Sie hat mir sehr den Rücken gestärkt, dass ich das nicht aushalten muss, und hat mir in unzähligen Gesprächen deutlich gemacht, dass ich selbstbestimmt handeln darf. Sie hat zum ersten Mal nach Jahrzehnten mein rebellisches Ich wieder zum Vorschein gebracht. **Als ich mich in sie verliebte, dachte ich zunächst, dass ich endlich die Erklärung für mein Gefühl des Anderssein gefunden habe, dass das an meiner nicht ausgelebten Homosexualität liegt**. Für mich überraschend habe ich mich und meine Gefühle nicht in Frage gestellt, sondern zugelassen, obwohl mir klar war, dass ich **mit einer lesbischen Beziehung meine Bemühungen nach Unsichtbarkeit und Anpassung nicht länger aufrechterhalten** würde. **Ich habe das als befreiend erlebt und konnte endlich einen Teil meiner Selbst zulassen.** Mein Vater war nicht begeistert, hat mir aber signalisiert, dass er meine Entscheidung toleriert, meine Mutter hingegen machte es mir sehr schwer, zog mich in Verantwortung u.a. für ihre Depression. **Mein Leben lang hatte ich versucht, unsichtbar zu sein, es vor allem meinen Eltern recht zu machen, und nun ging ich den Schritt, ganz anders sichtbar zu sein als erwartet.** Mein Drang nach Selbstbestimmung und die (schmerzhafte) Einsicht, dass die Angepasstheit mich nicht glücklich und zufrieden gemacht hatte, machten mich stark genug, an dieser Liebe festzuhalten und Widerstände auszuhalten. **Ich habe zum ersten Mal für mich eingestanden. Mittlerweile sind wir zwölf Jahre zusammen und haben vier gemeinsame Kinder.**

Beruf

Ich habe **Geisteswissenschaften** studiert, was mir keine eindeutige Berufsbezeichnung einbringt, dennoch habe ich immer die Stellen bekommen, für die ich mich beworben hatte. Mein großes Problem war die **Langeweile.** Schwierig auszuhalten war für mich meine **geringe Auslastung auf der einen und die Anerkennung über meine Arbeitsleistung** auf der anderen Seite, da ich diese ja als sehr gering und nicht der Rede wert empfand. **Mit meiner Schnelligkeit und meinem Erinnerungsvermögen an Sachverhalte bin ich bei Kolleg:innen angeeckt. Ich suchte mir selbständig Herausforderungen**, wie die Konzeption und Durchführung eigener Lehrveranstaltungen, auch weil ich da autonom handeln konnte, aber grundsätzlich machte meine berufliche Situation mich sehr unzufrieden und unglücklich. **Ich war oft ausgelaugt vom gefühlten Nichtstun**. Im letzten Jahr habe ich mich innerhalb der Organisation auf ein Wahlamt beworben und **gehe endlich einer Tätigkeit nach, die einen Sinn ergibt** und die mich herausfordert. Zum ersten Mal bin ich in meiner Arbeitszeit mehr als ausgelastet, was in mir viel Energie freisetzt und mich sehr zufrieden macht. Ich kann **eigenständig arbeiten, meine Ideen einbringen, in viele Richtungen denken und mir immer wieder Neues aneignen**. Ich bekomme eine Ahnung davon, was »im Flow sein« für mich bedeutet. Spannenderweise setzt meine jetzige Arbeit, obwohl sie herausfordernd ist, so viel Aktivität in mir frei, dass ich noch andere Projekte nebenbei in Angriff nehme.

Heute

Es fällt mir sehr schwer, meine Hochbegabung zu akzeptieren und in meinen Selbstentwurf zu integrieren, obwohl mir diese Erkenntnis zunächst Erleichterung verschafft hat – endlich ergeben meine Muster einen Sinn, haben einen Grund, und ich bin nicht allein. Ich habe eine Erklärung, warum ich so bin, wie ich bin. Aber es fällt mir unendlich schwer, aus den tief liegenden Strukturen auszubrechen. Das Gefühl nicht richtig zu sein, anders zu sein, nicht zu passen, sitzt tief. Ich habe so zwar eine »Diagnose«, aber anders bin ich immer noch. Auf die mögliche Hochbegabung bin ich über meine beiden Töchter gekommen. Ich sehe so viel von mir selbst in ihnen, kann ihre Gedankengänge und ihre Wutausbrüche nachvollziehen und nachempfinden, sie begleiten und trösten. Es macht mir große Sorge, dass ich vor allem in der Älteren Anzeichen entdecke, ihre Intelligenz zu verbergen, um nicht aufzufallen. Daher sind meine Töchter meine größte Motivation, mich mit mir auseinanderzusetzen und die Hochbegabung als einen Teil meiner Selbst zu akzeptieren. Ich möchte für sie der Spiegel sein, der mir gefehlt hat, und ich wünsche mir, dass aus den wilden, klugen, andersdenkenden »kleinen« Menschen selbstbewusste Frauen werden, die ihr Potenzial voll ausschöpfen.

Kristinas Herausforderungen

In Kristinas sehr selbstreflektierter und authentischer Geschichte stolpert man bei jedem zweiten Satz auf einen Hinweis nicht-gelebter Hochbegabung. Zunächst die biografisch begründeten Herausforderungen und Merkmale einer Hochbegabung:

Biografische Herausforderungen

- Sozioökonomischer Hintergrund: Kindheit im Spannungsverhältnis aus verschiedenen Bildungshintergründen und unerfüllten Berufswünschen sowie ein instabiles finanzielles Verhältnis.
- Familie: Keine Kultur des Dialogs. Keine Sensibilität für ein sensibles, besonders kluges Kind. Keine richtige Spiegelung aufgrund der Fokussierung auf das zweite Kind. Passiv-aggressives Verhalten der Mutter und Erzeugung von Schuldgefühlen.

Merkmale von Hochbegabung

- Ausgeprägter Gerechtigkeitssinn
- Starker Wille
- Drang nach Selbstbestimmung und Unabhängigkeit
- Suche nach sinnhafter Tätigkeit und neuen Herausforderungen
- Hohe Sensibilität

Schwierigkeiten aufgrund nicht-integrierter Hochbegabung

- Wutausbrüche als Ausdruck des Unvermögens eines Kindes, seine starken Gefühle und sein Ungerechtigkeitsempfinden zu artikulieren
- Extreme Anpassung bis zur Unsichtbarkeit
- Das Gefühl des Andersseins bis ins Erwachsenenalter verbunden mit trauriger Grundstimmung

- Hochstaplersyndrom: Zuschreibung von Erfolg auf glückliche Umstände, Bezugnahme der Misserfolge auf eigenes Unvermögen und vermeintliche Unfähigkeit
- Abgrenzungsschwierigkeiten
- Gefühl, falsch und nicht authentisch zu sein
- Pendeln zwischen Bore-Out und Mangel an Anerkennung
- Erkenntnis eigener Hochbegabung durch die eigenen Kinder
- Schwierigkeiten bei der Akzeptanz und Integration der eigenen Hochbegabung
- Hohes Verantwortungsgefühl gegenüber den Töchtern und ihrer Hochbegabung und damit einhergehende hohe Motivation, die Hochbegabung als Teil eigener Identität anzunehmen

Hochbegabung und sexuelle Diversität

In Kristinas Fall ist etwas zu beobachten, das einige homosexuelle Mädchen durchleben, ehe sie sich selbst eingestehen, homosexuell zu sein. Die erste Liebesbeziehung ist ihrer Beschreibung nach aus einem Gruppenzwang heraus entstanden und hat zwei schmerzhafte Momente inne: auf der einen Seite das Gefühl, kein Recht zu haben, seinem Gefühl zu trauen, den konventionellen Erwartungen von Familie und Gesellschaft entsprechen zu müssen und die eigentlich unerwünschte Beziehung zu beenden, und auf der anderen Seite die unerwünschte Schwangerschaft, die ein Symbol für die ungewollte Beziehung ist. Die zweite heterosexuelle Beziehung wurde so erlebt, wie es Schmidbauer portraitiert: Die Hochbegabte mit ihrem hohen, unverhältnismäßigen Verantwortungsgefühl, die die Sucht ihres Partners erduldet und als Co-Abhängige alle Energien in seine Rettung investiert anstatt in die eigene Selbstverwirklichung. Nicht außergewöhnlich ist, dass durch das Eingeständnis der eigenen Homosexualität endlich die vermeintliche Erklärung für das Gefühl des Andersseins stattfindet, das sicherlich auch in der Unwissenheit der eigenen sexuellen Orientierung begründet ist. Der Weg zur Entdeckung der eigenen Hochbegabung brauchte noch einen längeren Lebensabschnitt, bis typischerweise die Hochbegabung der eigenen Kinder die Mutter darauf stößt, Erklärungsansätze gibt, Erleichterung schafft und das Gefühl des Andersseins erklärt.

Sichtbarkeit konnte zum ersten Mal erlebt werden aus der Unmöglichkeit heraus, Anpassung und Unsichtbarkeit aufrechtzuerhalten. Mit der neuen und gesunden Liebesbeziehung mit einer stabilen Partnerin fand eine Befreiung in vielfacher Hinsicht statt: Verabschiedung der Erwartungen aus dem Elternhaus und der Gesellschaft, Annäherung an die eigene Identität, Erleben von Authentizität und Selbstakzeptanz, die gerade hochbegabte Frauen mit traumatisierter Begabung schwerfällt, sowie die selbstgewählte Lebensgestaltung.

An Kristinas Lebensgeschichte ist erkennbar, wie schwer es sein kann, sich seiner Identität zu nähern, und welche Umwege es manchmal braucht, sich selbst zu verstehen und zu akzeptieren. Kristina hat einen bemerkenswerten Mut, ihr Leben unkonventionell zu gestalten und zu sich zu stehen. Möglicherweise musste sie den sehr steinigen Weg im Leben gehen, um sich ihrer gewahr zu werden. Heute lebt sie ein sehr zufriedenes Leben, ist beruflich wie privat gefestigt. Bei allem noch bestehenden Selbstzweifel, den spät erkannte Frauen noch haben, hat Kristina viel Stärke bewiesen und steht in der Mitte des Lebens.

3.3.2 Kulturelle und sozioökonomische Diversität

> »People who have benefited from being white, or male, or wealthy, or living with their nation's citizenship and major language are often blind to what it is like not to have the extra advantages that come along with being the dominant people in a society – the ones with power.«[29] (Kerr & McKay 2014, S. 242)

Viele verschiedene soziale und psychische Faktoren spielen eine Rolle im Leben eines Menschen und haben Auswirkungen auf ein

---

29 Menschen, die davon profitiert haben, weiß oder männlich oder wohlhabend zu sein oder mit der Staatsbürgerschaft und der Hauptsprache ihres Landes zu leben, sind oft blind dafür, wie es ist, nicht die zusätzlichen Vorteile zu haben, die damit einhergehen, die dominierenden Menschen in einer Gesellschaft zu sein – diejenigen mit Macht. (Übersetzung A. D.)

privilegiertes oder weniger privilegiertes Leben: Geschlecht, Ethnie, sozioökonomischer Status, Sprache, sexuelle Orientierung, Staatsangehörigkeit, Religion, Alter, physische Attraktivität (im Sinne der vorherrschenden Schönheitsideale), geografische Lage, gesundheitliche Verfassung, der Einfluss der Hormone (Menstruation, Schwangerschaft und Klimakterium) und Intelligenz.

Hochbegabte Kinder und Heranwachsende mit Migrationshintergrund stehen vor vielfältigen Herausforderungen. Für die Entwicklung neuer notwendiger pädagogischer Konzepte und das Selbstverständnis Hochbegabter ist es wichtig, für dieses Thema ein Bewusstsein in der Gesellschaft zu schaffen und genauer hinzusehen, wie sich kulturelle und soziökonomische Diversität desaströs auf hochbegabte Kinder und Jugendliche, insbesondere auf Mädchen und Frauen in ihrer psychosozialen Entwicklung auswirken kann.

Gomolla & Radtke (2009) zeigen eindrücklich, wie Kinder und Jugendliche mit Migrationshintergrund systematische Ungleichbehandlung erfahren, wie beispielsweise bei der Schulzuweisung. Gerade Plätze an besonders begehrten Schulen werden Schüler:innen mit Migrationshintergrund besonders häufig verwehrt, wobei der Legitimation solcher Abweisungen rassistische und kulturalisierende Zuschreibungen dienen. Beim Übergang in die Sekundarstufe wird selbst bei guten Noten vermehrt der Besuch der Real- oder Mittelschule empfohlen mit der Begründung, ohne perfekte Deutschkenntnisse sei kein Erfolg auf dem Gymnasium möglich. Die Studie verdeutlicht die Praktiken institutioneller Diskriminierung, die strukturell ein feinmaschiges Netz entstehen lässt, das Kindern mit kultureller und sozioökonomischer Diversität wenig Chancen lässt.

Die Indikatoren für das Lern- und Leistungsvermögen werden durch den sprachlichen und soziokulturellen Hintergrund definiert. Die gesamte Schullaufbahn ist geprägt durch eine Schul- und Sprachfähigkeit, die deutschsprachigen, im weitesten Sinne christlich sozialisierten Mittelschichtskindern entsprechen. Auch mit Blick auf sozioökonomische Verhältnisse spiegeln sich im deutschen Schulsystem ungleiche Gesellschaftsverhältnisse und Zugangsmöglichkeiten wider. Die Berufe der Eltern bzw. ihre sozioökonomischen

Verhältnisse sind ein aussagekräftiger Prädikator für die schulische Laufbahn eines Kindes.

In Deutschland haben v.a. internationale und nationale Schulleistungsvergleiche das große Gefälle in den Schulerfolgen entlang der Trennlinien soziale Herkunft, Migrationshintergrund und Geschlecht ins öffentliche Bewusstsein gerückt. Sie haben eindrücklich gezeigt, dass die bisherigen politischen und pädagogischen Strategien im Umgang mit sprachlicher und sozio-kultureller Heterogenität zu kurz greifen. Kindergärten, Schulen und andere Bildungseinrichtungen sind mit ihren Organisationsstrukturen höchst aktive Teilnehmer in der Verfestigung sozialer Unterschiede in den Bildungskarrieren junger Menschen (Gomolla, Internetbeitrag 2008).

Die Erklärung für mangelnden Schulerfolg von Migrantenkindern wird in der öffentlichen Diskussion überwiegend in Defiziten der betroffenen Kinder, ihrer familiären Umwelt und Kultur gesucht (Gomolla, Internetbeitrag 2008). Kulturalisierende Annahmen in der Tradition einer Defizitperspektive werden zum ausschlaggebenden Prognosekriterium. Hochbegabten Kindern aus Familien mit Einwanderungsgeschichte fehlt aufgrund der Unterschiede in den kulturell tradierten Werten der entsprechende Habitus der Aufnahmegesellschaft, die Kenntnis über den richtigen Verhaltenskodex der Mehrheitsgesellschaft. Bei gleichen Leistungen haben sie es deutlich schwerer als ihre Mitschüler:innen aus bildungsnahen deutschen Familien.

In Deutschland gibt es inzwischen eine Sensibilisierung von Lehrkräften und Eltern für das Thema Hochbegabung, doch wenn es um hochbegabte Kinder mit Migrationshintergrund geht, herrscht tragischerweise immer noch Defizitorientierung. Kernproblem der Begabungsforschung ist der Ethnozentrismus. Gebräuchliche Hochbegabungskonzepte, wie sie in aller Regel von der Mittel- und Oberschicht definiert sind, haben für Kinder mit Zuwanderungsgeschichte ungleiche Auswahlchancen zur Folge. So werden Menschen, die sprachlich-kulturell und systemisch anders sozialisiert sind, durch die vorherrschende kulturelle Brille beurteilt, und die Sichtbarkeit ihrer kognitiven Fähigkeiten wird verschleiert. Begabungs- und Intelligenzkonzepte sowie Vorstellungen von intelligentem Handeln unterscheiden sich von Kultur zu Kultur und werden vom Weltbild der Wissenschaft beeinflusst und determiniert.

Eltern chinesischer und japanischer Herkunft in den USA beispielsweise kennen aus ihren Heimatländern ein konkurrenzbetontes Bildungssystem und ermutigen daher ihre weiblichen Kinder, in der Schule besonders fleißig zu sein. Sie glauben dabei, dass die Fähigkeiten der Lehrerschaft und der Fleiß der Schüler:innen – und nicht die angeborene Intelligenz – den schulischen Erfolg der Kinder bestimmen. Beim Studium erwarten sie, dass sie sich für hochrangige Berufe entscheiden, insbesondere in den Bereichen Medizin, Recht und Ingenieurwesen. Im Gegensatz dazu entspricht die Erwartung der Eltern von weiblichen Ureinwohnern in den USA genau dem Gegenteil. Kerr & McKay (2014) bezeichnen begabte indigene Mädchen als die am meisten vernachlässigte Minderheitengruppe im amerikanischen Bildungssystem und weisen darauf hin, dass ihre kulturellen Überzeugungen sie oft dazu verleiten, ihre intellektuellen Fähigkeiten zu verbergen. Hier ist der Erfolg definiert durch die Integration in das akzeptierte kulturelle Milieu der Gemeinschaft mit allen denkbaren Restriktionen für Mädchen und Frauen.

> »Most important, they had the power that comes from an inner passion; falling in love with an idea at an early age seems to provide the strength and resilience needed. We suggest that falling in love with an idea and discovering a purpose in life might work in combination with other special advantages to help a smart girl overcome the ravages of poverty.«[30] (Kerr & McKay 2014, S. 254)

Der defizitäre, meist unbewusste Blick der Pädagogik, Eltern und der Gesellschaft haben die größte Auswirkung auf das Leben hochbegab-

30 Vor allem aber verfügten sie über die Kraft, die einer inneren Leidenschaft entspringt; sich in jungen Jahren in eine Idee zu verlieben, scheint die nötige Stärke und Widerstandsfähigkeit zu verleihen. Wir vermuten, dass das Verliebtsein in eine Idee und die Entdeckung eines Lebenszwecks in Kombination mit anderen besonderen Vorteilen dazu beitragen können, dass ein intelligentes Mädchen die Folgen der Armut überwindet. (Übersetzung AD)

ter Kinder und Jugendlicher. Forschungen zeigen, dass die Erwartungen der Lehrkräfte eine besondere Rolle für den Erfolg von Schulkindern spielen. Am bekanntesten sind der Pygmalion- und der Golemeffekt, die außergewöhnliche Leistungszuwächse bzw. -abfälle aufgrund positiver bzw. negativer Erwartungen der Lehrkräfte beschreiben. Besonders begabte Kinder sind abhängig davon, ob Eltern und Lehrer ihre Begabung erkennen.

Viele zugewanderte Familien tradieren Werte und Gepflogenheiten, die mit der Aufnahmegesellschaft in Widerstreit sein können und zur Zerrissenheit bei Heranwachsenden führen, die sich in vielerlei Hinsicht dysfunktional auswirken, den Kindern eine Integration erschweren und sie in der Entwicklung ihres Potenzials hemmen. Auch die Assimilationsängste zugewanderter Eltern müssen daher ins öffentliche Bewusstsein rücken, denn der Bildungserfolg von Zugewanderten hängt auch davon ab, wie Eltern und Kinder ihre Einwanderungserfahrungen bewerten.

Es kommt oft vor, dass zugewanderte Eltern das Potenzial ihrer Kinder unterschätzen und keine Kenntnis des Phänomens Hochbegabung haben. Mangelnde Bildung oder auch das fehlende Bewusstsein für Hochbegabung in der Ursprungskultur können Gründe für eine erschwerte Identifizierung hochbegabter Kinder sein. Die Begriffe Begabung und Hochbegabung sind im deutschsprachigen Raum vornehmlich kognitiv konnotiert. In kollektivistisch ausgerichteten Kulturen hingegen wird persönliches Erfolgsstreben nur bei gleichzeitigem Nutzen für die eigene Identifikationsgruppe gebilligt. Ferner spielt in vielen Kulturen die Lehrkraft als Autorität eine große Rolle. Die Artikulation von Standpunkten, die mit älteren Gruppenmitgliedern nicht konform sind, kommt einem Verstoß gegen gesellschaftliche Konventionen gleich. Eine eigenständige Meinungsbildung ist Kindern und Jugendlichen dieser Kulturkreise fremd. Sie müssen folglich erst eine Streitkultur erlernen, in der es um Argumentation geht und die Lehrkraft nicht primär als Autoritätsperson, sondern als Lernbegleitung gesehen wird.

Vor allem Sprachdefizite werden von Lehrkräften häufig irrtümlich als Anzeichen geringerer Begabung interpretiert und führen zu geringeren Erwartungen. Defizite der Sprachkenntnisse sind nicht mit mangelnder Intelligenz zu verwechseln. Als Faustregel gilt: Wenn wir in einer Fremdsprache denken müssen, ist unser IQ um etwa 15 IQ-Punkte reduziert, bis wir schließlich die Fremdsprache genügend beherrschen.

Welche Auswirkungen haben diese Umstände auf die psychosoziale Entwicklung von hochbegabten Mädchen und Frauen? Das Lebensgefühl (hoch-)begabter Heranwachsender mit Zuwanderungsgeschichte ist nicht selten geprägt von ernsthaften Identitätsproblemen, wie sie auch von Kindern und Jugendlichen mit Migrationshintergrund ohne außergewöhnliche Begabungen bekannt sind. Die kulturell und/oder religiös bedingten Schwierigkeiten verstärken bei Hochbegabten das Gefühl der Zerrissenheit zwischen zwei Welten und stellen vielleicht ein zentrales Problem im Leben der Heranwachsenden dar. Der Peergroup, die denselben Identitätsfindungsprozess durchläuft, kommt hier eine besondere Bedeutung als Sozialisationsinstanz zu. Werden in der Peergroup schulische Leistungen nicht geschätzt, verschleiern insbesondere hochbegabte Mädchen ihre Fähigkeiten bewusst, um Akzeptanz zu finden. Um sich weiterentwickeln zu können, müssen sie aus ihrer Peergroup ausbrechen und sich manchmal auch von ihrem Kulturkreis distanzieren. Zurückweisung und Nichtakzeptanz im eigenen Kulturkreis oder der Familie verstärken die innere Zerrissenheit und die Identitätsfindung und können zu Depressionen und im schlimmsten Fall zu Suizidalität führen.

Hochbegabte Kinder und Jugendliche mit Migrationshintergrund fühlen sich mit dem noch fehlenden kulturellen Kapital der Aufnahmegesellschaft für das (Schul-)Leben nicht ausreichend ausgerüstet. Gravierende Identitätsprobleme, psychosoziale und gesundheitliche Schwierigkeiten sind nicht selten die Folge. So berichten verstärkt Mädchen von Sozialphobien wie beispielsweise der sehr seltenen Kommunikationsstörung Mutismus, die nicht allein auf einen kulturellen Schock hinweist, sondern sich durch Perfektionismus und ein hohes Anspruchsniveau erklärt. Diese Mädchen beginnen in der neuen Sprache erst dann zu sprechen, wenn sie ihre Struktur und den Wortschatz perfekt beherrschen. Die vielen Nachteile, mit welchen diese Kinder konfrontiert sind, können ihre Fähigkeiten gravierend verändern und sie zu unauffälligen Underachievern machen.

Während Mädchen aus der Mittelschicht über einen größeren Wortschatz, die Fähigkeit, ihre Meinung zu äußern, und ein allgemeines Anspruchsdenken verfügen, das ihnen im Klassenzimmer zugutekommt, sind Mädchen aus sozioökonomisch benachteiligten Verhältnissen in ihren Interaktionen mit der Schule eingeschränkt. Wirksame weibliche Vorbilder und Mentorinnen sind für begabte Mädchen aus einkommensschwachen Familien nur selten verfügbar. Auch das Bundesministerium für Bildung und Forschung (BMBF 2006) bestätigt die Benachteiligung von hochbegabten Mädchen in Gesellschaft und Bildungswesen Jungen gegenüber durch geringere Aufmerksamkeit und Förderung.

Sexismus und Rassismus werden als externe und interne Hindernisse für die Förderung begabter Mädchen und Frauen eingestuft. Zu den externen Hindernissen gehören die Stereotypisierung der Geschlechterrollen in Elternhaus und Schule, die Gewöhnung an die Ungleichheit zwischen den Geschlechtern, der Mangel an Vorbildern und Mentorinnen sowie der Traditionalismus der Geschlechterrollen. Kontextbedingte Faktoren führen häufig zu internen oder zwischenmenschlichen Hindernissen, wie z.B. Gefühle der Unsicherheit, Selbstzweifel, Selbstkritik, herabgesetzte Erwartungen und Angst vor Erfolg. All diese Faktoren können die Selbstwirksamkeit von Frauen in ihrem persönlichen, akademischen und beruflichen Leben beeinträchtigen. Es ist jedoch zu beobachten, dass die erschwerte diskriminierende Belastung durch die patriarchalisch geprägte Ursprungskultur die begabten Mädchen erkennen lässt, dass Bildung der einzige Weg ist, um das Ursprungsmilieu zu verlassen und sich frei zu entwickeln.

Eine Herausforderung für das Bildungswesen ist es heute, den Bedürfnissen begabter Mädchen und Frauen strukturell gerecht zu werden. Es müssen zwingend Maßnahmen zur Förderung der kulturellen und wirtschaftlichen Vielfalt systemisch und strukturell erfolgen. Das Verständnis und die Unterstützung von Schülerinnen mit unterschiedlichem Hintergrund erfordern die Beachtung des breiteren sozialen Kontexts. Die Kenntnis der kulturellen Werte,

Überzeugungen und Praktiken derjenigen, die Einfluss auf begabte Mädchen und Frauen haben, wie z.B. Eltern, Verwandte und Gemeindeglieder, ist entscheidend. Um der immensen Last und Benachteiligung hochbegabter Mädchen und junger Frauen entgegenzuwirken, ist ein breites Wissen aus den Bereichen Pädagogik, Psychologie und Soziologie ebenso erforderlich wie interkulturelle Kompetenzen.

Der Abbau von Stereotypen bezüglich des Geschlechts und der sozialen, kulturellen und religiösen Herkunft kommt sowohl Frauen als auch Männern zugute, da sie ihre Talente ausleben können, ohne Gefahr zu laufen, gegen strenge soziale Normen zu verstoßen. Dies kann Mädchen und Frauen, die einer Minderheit angehören, ermutigen, Karrieren in Bereichen zu verfolgen, in welchen es nur wenige oder gar keine Vorbilder gibt. Ob es sich um Hochbegabte mit oder ohne Einwanderungsgeschichte handelt, langfristig geht es darum, umfassende Bildungsprozesse zu entwickeln, eine neue Kultur der Begabungsförderung zu schaffen und wissenschaftliche Expertise mit schulischem Praxiswissen systematisch zu vernetzen durch Mentoring, bildungspolitische Arbeit, die Weiterbildung von Lehrkräften, Begabungsforschung und Netzwerkarbeit.

Am Beispiel der Lebensgeschichte einer jungen, dynamischen und erfolgreichen Frau werden die massiven Einschränkungen durch die Prägung ihres sozioökonomischen und kulturellen Milieus und eines begabungsunsensiblen schulischen Umfelds sichtbar.

Fallbeispiel: Aida, 38 Jahre

- Geisteswissenschaftlerin, Tätigkeit an einer Universität
- Verdacht auf Hochbegabung, nicht getestet
- Multiple Diversität: Frau, hochbegabt, Migrationshintergrund, exotische Religion und Name, soziale Benachteiligung in der Kindheit, von Scheidung und Kriegstraumata gebeutelte Familie
- Absolut keine Förderung bei maximaler Leistung mit hervorragenden Schul- und Studienergebnissen
- Extreme geistige Flexibilität und Vielseitigkeit

- Extrem hoher Leistungsanspruch: Perfektionismus und Super-Woman-Komplex
- Zerrissenheit zwischen sozialisationsbedingter Angepasstheit als Mädchen und Frau und Bedürfnis nach Sichtbarkeit und sozialem Erfolg
- Rassismus und Sexismus
- Gefühl der Benachteiligung als (hochbegabte) Frau: »Die biologische Uhr tickt«

Gleich zu Beginn muss ich sagen, dass ich mich selbst nicht als hochbegabt sehe. Und ich wette, dass ich auch einen IQ Test nicht überdurchschnittlich abschließen würde. Ich kann mich vielleicht als **geistig flexibel** und **wissbegierig** beschreiben, im Vergleich zu anderen habe ich vielleicht auch eine **schnellere Auffassungsgabe** und kann **vernetzter denken. Ich habe ein gutes Gespür für Menschen, Dynamiken und Stimmungen und kann die Entwicklung von Dingen oft gut vorausahnen.** Auch die Stimmung anderer Menschen überträgt sich schnell auf mich; ich kann mich nur schwer von negativen Emotionen anderer schützen. Allerdings sehe ich das nicht als Beleg für eine Hochbegabung. Ich habe keine besonderen Talente, außer jenes, gut mit schwierigen Lebensumständen umgehen zu können. Wenn ich eine Superkraft habe, dann ist es diese.

Was ich definitiv sagen kann, ist, dass ich mich von klein auf als anders empfunden habe. Anders im Sinne von außenstehend und allein und anders im Sinne von gesegnet. Ich galt als pfiffiges Kind, konnte mit ca. sieben Monaten laufen und mit rund einem Jahr sprechen. Ich bin zweisprachig aufgewachsen und habe im Kindergarten festgestellt, dass ich englische Worte kenne, ohne zu wissen woher. Ich wurde in eine Familie hineingeboren, die zum Zeitpunkt meiner Geburt zu zerfallen begann. Bei uns zu Hause herrschte eine erdrückende Stimmung. Ich bilde mir ein, mich gut an dieses Gefühl erinnern zu können, obwohl ich noch ein Kleinkind war. Ich wuchs auf in einer Arbeitersiedlung eines Stadtteils, den man als sozialen Brennpunkt bezeichnen kann. Mich zog ein alleinerziehender, narzisstischer und tief in seinem

Ego gekränkter Mann auf. Er inszenierte sich als bemitleidenswerter, fürsorglicher alleinerziehender Vater und wollte mich zu einem Vorzeigekind machen. Tatsächlich war er liebevoll zu mir, er hatte jedoch extrem hohe Erwartungen an mich und war nicht in der Lage, sich gut um mich zu kümmern. Er war sozial sehr engagiert und nahm viele Geflüchtete auf, die zu dieser Zeit aufgrund des Krieges in seinem Heimatland nach Deutschland kamen. Ich wuchs in einem Haushalt mit ständig wechselnden Bezugspersonen und Bewohnern auf.

In meiner Grundschulzeit galt ich als sehr vorlautes Kind, ich war albern, habe im Unterricht gestört, Autoritäten nicht wirklich akzeptiert und trotzdem gute Leistungen erbracht. **Die erste Klasse hätte ich problemlos überspringen können, bei der Einschulung konnte ich bereits lesen und schreiben, sodass ich mich im Unterricht langweilte, Bilder malte und anderen Kindern Zusatzaufgaben nach dem Vorbild unserer Schulbücher erstellte.** Ich wollte Klavier und Geige spielen lernen, was mir aufgrund der geringen finanziellen Mittel meines Vaters nicht möglich war, zumal er auch nichts davon hielt.

Ich war umgeben von Erwachsenen, Kinder galten in der Regel als schlechter Einfluss, und Geld für Spielsachen, Freizeitaktivitäten, Urlaube oder anderes gab es nicht. **Gefördert wurde ich in dieser Zeit weder von meiner Grundschule noch von meinen Eltern**. Von Lehrern wurde ich eher für mein aufmüpfiges Verhalten gemaßregelt und von meinen Eltern als Gegenstand ihres Scheidungskrieges behandelt. **Mein Grundschulzeugnis bestand aus vielen Einsern und Zweiern. Dennoch wurde keine uneingeschränkte Gymnasialempfehlung für mich ausgesprochen, sodass ich auf eine Gesamtschule kam. Ich war das einzige Kind aus meiner Klasse, das dort auf den Gymnasialzweig kam.**

Ich war ca. zehn Jahre alt, als ich von heute auf morgen allein mit meinem Vater blieb. Nachmittags ging ich in einen Hort. Das war der einzige Ort für mich, an dem ich Kind sein konnte, ich war sehr gerne dort. **In der Schule war es schwierig, ich traf auf Kinder aus sehr privilegierten Verhältnissen, die auf**

viele Arten gefördert und in ihrer Entwicklung unterstützt wurden, im Gegensatz zu mir. In dieser Zeit hätte ich tatsächlich zum ersten Mal Hilfe beim Lernen gebraucht. Mir fielen die fünfte, sechste und siebte Klasse unglaublich schwer. Ich erinnere mich daran, dass ich oft Kopfschmerzen hatte. **Ich musste mich allein um den Haushalt kümmern, aß nicht besonders gesund und regelmäßig, hatte kaum Geld für Lebensmittel, Kleidung oder Spielsachen, um mit den anderen Kindern mithalten zu können.** Außerhalb der Schule durfte ich kaum Kontakt zu meinen Mitschülern aufbauen oder wirklich Freundschaften pflegen. Ich hatte immer wieder enge Freundinnen, doch über meine gesamte Schulzeit empfand ich mich als **Außenseiterin.**

Mein Vater heiratete seine zweite Frau, als ich in die Pubertät kam. Die Frau sprach kein Deutsch, kannte sich nicht in Deutschland aus und hatte außer uns kaum weitere Kontakte. Ich war also ab sofort nicht mehr für den Haushalt zuständig, aber dafür für die Betreuung meiner Stiefmutter. Da der Krieg inzwischen beendet war, konnten wir nun auch wieder unsere Familie besuchen. Nahezu alle Sommerferien verbrachte ich bei meiner Familie im Ausland.

Mir war wichtig, Anschluss zu finden, also gab ich mir Mühe, die **Sprache fehlerfrei** zu lernen. Doch auch das war von Zerrissenheit und Sehnsucht geprägt, da ich nach den Ferien wieder zurück nach Deutschland musste. Die Nähe zum Heimatland meiner Eltern suchte ich in Deutschland über Literatur und Musik und besuchte ca. fünf Jahre lang freiwillig den muttersprachlichen Unterricht.

Ab der achten Klasse zählte ich zu den Klassenbesten und wurde jedes Jahr zur Klassensprecherin, in der Oberstufe sogar zur Schulsprecherin gewählt. Jedoch nicht, weil ich besonders beliebt war, sondern weil ich mich traute, mich gegenüber den Lehrkräften für die Belange der Schüler einzusetzen. Vor der Oberstufe erkundigte ich mich bei meinem Klassenlehrer, ob es möglich sei, eine Klasse zu überspringen. Er lehnte ab, da ich kein Überflieger sei und er nicht verstehen könne, warum ich unbedingt meine

Schulzeit verkürzen wolle. Schließlich machte ich das zweitbeste Abitur meines Jahrgangs.

Ich zog gegen den Willen meines Vaters von zuhause zum Studieren aus, schließlich brach er den Kontakt zu mir ab. Die Entscheidung, zu studieren, fiel mir sehr schwer. Ich wusste nicht, ob ich wirklich in der Lage bin, ein Studium zu meistern. **Zu gerne wäre ich Psychologin, Ärztin oder Anwältin geworden**. Doch ich traute mich nicht, diese Studiengänge zu belegen, auch wenn meine Noten dafür ausgereicht hätten. Ich wählte ein geistes- und sozialwissenschaftliches Studium und kam damit sehr gut zurecht, obwohl ich während des gesamten Studiums nebenher arbeitete. **Wie schon zu Schulzeiten war nicht das Lernen mein Problem, sondern eher meine Lebensumstände und Bezugspersonen. Der Kontaktabbruch meines Vaters machte mir sehr zu schaffen und ich hatte eine Beziehung zu einem jungen Mann begonnen, der aus einer dysfunktionalen und traumatisierten Familie stammte, sehr belastet und spielsüchtig war.** Gegen Ende des Studiums bekam ich zum ersten Mal in meinem Leben Lernblockaden und Prüfungsängste. Hinzu kamen Existenzängste, da ich keinen Anspruch auf ein Stipendium mehr hatte und das Lernen neben meinen vielen Jobs in den Hintergrund geriet. Schließlich begann ich mit einer Therapie, die mir durch diese Zeit half. Ich verließ den Freund und **beendete das Studium mit einer sehr guten Note.**

Der Einstieg in mein Berufsleben gestaltete sich holprig. Ich hatte viele Berufswünsche, wusste aber nicht, wie meine Chancen stehen. Auch hier fehlte mir wieder jegliche Orientierung, und aus Angst, nichts zu finden, nahm ich das erstbeste Jobangebot an. Schnell wurde mir klar, dass ich ausgenutzt werde. Nach drei Monaten konnte ich mich dank der Therapie schnell fangen, kündigen und mir einen anderen Job suchen. In der Zwischenzeit hatte ich einen neuen Partner, der sich als Kopie meines narzisstischen Vaters erwies. Wir standen uns sehr nahe, waren uns sehr ähnlich, begleiteten uns in unserer beruflichen Entwicklung, kämpften aber aussichtslose Egokämpfe aus. Auch diese Beziehung kostete mich sehr viel Kraft, vier Jahre später beendete ich sie

Beruflich ging es für mich weiter bergauf, bis ich in einer politischen Institution landete. Die Aufgaben waren sehr relevant, und der Job war in gewisser Weise mit Prestige verbunden. Inhaltlich langweilte ich mich aber sehr. Mein Engagement war zwar gern gesehen, man bot mir jedoch keinerlei Entwicklungsmöglichkeiten, sondern hielt mich klein. Ich musste hart dafür kämpfen, und mir wurden mehr und mehr Steine in den Weg gelegt – ausgerechnet von den beiden mir vorgesetzten Frauen. Schließlich brach ich zusammen und bekam die Diagnose Burnout. Kurz davor war ich gerade eine Beziehung mit einem neuen Partner eingegangen. Die Ängste vor der neuen Beziehung und die Hürden im Job waren zu viel, ich musste für mehrere Monate aus dem Verkehr gezogen werden.

Aus der Krankheit wurde ein Neuanfang, ich kündigte und begann eine viel sinnhaftere Stelle, in der ich benachteiligte Menschen unterstützen durfte. Hier habe ich meine Berufung gefunden. Doch auch hier war meine Vorgesetzte nicht bereit, mich trotz meiner sehr guten Leistungen weiter zu fördern. Heute bin ich in einem Arbeitsumfeld, das wesentlich kollegialer ist und in dem die Vorgesetzten mein Vorankommen begrüßen. Die Herausforderung liegt nun bei mir, mich selbst zu steuern zwischen meinen eigenen Ansprüchen und den an mich gestellten Erwartungen.

Gesetzt den Fall, dass eine Hochbegabung bei mir vorliegt, war sie im Kleinkind- und Grundschulalter am ehesten sichtbar. Von diesem Alter an hat es mich so viel Energie gekostet, mit den ständig wechselnden Rahmenbedingungen und **belastenden Lebensumständen und Schicksalen** um mich herum zurechtzukommen, dass dies meine ganze emotionale und kognitive Kapazität in Anspruch genommen hat. Erst als sich meine Lebensumstände nach und nach stabilisierten, sind auch meine schulischen Leistungen wieder sehr gut geworden. Aus meiner Sicht ist es auch bei begabten Menschen sehr wichtig, in welchem Umfeld sie leben. **Es macht einen Unterschied, ob eine Begabung auf fruchtbaren Boden oder auf einen steinigen Acker trifft. Vielleicht zeigt Hochbegabung sich auch**

daran, was man unter schwierigen Bedingungen daraus macht.
Meine Leistungen wurden selten gesehen oder gefördert, das hat mich sehr unsicher gemacht. Ich habe kein Gefühl dafür, wann etwas gut ist und brauche eine Orientierung von außen, um die Erwartungen an eine Aufgabe einschätzen zu können. Wenn ich diese nicht habe, leiste ich immer mehr, weit über meine eigenen Kapazitätsgrenzen hinaus. Dies bemerke ich leider meist erst, wenn es schon zu viel für mich ist.
Ich spüre, dass ich den Mut schnell verliere, wenn ich mich in meinem Umfeld nicht gesehen fühle oder auf Gegenwind stoße. So gefestigt in meinem Selbstwertgefühl, wie ich es gerne wäre, bin ich leider noch immer nicht. An schlechten Tagen macht sich manchmal auch ein **Gefühl der Trauer und des Frustes um mögliche verpasste Gelegenheiten** breit. Mit einem stabileren Umfeld oder etwas mehr positiver Bestärkung und Förderung hätte ich es einfacher haben oder weiterkommen können.
Die Tatsache, dass ich nicht nur mit einem fremd klingenden Namen, mit einer exotischen Religion, in einem zerrütteten Elternhaus und in einem wirtschaftlich schwachen Arbeiterhaushalt, sondern auch noch als Frau auf die Welt gekommen bin, machte es mir auf meinem Weg natürlich nicht einfacher. Vor allem im Berufsleben ist mir aufgefallen, dass meine Stimme weniger zählt. Ich muss lauter sprechen, pointierter, effizienter und schneller sein, um mich gegen männliche Gesprächspartner durchsetzen zu können. Weibliche Kolleginnen und Vorgesetzte sind mir oft mit Missgunst begegnet. Ich habe oft verdeckten und subtilen Rassismus und Sexismus erlebt.
Wenn das klassische Familienmodell und Verständnis von Frausein mir nicht als selbstverständlich eingetrichtert worden wären, wäre ich viel freier und mutiger in so mancher Lebensentscheidung gewesen.

Aidas Herausforderungen

Aida ist weiblich, hochbegabt und unterschätzt. Mit der Herkunft der Eltern ist sie vielfach divers: exotischer Name, exotische Religion. Sie ist Leistungsträgerin, Perfektionistin, die es allen recht machen möchte, hoch hinaus will und nach außen kaum sichtbare Spuren ihrer Prägung trägt, die manchmal leise im Hintergrund ertönen.

An Aidas Lebensgeschichte sind die massiven Einschränkungen durch die Prägung ihres soziokulturellen Milieus und eines begabungsunsensiblen und diskriminierenden schulischen Umfelds sichtbar. Als Mädchen hatte sie einen ungünstigen Start ins Leben in einer Familie, die vor der Scheidung stand und mit den Folgen von Kriegen in der Heimat tagtäglich zu leben hatte. Allein dieser Umstand sowie das Aufwachsen mit einem schwierigen Vater und einer steten Sehnsucht nach der Mutter sind Lebensumstände, die viele Menschen würde zerbrechen lassen.

Aidas außerordentliche Kompetenzen und Überlebensfähigkeiten haben sie nicht nur ihre Kindheit und Jugend überleben lassen, sondern sie zu einem lebensbejahenden Menschen mit einem privilegierten Leben in Unabhängigkeit, Selbstbestimmung und Freiheit befähigt. Schauen wir uns ihre typischen Merkmale für Hochbegabung an und die Schwierigkeiten, die aus einer nicht erkannten und nicht geförderten Hochbegabung hervorgehen:

- Hohe geistige Flexibilität und Auffassungsgabe
- Vernetztes Denken
- Gutes Gespür für Menschen und Dynamiken
- Fähigkeit der Vorausahnung
- Frühes Gehen (mit sieben Monaten)
- Gefühl des Anders- und Ausgegrenztseins
- Perfektionismusfalle
- Super-Woman-Komplex
- Overchoice-Syndrom
- Burnout-Gefahr
- Geringes Selbstvertrauen, steter Selbstzweifel

Die nachteilhaften Faktoren der soziokulturellen Diversität, die Aida in ihrer Entwicklung gehemmt haben, hier im Überblick:

- Soziale Benachteiligung einer Kindheit im Brennpunkt und eine Diskrepanz zum bürgerlichen privilegierten Leben in der Schulklasse
- Eine vom Krieg gezeichnete Familie und das Scheidungstrauma
- Institutionelle Diskriminierung: Unsichtbarkeit als ausländisches, begabtes Mädchen und minimale bis keine Förderung bei maximalen Ergebnissen in Schule und Studium
- Mangelndes Zutrauen in einen ordentlichen bürgerlichen akademischen Beruf
- Exotische Religion und Name
- Rassismus und Sexismus
- Zerrissenheit zwischen sozialisationsbedingter Angepasstheit als Mädchen und Frau und Bedürfnis nach Sichtbarkeit und sozialem Erfolg

Auch in Aidas Lebensgeschichte spielten verschiedene soziale und psychische Faktoren eine Rolle und hatten Auswirkungen auf ihre Biografie: Geschlecht, Ethnie, sozioökonomischer Status, Sprache, Staatsangehörigkeit und Religion.

Wie einige hochbegabte Kinder mit Migrationshintergrund stand Aida vor vielfältigen Herausforderungen. Offenbar gab es in den späten 1980er und den 1990er Jahren der deutschen Großstadt, in der Aida aufgewachsen ist, weder ein Bewusstsein für Begabungsthemen noch für die Notwendigkeit pädagogischer inklusiver Konzepte, obgleich schon seit zwei Jahrzehnten Gastarbeiter mit ihren Kindern das Land bewohnten.

Gomollas (Internetbeitrag 2008) Feststellung zur institutionellen Ungleichbehandlung von Kindern mit Migrationshintergrund macht sich an Aidas Beispiel bemerkbar: Trotz sehr guter Leistungen, Unterforderung und Langeweile wurde ihr ein Wechsel in die nächsthöhere Klasse der Grundschule nicht angeboten. Und trotz Erfüllung aller Voraussetzungen bekam sie keine uneingeschränkte Empfehlung für das Gymnasium.

Aida hat sich als Grundschulkind und junge Gymnasiastin ganz alleine und ohne jegliche Förderung, trotz vieler Restriktionen durch den strengen Vater und die prekären Verhältnisse, Zugangsmöglichkeiten zum gesellschaftlichen Code und einem exzellenten Deutsch auf Muttersprachniveau autodidaktisch erarbeitet und ist bald Schulsprecherin geworden.

Zwar galt sie bei den Lehrern nicht als Überflieger, machte jedoch das zweitbeste Abitur. Das ist ironisch und tragisch zugleich. Die Indikatoren für das Lern- und Leistungsvermögen werden durch den sprachlichen und soziokulturellen Hintergrund definiert. Das Mädchen erreichte allen Widrigkeiten zum Trotz relativ zügig ein außergewöhnlich hohes Leistungsniveau, obgleich sie durch die Brille der soziökonomischen Verhältnisse ihres Vaters und seines exotischen Nachnamens gesehen wurde.

Wie viele ähnlich begabte Kinder und Kinder, die nicht im Bereich der Hochbegabung liegen, aber überdurchschnittlich intelligent sind, überschreiten diese soziokulturelle Barriere der Aufnahmegesellschaft nicht? Wie viele unglückliche Menschen produziert solch ein System, das Inklusivität propagiert, aber eine unbewusste ethnozentristische Selektion praktiziert? Wieviel Potenzial verlieren Gesellschaft, Politik und Wirtschaft auf diese Weise?

Die Erklärung für mangelnden Schulerfolg ist natürlich zunächst in den Familien zu suchen, und gleichzeitig sehen wir an dieser Lebensgeschichte, dass Bildungseinrichtungen aktive Teilnehmer einer unsichtbaren Segregation sind, dabei aber die pädagogische und gesellschaftliche Aufgabe haben, Generationen für ein gelungenes Leben auszubilden. Der defizitäre, meist unbewusste Blick der Pädagogik, Eltern und der Gesellschaft haben die größte Auswirkung auf das Leben hochbegabter Kinder und Jugendlicher. Die Trennlinie »soziale Herkunft, Migrationshintergrund und Geschlecht« muss insbesondere mit Blick auf die weiteren anstehenden demografischen Entwicklungen und die Folgen des immer größer werdenden Fachkräftemangels aufgehoben werden.

Nicht nur impliziten Rassismus, auch Sexismus erlebte Aida, indem sie Stereotypisierungen der Frauenrolle durch ihre Erziehung unterlag und zu einem gehorsamen, tüchtigen Mädchen erzogen wurde, das sich anpasst und so ganz im Gegensatz zu ihrer lebendigen und extravertierten Persönlichkeit steht. Aida hat sehr viel Resilienz bewiesen, viele Konflikte und Stresssituationen bewältigt und hatte dabei keine Vorbilder und Mentorinnen. All diese kontextbedingten Faktoren führten zu internen Hindernissen, wie z. B. Gefühlen der Unsicherheit, Selbstzweifeln, Selbstkritik, Perfektionismus und der Angst vor Erfolg.

3.4 Der Lebenszyklus weiblicher Hochbegabung

Jacobsen (1999) zufolge nimmt die Lebensspanne von Hoch- und Höchstbegabten meist einen typischen Verlauf: Im ersten Teil ihres Lebens versuchen sie so zu sein, wie sie sind, und scheitern damit oftmals, weil sie anecken und als zu ungewöhnlich wahrgenommen werden. Im zweiten Teil des Lebens versuchen sie vorzugeben, jemand anderes zu sein und sich weitgehend anzupassen. Mit Glück und guten Bedingungen können sie sich im dritten Teil ihres Lebens befreien, authentisch sein und ihre Begabungen ausleben. Die einzelnen Phasen können zu völlig unterschiedlichen Zeitpunkten beginnen und von unterschiedlicher Dauer sein. Aufgrund ihrer asynchronen Entwicklung können Hochbegabte gleichzeitig verschiedenen Altersstufen angehören – einerseits sehr jung und kindlich sein in ihrer freudigen Begeisterung für die Welt und alles, was sie bietet, während sie sich andererseits gleichzeitig intensiv mit wichtigen Themen wie Krieg und Armut beschäftigen.

Ellen Fiedler (2015) untersuchte Hochbegabte im Laufe des Lebenszyklus und entwickelte aus ihrer langjährigen Arbeit mit hochbegabten Kindern und Erwachsenen, aufbauend auf dem Werk von Erik Eriksson, ein Modell der Entwicklungsstufen, das typische Probleme und Erfahrungen beschreibt, die hochbegabte Erwachsene in verschiedenen Altersstufen und Lebensabschnitten machen. Ich versuche, eine eigene Skizze des Lebenszyklus weiblicher Hochbegabung zu entwerfen, von der Kindheit und Adoleszenz über das frühe und mittlere bis zum hohen Erwachsenenalter. Werfen wir zunächst einen vertieften Blick auf hochbegabte Mädchen anhand eines ausführlichen Fallbeispiels.

3.4.1 Kindheit

> »How a nation treats its smart girls is a measure of that nation's future prosperity. How a nation nurtures the talents of smart women is a measure of its commitment to freedom, quality, and the well-being of all its citizens.«[31] (Kerr & McKay 2014, S. 311)

Die Chancen von Mädchen, als hochbegabt identifiziert zu werden, sind laut Aiga Stapf (2010) immer noch deutlich geringer als die von Jungen, unter anderem weil es Mädchen besser gelingt, sich anzupassen und in ihrer Hochbegabung unsichtbar zu bleiben. Es werden deutlich weniger Mädchen als Jungen in die psychologische Beratung gebracht und weit weniger als Jungen als hochbegabt identifiziert. Auch setzen sich Eltern und Lehrer:innen seltener für eine Förderung von Mädchen ein, weil sie erstens weniger an deren außergewöhnliche Begabung glauben und zweitens unbewusst die Leistungsentwicklung und schulische Karriere von Mädchen für weniger wichtig halten als die von Jungen.

Mädchen fallen in der Regel in Kindergarten und Schule weniger negativ in ihrem Verhalten auf und reagieren auf die Unterforderung, die sich aufgrund der höheren Entwicklungsgeschwindigkeit im Vergleich zu Jungen erklärt, mit Lustlosigkeit und psychosomatischen Beschwerden. Dies zeigt sich an den stärkeren Klagen der Mädchen über Langeweile in der Schule und der häufigeren Bevorzugung älterer Freundinnen.

Die Auswertung biografischer Erinnerungen von Katharina Fietze (2019) hat ergeben, dass es hochbegabten Frauen in ihrer Kindheit in zweifacher Weise an Feedback fehle: In der Wertschätzung ihrer Leistungen und ihrer Person, sowohl vonseiten der Eltern als auch vonseiten der Lehrkräfte. Forschungen zeigen, dass die Erwartungen der Lehrkräfte eine besondere Rolle für den Erfolg von Schulkindern

31 Die Art und Weise, wie eine Gesellschaft ihre klugen Mädchen behandelt, ist ein Maßstab für den künftigen Wohlstand dieser Gesellschaft. Das Maß, in welchem eine Gesellschaft die Talente kluger Frauen fördert, ist ein Gradmesser für ihr Engagement für Freiheit, Qualität und das Wohlergehen aller ihrer Bürger:innen. (Übersetzung AD)

spielen (Pygmalion- und Golemeffekt, s. Kap. 3.3.2). Besonders begabte Mädchen sind umso abhängiger davon, ob Eltern und Lehrer ihre Begabung erkennen. Damit sie sich selbst richtig einschätzen können und eine begabungsgerechte Identität entwickeln, brauchen gerade Mädchen eine Spiegelung ihrer Intelligenz durch positive Verstärkung, gezielte Ermutigung und konstruktives Feedback.

Eine Vergleichsstudie von Luftig & Nichols (1991) zur Popularität hochbegabter Jungen und Mädchen ergab, dass begabte Jungen für lustig, klug und kreativ gehalten werden, während hochbegabte Mädchen deutlich unbeliebter sind, als launisch, melancholisch und egozentrisch gälten. Sie gewönnen den Eindruck, Leistung bringe Ärger ein und verlören an Selbstvertrauen, ihrer Leistungsfähigkeit und einem interessanten Beruf nachzugehen. Die Mädchen setzten sich keine Ziele gemäß ihrem Potenzial und übten freiwillig Verzicht. Diese Selbstzensur garantiert ihnen die Zugehörigkeit zur Peergroup und macht aus ihnen Underachieverinnen, die sich einem niedrigen Leistungsniveau anpassen und in ihrem Potenzial unerkannt bleiben.

Hinweise auf die Hochbegabung bei Mädchen können eine beschleunigte Entwicklung in der Kita sein, Entwicklungsdissoziationen sowie eine unklare Leistungsverweigerung. Auch unter hochbegabten Mädchen gibt es Verhaltensauffälligkeiten, wenn auch seltener als bei Jungen: Das können für Mädchen untypische Verhaltensweisen sein wie Wildheit, Unangepasstheit, Trotz und Wut, aber auch Traurigkeit, totaler Rückzug und gesundheitliche Probleme. Ebenso können hochbegabte Mädchen später eine Reihe von Störungen entwickeln wie Anorexie, Depression oder Borderline. Diese Störungsbilder wie auch diverse psychosomatische Beschwerden können als Hinweis auf verdrängte Hochbegabung verstanden werden.

Ein Ergebnis der Intelligenzforschung besagt, dass Geschlechterunterschiede mit zunehmender Intelligenz geringer werden. Hochbegabte Mädchen ähneln demnach in ihrem kognitiv-intellektuellen Interesse und Verhalten eher hochbegabten Jungen als durchschnittlich intelligenten Mädchen. Bei IQs oberhalb von 155 nimmt die Androgynität zu, während der Mädchenanteil abnimmt. In ihrer Arbeit stellt sich Katharina Fietze (2019, S. 192) dazu folgende Frage:

> »Könnte es damit zusammenhängen, dass das Konstrukt der allgemeinen Intelligenz im oberen Intelligenzspektrum eher mit dem männlichen Begabungsprofil korrespondiert, so dass Mädchen mit einem hohen weiblichen Begabungsprofil in den Tests zum Verschwinden gebracht werden und nur noch solche Mädchen auftauchen, die mit einem männlichen Begabungsprofil ausgestattet sind?« (Fietze 2019, S. 192)

Wissenschaftler kritisieren zurecht, dass einige Intelligenztests sehr männlich ausgerichtet sind und intellektuelle Besonderheiten von Frauen und Mädchen kaum berücksichtigen, wie der Intelligenz-Struktur-Test (IST 2000-R) mit seinen sprachfreien Aufgaben im Vordergrund. Dieser Test benachteilige Mädchen, die in der Regel über bessere Sprachfähigkeiten verfügten als gleichaltrige Jungen. Bei hoher Sprachbegabung stelle sich ein Deckeleffekt ein: Der viel zu leichte Sprachteil könne ein extrem hohes Sprachvermögen nicht erfassen. Wenn Mädchen keinen zusätzlichen Begabungsschwerpunkt im mathematischen, logisch-analytischen oder räumlich-abstrakten Teil hätten, erzielten sie trotz sprachlicher Höchstbegabung womöglich keinen Gesamt-IQ größer als 130. Lubbes (2008) Kritik bezieht sich auch auf die Eindeutigkeit der Antworten mancher Intelligenztests mit wenig Raum für kreative, einfallsreiche Lösungen. Gerade ungewöhnliche, phantasievolle Lösungen seien jedoch die besondere Stärke hochbegabter Mädchen. Kreative Antworten, die in kein Ja-Nein-Schema passen, würden als falsch bewertet werden und nicht in die Gesamtbewertung fließen. Solche Intelligenztests könnten das Potenzial von hochbegabten Mädchen nicht adäquat abbilden. Wie hoch die Dunkelziffer nicht-entdeckter hochbegabter Mädchen sein könnte, ist schwer zu sagen.

Lubbe (2008) fordert daher die Berücksichtigung intellektueller Besonderheiten und Stärken von Mädchen in Intelligenztests. Die Hochbegabung von Mädchen darf man aufgrund der androzentristischen Architektur von Intelligenztests nicht ausschließlich am IQ festmachen; man muss nach weiteren Hinweisen suchen. Sollten Mädchen mit Indizien für eine Hochbegabung in einem Intelligenztest unerwartet schlecht abschneiden, sei das kein hinreichender

Grund, Hochbegabung auszuschließen. Krankheit, eine belastende Testsituation, eine nicht ausreichende Passung zur Testerin, schwierige Familienverhältnisse, all das könnte das Ergebnis negativ beeinflussen. Es ist zu empfehlen, nach einiger Zeit einen erneuten Test nach einem anderen Verfahren zu machen. Um weibliche Hochbegabung besser zu identifizieren, müssen Mädchen und Frauen anders getestet werden als Jungen und Männer. Das erfordert ein stärkeres wissenschaftliches Interesse an der weiblichen Intelligenz sowie ein stärkeres politisches Interesse an Mädchen und Frauen. Die frühzeitige Erkennung von begabten Mädchen ist entscheidend.

Fallbeispiel: Lana, 11 Jahre

- Geistreich in Wort und Witz
- Künstlerisch begabt in Malen und Tanzen
- Unkonventionelle Lösungsansätze
- Totale Lernverweigerung
- Mehrsprachig mit drei Jahren
- Entwicklung suizidaler Gedanken aufgrund eines Gefühls der Andersartigkeit
- Entwicklung großer Verhaltensauffälligkeiten
- Starkes Angstgefühl
- Fähigkeit zur analytischen Verbalisierung intra- und interpersonaler Beobachtungen ihrer zerrütteten Familie (mit acht bis neun Jahren)
- Verarbeitung des Scheidungstraumas durch Kunst
- Kleine Führungspersönlichkeit und Poetin, die in Metaphern denkt
- Transgenerationale Kriegstraumaübertragung
- Liegt in ihrer schulischen Performance deutlich unter den Erwartungen ihrer Möglichkeiten und betreibt ein bewusstes Downsizing, um den Anschluss an die Mädchenclique eines sozialen Brennpunkts nicht zu verlieren
- Hochbegabung in der Familie

Die elfjährige Lana ist ein Baby, als die Eltern sich trennen, und ist als Kleinkind dem Scheidungskrieg der Eltern über Jahre

ausgesetzt. Sie lebt bis zum siebten Lebensjahr mit ihrer Mutter und den Großeltern, die die Querelen der Eltern gut auszugleichen versuchen und sich rührend um ihr Enkelkind kümmern. Der Kontakt zum Vater und seiner Ursprungsfamilie ist gerichtlich erfochten, und das Mädchen ist glücklich, den eigenen Vater und seine Eltern und Geschwister ab dem vierten Lebensjahr regelmäßig zu sehen.

Das Mädchen verfügt mit drei Jahren über ein **außergewöhnliches Vokabular** in ihrer Muttersprache, spricht **binnen weniger Wochen ein sehr gutes akzentfreies Deutsch,** lernt in der Kindergartenzeit Dialekte von Normsprachen zu unterscheiden und findet Gefallen daran, Akzente zu imitieren. Lana lernt Englisch über Zeichentrickfilme und eignet sich einen amerikanischen Ostküstenakzent an, spricht fließend in ganzen Zusammenhängen und hat lediglich ihren Onkel als englischen Tandempartner, den sie alle paar Wochen sieht. Sie ist **künstlerisch begabt,** hat eine **hohe Introspektionsfähigkeit,** erkennt **intra- und interpersonale Zusammenhänge** außergewöhnlich gut, kann sehr gut Gesichter lesen. Sie eignet sich **schauspielerische Fähigkeiten** über Apps an, besucht eine Schauspielschule, die sie gnadenlos unterfordert. Im Kindergarten ist sie der »Boss« und sehr beliebt unter den Kindern. In der Grundschule ist **absolute Lernverweigerung** zu beobachten, der weder Lehrerin noch Eltern kompetent nachgehen. Sie verabscheut Hausaufgaben und inszeniert bei jeder Hausaufgabe zu Hause Komik oder Drama. Sie zeigt **psychosomatische Auffälligkeiten,** simuliert oder entwickelt tatsächliche Kopf- und Bauchschmerzen, wenn Schulaufgaben bevorstehen und versucht, sich dem Schulunterricht durch Toilettengänge zu entziehen. In der dritten Klasse bekommt sie eine Lehrerin, die die professionelle Distanz zu dem Mädchen verliert, sie für jedes störende Verhalten aller Kinder in der Klasse verantwortlich macht und im Grunde Lanas Mutter-Tochter-Verhältnis inszeniert, das von Streitigkeiten und einem Wechsel von Nähe und Distanz gekennzeichnet ist. Die aktionistischen Bemühungen der Lehrerin und, wie sich erst Monate später herausstellt, ihre Unprofessionalität bestätigen Lana in ihrem

schlechten Selbstwertgefühl. In der Coronazeit wird Lana, wie viele andere Kinder, von der Schule sehr schlecht aufgefangen und »verdummt« regelrecht in der Notbetreuung: Ohne Lesen und Schreiben, ohne Tanzen, ohne Sport, ohne die Möglichkeiten im benachbarten Wald, mit anderen Kindern aus der Notbetreuung sich auszutoben und ein Gleichgewicht zu finden, beginnt das Kind, seltsame Verhaltensweisen zu entwickeln, die auch von der Sozialpädagogin der Schule schlecht gedeutet werden können. Sowohl die Mutter als auch die Familie des Vaters bemühen sich, einen Ausgleich zu finden. Die **Defizite im Sozial- und Lernverhalten** sind evident und nachhaltig.

Das Mädchen wächst bei einer sehr kreativen und berufstätigen Mutter auf, die als Erwachsene aus der ehemaligen Sowjetunion nach Deutschland gezogen ist und weder das Schulsystem noch den kulturellen Code kennt. Sie ist eine Kämpferin, die ihr Kind schützen und vertreten will und dabei maßlos über das Ziel hinausschießt und Querelen in der Schule anstiftet, für die sich das Mädchen schämt.

Bei der Hausaufgabenunterstützung durch den Vater **fällt auf, dass Lana extra Fehler macht, um keine guten Noten zu bekommen** und um nicht als Streberin zu gelten. Gute Noten seien uncool. Das Kind zeigt **auffällige Verhaltensstörungen** und wird von einer Sozialpädagogin in der Schule auf ihren IQ getestet. Der begleitende Angsttest ergibt, dass das Kind von einer tiefen Angst vor und um die chaotische Mutter gezeichnet ist (wechselnde Partner, Geldsorgen, impulsives Verhalten). **Das Arbeitsgedächtnis ist blockiert.** Es wirkt sich nicht nur ungünstig auf den IQ-Test aus, der 110 ergibt und das Mädchen gnadenlos enttäuscht, sondern auf die Aufnahmekapazität im Unterricht, die Konzentrationsfähigkeit, was sich in den schlechten Noten widerspiegelt.

Die Konsultation eines Kinderpsychiaters attestiert in zwei Sitzungen ADHS, ohne die Familiensituation in Betracht zu ziehen. Die Eltern verzichten auf eine Psychotherapie in Unkenntnis der Bedeutung und Wirkung psychotherapeutischer Gespräche und aus Angst vor Stigmatisierung.

Als es ausreichend Hinweise einer Vernachlässigung des Kindes gibt, **informiert die Schule das Jugendamt wegen Kindeswohlgefährdung**, doch nach kurzer Abklärung mit der Mutter wird nichts unternommen. Der Vater des Mädchens ist aus psychologischen Gründen handlungsunfähig und blockiert, womöglich mit der Situation völlig überfordert, zumal er eine neue Familie hat und einer geistig sehr anspruchsvollen Arbeit nachgeht. **Das Mädchen entwickelt sehr gute Überlebensstrategien**, versteht, dass auf keinen wirklich Verlass ist und vertraut sich zumindest dem Onkel an, wohlwissend, dass dieser nur teilweise zwischen allen Instanzen vermitteln kann: dem zerstrittenen Bruder, der ihm den steten Kontakt zu dessen Exfrau und dem Kind übelnimmt, der Lehrerin, der Dienstsuspendierung droht, und der instabilen Mutter, die wegen Kindeswohlgefährdung im Blick des Jugendamtes steht.

In ihrem Sozialverhalten sind stete neue Freundschaften und zahlreiche Kontaktabbrüche zu beobachten. Lana spricht von sich als Mädchen und Jungen und zeigt Interesse an Mädchen und Jungen. Sie ist sich der verschiedenen Sprachregister bewusst und kann zwischen gewähltem Hochdeutsch und einer Straßensprache hin- und herswitchen. Sie gibt zu, in Anwesenheit ihrer Mädchencliquen, die sich mit der Zeit herausbilden, zwar zu den Anführerinnen zu zählen, aber nicht herausstechen zu wollen mit ihren Talenten. Sie eignet sich die Sprache des sozialen Brennpunkts an, in dem sie lebt, ist beliebt unter den Mädchen, die alle Zuwanderungsgeschichte haben, erlernt deren Muttersprachen und zeigt lediglich Interesse an ihrem Aussehen, Tik Tok und Jungs.

Die Familie von Lanas Vater hat viele Hochbegabte, doch Lanas Vater selbst verleugnet seine Hochbegabung, tabuisiert jedes positive Herausstechen in der Familie und zeigt autistische Auffälligkeiten in seinem Sozialverhalten. Er hält seine Tochter eher für minderbegabt und ist verzweifelt ob der desolaten Zukunft seiner Tochter, die er glaubt, nicht abwenden zu können. Lanas Mutter hat selbst mit den Verhaltensauffälligkeiten des Mädchens zu kämpfen, gibt diese aber nicht zu aus Angst, dafür verantwortlich gemacht zu werden. Die emotionale Zuwendung, die das Mädchen bräuchte, versucht die Mutter mit Materiellem zu kompensieren.

Lana hat bei ihrer Mutter nie die Bedeutung von Schule gelernt, Struktur zu haben, Hausaufgaben zu machen, Verhaltensregeln einzuhalten und für das zu kämpfen, was einem wichtig ist.

Lana sagt, sie fühle sich anders als andere und abgeschnitten von den anderen. Sie ist ein Kind, das es liebt, Freunde zu haben, zu lachen, zu feiern, zu reisen, Neues kennenzulernen – es darf nur nichts mit »lernen« zu tun haben.

Die Mutter des Mädchens hat ihre Kindheit im Krieg verbracht und die eigene Geschichte nie bearbeitet. **Das Mädchen zeigt eindeutig Symptome traumatisierter Begabung.**

Lanas Herausforderungen

Die elfjährige Lana zeigt ein mädchenuntypisches rebellisches Verhalten, das die Lehrerschaft dazu veranlasste, eher Intelligenzschwäche zu prüfen als eine höhere Begabung. Lana hat mit erheblichen Herausforderungen zu kämpfen, die einerseits in der Familie liegen, andererseits strukturell in der Institution Schule und dem Bildungssystem verankert sind:

- Das Mädchen wächst in einem sozialen Brennpunkt auf. Die Schule hat kein alternatives Angebot in der Zeit von Corona und hinterlässt große Defizite im Lernstoff und im Sozialverhalten der Kinder. Gleichzeitig will die Schule versäumte Inhalte für Gymnasialaspiranten unter Hochdruck nachholen – unter Missachtung aller anderen Kinder.
- Im Bestreben, ihre Tochter vor Mobbing und Ungerechtigkeiten in der Schule zu schützen, erzeugt Lanas Mutter unbewusst zusätzliche Konflikte mit der Lehrerschaft und der Schuldirektion, die sich auf das Kind negativ auswirken. Lanas konfliktbehafteter Familienhintergrund und die unangenehm auffallende Mutter lassen auf eine verminderte Erwartung in der Lehrerschaft bezüglich Lanas Leistungen schließen.

- Das Mädchen ist geprägt durch die traumatisierende Trennung der Eltern in den Babyjahren, die jahrelange Zerrissenheit zwischen den Familien der Mutter und des Vaters und den Kriegserfahrungen ihrer Mutter und der Großeltern. Die unverarbeiteten seelischen Traumata und ihre Übertragung auf Folgegenerationen werden direkt oder indirekt an das Mädchen unbewusst weitergegeben. Neben zahlreichen nachteiligen Folgen (Entwicklung einer posttraumatischen Belastungsstörung, hohe Stressanfälligkeit) kann auch die psychische Widerstandsfähigkeit, die Resilienz, auf dem Weg einer transgenerationalen Weitergabe gestärkt werden. Diesen Eindruck macht Lana in ihrer fortlaufenden Entwicklung in ihren vielschichtigen Herausforderungen: Ihren Ängsten macht sie Luft durch Verhaltensauffälligkeiten, sie lacht, tobt und feiert, malt und sucht sich emotionalen Halt in der Peergroup, die sie zwar in der schulischen Entwicklung hemmt, ihr jedoch Nähe und emotionalen Austausch gibt.
- Das Mädchen hat keine Kultur des Lernens und Pflichtgefühls für die Schule entwickelt. In einem Schulsystem, in dem Noten der einzige Ausdruck von Leistung sind, erfährt sie wenig Selbstwirksamkeit und kann wenig Selbstvertrauen aufbauen. Lana liegt weit unter der Performance, die ihr IQ vermuten ließe. Schließlich drosselt sie bewusst ihr Tempo, um den Anschluss an die Mädchenclique zu gewährleisten. Gleichzeitig fühlt sie eine Überlegenheit, die ihr unangenehm ist.
- Sie lebt in einem Fächerdschungel, in dem sie keine Strukturen erkennt und weder weiß, wie man lernt, noch wo man überhaupt anfangen soll. Ein Phänomen, das nicht selten unter Hochbegabten vorkommt. Begünstigt ist dieses Verhalten durch den Alltag mit ihrer Mutter, der durch nahezu gänzliche Abwesenheit von Struktur, Ordnung und Planung gekennzeichnet ist, dafür sehr viel Spontaneität und Kreativität zulässt, aber auch gleichzeitig viel Unvorhergesehenes.

Underachievement

Lana liegt in ihrer schulischen Performance deutlich unter den Erwartungen ihrer Möglichkeiten und betreibt ein bewusstes Downsizing. Als hochbegabte Underachiever werden Schülerinnen und Schüler bezeichnet, die über einen längeren Zeitraum hinweg trotz eines sehr hohen Leistungspotenzials und einer überdurchschnittlichen Intelligenz nur mäßige oder schlechte Schulleistungen zeigen.

Hochbegabte bringen nicht per se ein erhöhtes Risiko für schulische Motivations- und Leistungsprobleme mit. Eine andauernde schulische Unterforderung kann die Entstehung von Underachievement begünstigen, ist aber in der Regel nicht die alleinige Ursache. Underachievement entwickelt sich vielmehr im Zusammenspiel verschiedener ungünstiger Faktoren, wobei individuelle Eigenschaften des Schülers oder der Schülerin sowie familiäre und schulische Faktoren in ungünstiger Konstellation zusammentreffen und sich in ihrer negativen Wirkung auf die schulische Leistungsfähigkeit gegenseitig verstärken. Dies ist in Lanas Fall sehr gut zu beobachten.

Bei starker Ausprägung des Underachievements können Schwierigkeiten des Kindes oder Jugendlichen im sozialen Bereich oder Konflikte in Familie und Schule auftreten. Es beginnt bereits im Grundschulalter, manifestiert sich häufig aber erst in der weiterführenden Schule. Dabei kann es zu schwerwiegenden Verläufen mit Klassenwiederholungen, Schulwechseln und Schulverweigerung kommen. Auch Lana wird ein Schulwechsel empfohlen, mit der Begründung, sie störe und verweigere den Unterricht systematisch.

Aus diesen Gründen ist in den meisten Fällen das Hinzuziehen professioneller psychologischer Beratung zu empfehlen, die diagnostisch klärt, ob die Diskrepanz zwischen intellektuellem Leistungspotenzial und schulbezogenen Fähigkeiten tatsächlich den Kriterien eines Underachievements entspricht. Gemeinsam mit dem Kind, der Familie und der Schule wird das ungünstige Bedingungsgefüge aufgeklärt, um daraus mögliche Hilfestellungen abzuleiten.

Underachievement geht oft mit einer starken emotionalen Belastung des Kindes oder Jugendlichen einher, mit Beeinträchtigungen des psychischen Wohlbefindens, des Selbstbilds und des familiären Zusammenlebens. Daher kann es erforderlich sein, dass ein Beratender mit psychotherapeutischer Kompetenz hinzugezogen werden muss.

Bei länger anhaltendem Underachievement ist das Einbeziehen der Schule sehr wichtig. Leistungsprobleme sind nicht immer nur durch Motivationsprobleme begründet; es können auch tatsächlich große Stoffdefizite vorliegen. Die (Wieder-)Herstellung einer Passung zwischen individuellem Leistungspotenzial und schulischer Förderung ist ein wichtiger Baustein und erfordert eine längerfristige Abstimmung zwischen Beratung und Schule. Schulen können in diesem Prozess durch den schulpsychologischen Dienst oder eine Fachberatung unterstützt werden. Leider ist das Bewusstsein dafür kaum vorhanden.

Bewältigungsstrategien und Ausblick

Wie wahrscheinlich ist es, dass Lana mit ihrem ausländischen Familiennamen in einer Schule im sozialen Brennpunkt mit ihren mädchenuntypischen Verhaltensauffälligkeiten und defizitären Leistungen, die der Schule verwiesen werden soll, jemals in ihrer Hochbegabung erkannt werden wird? Früher oder später könnte Lana mit psychosomatischen Beschwerden das Glück im Unglück haben, an eine kundige Psychotherapeutin zu geraten, die eine Hochbegabung nicht mit potenziellen Störungsbildern verwechselt und hinter der ADHS-Symptomatik des Mädchens eine traumatisierte Begabung erkennt. Im gegenteiligen Fall besteht die Gefahr darin, dass das Mädchen fehldiagnostiziert, fehlbehandelt, stigmatisiert und aus der weiteren Schullaufbahn ausgeschlossen wird.

Ein gendersensibler IQ-Test müsste zu einem späteren Zeitpunkt gemacht werden, wenn das Mädchen sich psychisch stabilisiert. Wäre ein Umzug in ein privilegierteres Stadtviertel eine Lösung? Könnte Lana durch verschiedene Interessen wie Sport oder Schauspielerei neue Freundinnen finden, die ihrem Leistungspotenzial entsprechen? Möglicherweise hat Lana das Glück, dass ihr Onkel sich zu einem späteren Zeitpunkt mit seiner Nichte um einen neuen IQ-Test, vielleicht auch ohne die Erlaubnis der sachunkundigen und dem Thema verschlossenen Eltern, wendet oder einen fachkundigen Jugendtherapeuten findet, mit dem der Stein ins Rollen gebracht wird. So kann das schwierige Erleben des Mädchens einen Namen bekommen und sowohl bei Lana als auch bei ihren besorgten und überfragten Eltern ins Bewusstsein drängen. Allerdings bestehen in dieser Familie große Vorurteile und Ablehnung gegenüber Psychotherapie und Hochbegabung.

Lanas Beispiel zeigt die immense Bedeutung einer stabilen Familienumgebung, eines gesunden sozialen Milieus, in dem Identifikation für ein kluges und kreatives Mädchen möglich ist, die Bedeutung kompetenter Lehrkräfte mit Kultursensibilität und Sachkenntnis zur Hochbegabung. Dieses Beispiel zeigt vor allem, wie weibliche Talente missverstanden und missachtet werden, problematisiert und bereits in ihrer Kindheit im Keim erstickt werden können.

Diese Tragik sollte die Politik zu konkreten Handlungen in Bildung und Gesellschaft mobilisieren. Pädagog:innen, Lehrkräfte, Psychotherapeut:innen und Fachärzt:innen für Pädiatrie müssen umfassender ausgebildet werden. Allem voran muss das Schulsystem fundamental verändert werden zugunsten einer ganzheitlichen, begabungsgerechten Begleitung aller Schüler:innen. Dies ist unumgänglich, auch im globalen Kontext, in einer kompetitiven und globalisierten Welt, die vor sehr komplexen technischen, politischen und menschlichen Herausforderungen steht. Die Realität sieht jedoch ganz anders aus. Umso mehr sind Mütter und Väter, Pädagog:innen und Erzieher:innen gefragt. Für Mädchen macht erst die adäquate Spiegelung ihrer Intelligenz die Entwicklung einer begabungsgerechten Identität möglich. Die Bedeutung konstruktiver Spiegelung fasst Fietze (2019, S. 244 ff.) zusammen:

- Wertschätzung durch positive Verstärkung und konstruktives Feedback
- Stärkung mit Ich-Botschaften und einer Einladung zum Dialog
- Wahrnehmung und Förderung des weiblichen Intellekts:
  Mädchen müssen an ihren Erfolg in anspruchsvollen Berufen glauben, um tatsächlich erfolgreich sein zu können.
- Nonkonformität als mögliche Lebensform:
  Mädchen sollen frei gemacht werden von der destruktiven Vorstellung, Ehe und Familie haben zu müssen.

Fietze (2019, S. 244 ff.) formuliert fundamental wichtige Appelle zur begabungsgerechten Spiegelung weiblicher Intelligenz. Die beiden Autorinnen Barbara Kerr und Robyn McKay (2014, S. 291 ff.) stellen eine wunderbare Zusammenschau von Empfehlungen für die optimale Entwicklung von Mädchen und Frauen vor, von den Vorschuljahren über die Grundschulzeit, frühe und späte Adoleszenz, über die Studienjahre und das junge Erwachsenenleben bis hin zur reifen Erwachsenenzeit.

3.4.2 Adoleszenz

> »What happened to the exuberant, confident little girl who used to stride as if on stage with every entrance into the room?«[32] (Kerr & McKay 2014, S. 141)

In der Zeit der Adoleszenz wird das weibliche Selbstkonzept kreiert. Während in den ersten Lebensjahren noch alles möglich zu sein scheint, passiert ab der Pubertät etwas, das Mädchen das Gefühl der Macht und der Freiheit Schritt für Schritt entzieht. Linda Kreger Silverman erörtert in einem Fachartikel die Bedeutung und die Schwere der Adoleszenz hochbegabter Mädchen (Silverman 2013, S. 5). Es ist eine Zeit der Selbstzweifel, der sich verengenden Ambitionen, des Beobachtens statt der vollen Teilnahme, des Akzeptierens von Einschränkungen aufgrund des Geschlechts, eine Zeit des unfreiwilligen Annehmens vorgeschriebener, von außen erwünschter und aufgesetzter Frauenrollen. Die subtilen gesellschaftlichen Botschaften sollen die Ambitionen talentierter junger Frauen untergraben.

Mädchen in der Adoleszenz erfahren eine geschlechtsspezifische Sozialisation, die ihren Wert über ihr Aussehen definiert. In diesem Alter entwickeln sie ihre Geschlechtsidentität und sehen sich dabei in der Wahl zwischen Weiblichkeit und Leistung. In ihren frühen Teenagerjahren sehen sie nur wenige Vorteile darin, begabt zu sein

32 Was ist aus dem überschwänglichen, selbstbewussten kleinen Mädchen geworden, das bei jedem Betreten des Raumes wie auf einer Bühne schritt? (Übersetzung AD)

und opfern oft ihre begabten Freunde, um von der weniger begabten Mehrheit akzeptiert zu werden. Die Prioritäten talentierter Mädchen ändern sich, und sie beginnen weit weniger Wert auf ihre Leistungen denn auf ihr Aussehen zu legen. Bleiben sie sich treu und werden ihrem Drang nach Leistung und Selbstverwirklichung gerecht, brechen die Mädchen und jungen Frauen eine unausgesprochene Regel und müssen mit Ausgrenzung und Verspottung Gleichaltriger rechnen (Ogurlu 2015).

Untersuchungen zeigen, dass nur wenige intelligente Mädchen die Kraft haben, mit diesem sozialen Druck umzugehen. Ihre Themen in dieser Lebensphase sind: Identitätsfragen, die Überwindung der Isolation und die Suche nach Gleichgesinnten, Ausbildungs- und Berufswahl und der Umgang mit Freiheit.

Sie suchen Klarheit darüber, was sich für sie jetzt richtig anfühlt, und erleben vielleicht Isolation und Einsamkeit und suchen nach Akzeptanz und bedeutungsvollen Beziehungen, nach Gleichgesinnten und der Zugehörigkeit zu einer Gruppe, die sie auf ihrer Reise begleitet. Sie suchen Seelenverwandte, jemanden, mit dem sie sich wirklich verbinden können, jemanden, der sie akzeptiert, versteht und wertschätzt. Die meisten von ihnen gehen mit der für sie typischen Intensität in Beziehungen ein und aus – überschwängliches Engagement und Glückseligkeit, gefolgt von Desillusionierung, Traurigkeit, Angst und Verzweiflung. Sich zu verlieben ist für sie eher so, als ob sie kopfüber in ein tiefblaues Meer eintauchen: glückliche euphorische Zeiten gefolgt von katastrophalen Phasen. Wenn hochbegabte junge Frauen jemanden finden, der wirklich ein Seelenverwandter zu sein scheint, sind diese Beziehungen für sie äußerst wertvoll.

Hochbegabte Mädchen in der Adoleszenz sind hungrig nach intellektuellen Herausforderungen und Möglichkeiten, ihre Kreativität auszuleben. Abhängig vom kulturellen und sozioökonomischen Milieu ist der fortschreitende Verlust von Begabungen bei Mädchen auf die Auswirkungen der Sozialisation zurückzuführen. Begabte Mädchen scheinen in ihren Fähigkeiten zu stagnieren, sobald sie ihre Aufmerksamkeit auf Diäten, Kleidung und die Beschäftigung mit Jungen richten. Essstörungen sind tödlich ernst und erfordern ein sofortiges therapeutisches Eingreifen. Wenn ein Mädchen einmal eine Essstörung entwickelt hat, kämpft es im schlimmsten Fall für den Rest des Lebens dagegen an. Plötzlich übernehmen Jungen die Führung bei den akademischen Leistungen – eine Führung, die sie für immer beibehalten.

Die geringeren Chancen von hochbegabten Mädchen auf befriedigende Verwirklichung ihrer geistigen und sozialen Bedürfnisse sieht Stapf (2002) in der Vermeidung von Konkurrenz mit Jungen, im geringen Selbstvertrauen in sog. männlichen Domänen, aber auch im breiteren Interessensspektrum (vgl. Overchoice-Syndrom) und nicht zuletzt in der sozialen Orientierung an Beruf und Familie. Die Lösungsansätze könnten hier sein: Eine frühe Identifikation, eine möglichst zeitige Einschulung hochbegabter Mädchen und kontinuierliche Förderung durch Eltern und Lehrer, vor allem eine durch Politik geförderte Awareness für den gesellschaftspolitischen und nicht zuletzt wirtschaftlichen Wert weiblicher Intelligenz.

Für die Awareness weiblicher Begabungen brauchen wir eine gendersensible Beratung, die einen entsprechenden Blick für die Verletzlichkeit begabter Jugendlicher zeigt, und Mentorinnen für alle Mädchen. Sie sollen ermutigt werden, intellektuelle Herausforderungen zu suchen und sich für MINT-Fächer zu öffnen. Vor allem brauchen sie Wertschätzung und Unterstützung in ihrem Selbstausdruck.

Die Adoleszenz ist eine Phase an der Schwelle zum Erwachsenwerden, in der sich dramatische Umbauprozesse im Gehirn abspielen.[33] Trotz der Schrecken der Pubertät werden die meisten hochbegabten Mädchen diese Zeit stark überstehen. Intelligenz ist nämlich ein Schutzfaktor, der vor vielen schlimmen Handlungen bewahrt und es ermöglicht, die riskantesten Situationen zu vermeiden. Mädchen sind nicht nur gut angepasst, sondern auch erstaunlich widerstandsfähig gegenüber den beängstigenden Aspekten der Pubertät wie Drogenmissbrauch. Eine der Stärken von begabten Mädchen scheint die Fähigkeit zu sein, Abenteuer zu erleben und dabei kalkulierte Risiken einzugehen.

---

33 Vgl. Artikel Der ganz normale Wahnsinn; siehe *Weitere Quellen* im Anhang.

3.4.3 Frühe und mittlere Erwachsenenzeit

> »For smart young women in their late 20s and early 30s, the pressure to both marry and have a successful career is immense.«[34] (Kerr & McKay 2014, S. 196)

Junge Hochbegabte suchen in der Lebensphase der 20er und 30er Jahre typischerweise nach Begleitern und Lebenspartnern; sie suchen nach gegenseitig befriedigenden Beziehungen und Karrierewegen, die ihren Begabungen und Talenten entsprechen. Sie suchen Seelenverwandte, eine sinnvolle Karriere und eine eigene authentische Identität. Diese Suche kann sich gerade für junge hochbegabte Frauen als schwierig erweisen.

Bei den Untersuchungen von Barbara Kerr und Robyn McKay (2014) zeigt sich, dass es bei vielen hochbegabten Frauen eine Diskrepanz gibt zwischen ihren tatsächlichen Fähigkeiten und ihrem Selbstvertrauen, ihre Ziele zu erreichen. Die Rollenkonflikte, die in der Gesellschaft so weit verbreitet sind, zeigen sich auch im Leben der untersuchten amerikanischen Studentinnen: hohe Fähigkeiten gegenüber geringem Selbstvertrauen, hohe Ambitionen gegenüber romantischen Ablenkungen und eine starke Führungsrolle bei Studienaktivitäten gegenüber einer passiven Rolle in der beruflichen Führungsfunktion.

Die Ambitionen hochbegabter Frauen nehmen im jungen Erwachsenenalter immer mehr ab. Manche von ihnen finden ihre Erfüllung im Familienleben, und einige werden zum Teil schlichtweg an der Umsetzung ihrer Begabungen gehindert. Frauen, insbesondere herausragend begabte, werden zu einem großen Teil durch althergebrachte Strukturen und männliche Dominanz gebremst.

Gutsituierte hochbegabte Frauen, so Kerr und McKay (2104), haben gute Chancen, die Erfahrung der 30er Jahre unbeschadet zu überstehen. Sie sind geschickter darin als andere hochbegabte Frauen anderer kultureller und sozioökonomischer Milieus, die Gratwande-

34 Für intelligente junge Frauen Ende 20 und Anfang 30 ist der Druck, sowohl zu heiraten als auch eine erfolgreiche Karriere zu machen, immens. (Übersetzung AD)

rung sexueller Freiheit zu meistern. Für junge Frauen aus der unteren Mittelschicht, ganz gleich wie begabt sie sind, kann sich diese Lebensphase im schlimmsten Fall als Katastrophe erweisen: Sie sind einem Geltungsdruck ausgesetzt, laufen Gefahr, sich zu verschulden, kennen die subtilen Regeln der Kontaktkultur nicht so gut und laufen eher Gefahr, sexuellen Übergriffen ausgesetzt zu werden. Laufen die Dinge aus dem Ruder, gibt es niemanden, der sie schützt.

Kerr und McKay (2014) arbeiteten als College-Beraterinnen mit vielen talentierten jungen Frauen, die sich anlässlich eines Studienabbruchs mit Angstzuständen, Depressionen, Essstörungen, Beziehungsdramen und Alkoholmissbrauch an die Beraterinnen wandten. Die beiden Autorinnen untersuchten die Entwicklung begabter Frauen in ihren 30ern. Einige von ihnen stießen auf eine Mauer aus extremen Jobs und energieraubenden Ehen und wechselten zu Teilzeitstellen oder weniger anspruchsvollen Jobs, und manche mit gut verdienenden Partnern zogen sich unter Umständen ganz zurück, um ihre Kinder großzuziehen. Für kluge Frauen ist es eine große Freude, Kinder zu haben. Die meisten hochbegabten Frauen betrachten ihre Kinder als die größte Freude in ihrem Leben.

Die Erfolgreichen unter den hochbegabten Frauen sind diejenigen, die kontinuierlich in Karrieren vorankamen, die Partner heirateten, die wirklich die Hausarbeit mitgestalteten und an die Berufung ihrer klugen Partnerin glaubten.

Das sind diejenigen, die nie vom finanziellen Zusammenbruch bedroht waren und sich nie mit neurotischen oder schikanösen Vorgesetzten herumschlagen mussten. Es gibt auch immer mehr kluge Frauen, die nicht verheiratet sind und sich dafür entscheiden, in ihren 30ern Single zu bleiben. Die meisten von ihnen sind Frauen, die von einer Vision angetrieben sind.

Akademischer und beruflicher Erfolg sind mit Lebens- und Arbeitszufriedenheit, Kompetenz und Selbstwertgefühl verbunden. Hochbegabte Frauen, die sich frühzeitig für ein Studium entscheiden, haben erfüllende berufliche Ziele, bedeutsame Beziehungen und eine größere Lebenszufriedenheit. Die Entscheidung für eine romantische Beziehung ist für manche hochbegabte Frauen eine wichtige Lebensentscheidung, die zu größerer Lebenszufriedenheit und erfolgreichen langfristigen Beziehungen führt. Auffällig sei die Bedeutung einer bewussten Entscheidung für die Karriere und eine Beziehung.

Hochbegabte junge Frauen in dieser Lebensphase werden mit Identitätsfragen, Karriereentscheidungen und Liebesbeziehungen konfrontiert und erleben eine sehr aufregende und intensive Zeit. Sie müssen sich den widersprüchlichen gesellschaftlichen Erwartungen an ihre Geschlechterrolle widersetzen und den Mut haben, Gleichberechtigung und Unterstützung für ihre Ziele von ihrer Familie, ihrem Arbeitsplatz und der Gesellschaft zu fordern. Sie müssen ihre Brillanz und Weisheit nutzen, um sich ihre eigenen Ziele zu setzen und ihren eigenen Weg zu gehen. Dabei sind finanzieller Erfolg, Status und sogar Eminenz weniger wichtig als die Suche nach der wahren Berufung.

Bei allem kommt es sehr auf die Anerkennung und Ermutigung durch eine liebevolle Familie an, darauf, wichtige und richtige Entscheidungen im Leben zu treffen und die Kraft zu haben, sich von dysfunktionalen Bindungen zu lösen. Vor allem kommt es darauf an, an sich selbst zu glauben. Wie können die 40er Jahre hochbegabter Frauen aussehen?

> »Ich dachte immer, ich würde ein außergewöhnliches Leben leben. Der Alltag hat mich aufgefressen.« (eine Klientin)

Barbara Kerr portraitiert auf bewegende Art begabte Frauen, die in ihren 40ern, wenn sie nicht etwas für sich Bedeutendes im Leben erreicht haben, in Depressionen und Angstzustände rutschen. In den 40ern, mit einem Mal, steht für sie der Sinn des Lebens im Mittelpunkt, oft ausgelöst durch eine Zäsur, einen Verlust, eine Trauer. Die hochbegabte Frau erlebt in dieser Dekade große Veränderungen im Gehirn. Spürt sie eine innere Dringlichkeit, die über das hinausgeht, was man gewöhnlich als innere Motivation bezeichnet, dann hat sie keine andere Wahl, als ihre Bestimmung zu erfüllen.

Hochbegabte Frauen wie Männer in den frühen mittleren Jahren suchen oft nach Möglichkeiten, ihr gegenwärtiges Leben sinnvoller zu gestalten und erleben eine Art Krise, eine Chance, ihr Leben zu verändern. Der Begriff der Krise, wie er von Erik Erikson definiert wurde, bezeichnet keinen Zusammenbruch, sondern vielmehr kritische Wendepunkte im Lebenszyklus, an welchen die Verletzlichkeit des Menschen und gleichzeitig die Möglichkeit des Wachstums erhöht sind. Dieser Lebensabschnitt kann durchaus ein Wendepunkt für eine hochbegabte Frau sein – ein Punkt, an dem eine positive Desintegration zur Erkundung neuer Möglichkeiten für ein befriedigenderes, sinnvolleres Leben führt. In dieser Zeit erforschen viele begabte Frauen völlig neue Karrierewege, neue Beziehungen und eine ganz neue Art zu leben.

> »Smart women seem to need continuous growth, and often that growth comes as a spiritual or philosophical transformation in midlife.«[35] (Kerr & McKay 2014, S. 214)

Die meisten investieren sich sehr in ihre Karriere, während sie gleichzeitig ihre Partnerschaft aufrechterhalten und heranwachsende Kinder erziehen. Sie versuchen sinnvolle Minuten zu erhaschen und sich mit den Fragen des Lebens zu beschäftigen. Dabei wissen sie nie, ob sie genug tun. Einschneidende Ereignisse im Leben hochbegabter Frauen veranlassen sie in den 40ern zu einer Neubewertung ihres Lebens. Eine Scheidung, ein Todesfall in der Familie, der Verlust des Arbeitsplatzes oder ein schwerer Krankheitsfall – jede Art von Katalysator kann sie von ihrem Kurs und einem eigentlich völlig befriedigenden Leben abbringen.

Hochbegabte Frauen schließen zunächst Kompromisse mit sich selbst und ignorieren den inneren Drang zur Selbstverwirklichung über lange Zeit: den Wunsch, ihren Job zu verlassen, sich scheiden zu lassen und ihr Leben komplett zu ändern. Sie sind jedoch bereit, ihr eigenes Glück zu gefährden und alle Bemühungen anzustellen, um ihren Status Quo zu halten. Ändern sie nichts, werden sie mit den Jahren müde, irritiert und fühlen sich extrem unterdrückt. Es kommt der Zeitpunkt, wenn eine immense Kraft sie dazu antreibt,

35 Kluge Frauen scheinen ein ständiges Wachstum zu brauchen, und oft kommt dieses Wachstum als spiritueller oder philosophischer Wandel in der Lebensmitte. (Übersetzung AD)

endlich zu handeln. Sich auf den Weg zur Selbstverwirklichung zu begeben, ist ein mühsames und manchmal beängstigendes Unterfangen, aber ein notwendiges. Manchmal hat man keine andere Wahl als zu wachsen. Dann gehen die Frauen mit Zuversicht und größerer Klarheit ihren Weg. Ihr visionäres Denken und ihre Sehnsucht nach Sinnhaftigkeit und Zugehörigkeit lassen sie über ihren beruflichen Werdegang nachdenken. Ihr Streben nach Lebenszufriedenheit und ihre vielfältigen Fähigkeiten bringen sie häufig dazu, den Arbeitsplatz zu wechseln.

Besonders intelligente Frauen brauchen ein ständiges Wachstum, und oft kommt er in Form einer spirituellen oder philosophischen Transformation in der Lebensmitte. Da kommt plötzlich etwas Neues, eine Versuchung, eine Liebesbeziehung, etwas, das sie total destabilisiert und in allem verunsichert, was sie konstruiert hatten.

Die Sorge um andere Menschen bei steter Vernachlässigung des eigenen Lebens wird nach all den Jahrzehnten auf einmal in Frage gestellt. Das Bedürfnis, sich auf Kosten der eigenen Entwicklung um die Bedürfnisse anderer zu kümmern, schwindet. Was hochbegabte Frauen in ihren Krisen hält, ist die Hingabe an alles, was im Leben Sinn ergibt.

Für hochbegabte Frauen aus dem Bereich der Höchstbegabung werden die Probleme noch tiefgreifender und schwieriger. Für jemanden, der intellektuell zum obersten Prozent der Bevölkerung gehört, gibt es nur selten andere Menschen mit einem ähnlichen Leistungsniveau. Im Allgemeinen gibt es eine Toleranzzone von etwa plus/minus 20 IQ-Punkten für langfristige Partnerschaften. Hier werden Konzepte, Interessen, Leidenschaften und der Humor geteilt und die Intensität und Sensibilität des jeweils anderen geschätzt. Die Wahrscheinlichkeit, jemanden zu finden, der ein guter Partner für sie sein könnte und ihren Intellekt, ihre künstlerischen Fähigkeiten und ihr hohes Leistungsniveau besonders schätzt, nimmt laut Fiedler (2012) deutlich ab, ohne dabei Faktoren wie Persönlichkeit, Temperament oder den kulturellen Hintergrund zu berücksichtigen, die die Wahrscheinlichkeit verringern. Persönlich glaube ich, dass dies nicht unbedingt zutreffen muss, da nicht nur hochbegabte Frauen in diesen Jahren über deutlich mehr Klarheit und Selbstbewusstsein verfügen, bewusst im Leben entscheiden und dadurch noch attraktiver werden. Möglicherweise steigt in diesen Jahren die Attraktivität unter homosexuellen Frauen, die sich im Gegensatz zu vielen Männern von der natürlichen Autorität reiferer Frauen angezogen fühlen.

3.4.4 Späteres Erwachsenenleben

> »Parents and teachers of gifted girls seldom imagine their daughters beyond college years or young adulthood. Mothers wish for a good education, success at work, and the pleasures of family life for their daughters, but do we ever consider what kind of old woman we would like her to be? Do we ever consider how our teaching and parenting might be shaping not only her youth – but to some extent – her aging?«[36] (Kerr & McKay 2014, S. 221)

Haben wir jemals darüber nachgedacht, wie sich die Prägung hochbegabter Mädchen auf sie jenseits von Jugend und Erwachsenendasein auswirkt? In ihren 50ern stehen viele kluge Frauen erst am Anfang und setzen ihre Begabung erst in diesem Jahrzehnt durch. Die Lebensphase, die nach der Menopause beginnt, scheint für hochbegabte Frauen eine Lebensphase im Überfluss zu sein. Die Hormone spielen eine große Rolle im Leben vieler Frauen, und so hat das Ende der Menstruation insgesamt eine entlastende Wirkung auf sie.

Trotz aller möglichen Rückschläge und Kämpfe verändern hochbegabte Frauen ihr Leben in diesem Jahrzehnt und schreiben eine neue Geschichte. Mit der Sinnstiftung als zentralem Motiv dieser beiden Jahrzehnte kommt es vor, dass hochbegabte Frauen in den 50ern und 60ern ein eigenes Unternehmen gründen. Diese neuen,

36 Eltern und Lehrer hochbegabter Mädchen stellen sich selten vor, dass ihre Töchter über die Schulzeit oder das junge Erwachsenenalter hinausgehen. Mütter wünschen sich für ihre Töchter eine gute Ausbildung, Erfolg im Beruf und die Freuden des Familienlebens, aber denken wir jemals darüber nach, wie wir sie uns als ältere Frau wünschen würden? Haben wir jemals darüber nachgedacht, wie unser Unterricht und unsere Erziehung nicht nur ihre Jugend, sondern bis zu einem gewissen Grad auch ihr Älterwerden prägen könnten? (Übersetzung AD)

von Frauen geführten Unternehmen führen zu Innovation und Produktivität und bieten ihnen die Möglichkeit, all ihre Talente und Fähigkeiten einzusetzen.

In diesem Lebensabschnitt haben manche vielleicht immer noch Selbstzweifel und sind sich dessen bewusst, wie viel sie noch lernen müssen, um ihren Weg, persönlich oder beruflich, weiterzugehen. Dies ist eine Zeit, in der sie sich auf einem Gebiet bewegen, das ihnen in mancher Hinsicht wie Neuland erscheint, eine Zeit, in der der Vorwurf des Egoismus und der Vernachlässigung von Familie oder Freunden im Raum stehen kann. Unerlässlich ist jedoch ein innerer Rückzug zur Introspektion, um diesen Lebensabschnitt zu bewältigen. Die 50er Jahre können noch eine Dekade großer Vitalität und privater Veränderungen sein, eine neue Partnerschaft, ein Umzug oder tiefe neue Selbsterkenntnisse. Hochbegabte Frauen in ihren 50er Jahren erstellen oft ihre eigenen Pläne für die kommenden Jahre. Die Paradoxie dieser Lebensspanne besteht in der Dringlichkeit, etwas Sinnvolles zu erreichen, das einen bleibenden Einfluss auf die Welt hat, und dem tiefen Bedürfnis, sich um eigene Bedürfnisse, Wünsche und Sehnsüchte zu kümmern.

Das elementare Bedürfnis nach geistiger Anregung lässt bei Hochbegabten in den beiden Dekaden nicht nach. Die Anpassung an neue Umstände und die Regulierung von Emotionen sind die wichtigsten Strategien. Die klugen Frauen, die Gleichmut und Gelassenheit erlangt hatten, waren diejenigen, die gelernt hatten, mit negativen Emotionen umzugehen und positive Gefühle zu nähren. Für diejenigen, die Jahrzehnte in stiller Verzweiflung geführt haben, können die Jahre zwischen 50 und 65 als eine Zeit der Wiederentdeckung des eigenen Selbst sein – eine Zeit, in der die eigene Identität aufblühen und gedeihen kann. Mehrheitlich scheinen hochbegabte Frauen in dieser Lebensspanne mit sich im Reinen zu sein. Sie haben mit der eigenen Identität einschließlich aller Besonderheiten einen gewissen Frieden geschlossen, können sich selbst mehr wertschätzen und besser akzeptieren. Im Laufe ihres Lebens haben sie Techniken erlernt, um mit ihrer Intensität besser umzugehen.

Die allgemeine soziale Erwartungshaltung, dass Menschen in ihren 60ern ihre goldenen Jahre in Ruhe genießen, passt nicht zum

Naturell Hochbegabter. Die Hauptthemen der 60er Jahre für Hochbegabte sind Sinnfindung und ein neues Narrativ im Leben. Geht man von der Terman-Studie aus, wird deutlich, dass alleinstehende hochbegabte Frauen ohne Kinder sehr glücklich sind, dass aber die klugen Frauen, die Kinder haben, ihre Kinder in der Regel als ihre Hauptquelle des Glücks betrachten.

Viele hochbegabte Erwachsene zwischen 65 und 80 Jahren haben die Gelegenheit, ihre lebenslangen Träume und Ziele aktiv zu verwirklichen. Freiheit und Emanzipation von Zwängen sind ein weiterer Aspekt des Lebens in dieser Phase. Zu diesem Zeitpunkt haben sich hochbegabte Frauen möglicherweise aller Erwartungen entledigt. Viele von ihnen sind plötzlich bereit, ihre Wahrheit auf eine Art und Weise auszusprechen, die ihnen zuvor unangenehm war oder zu der sie nie bereit waren. Diese Frauen, die sich darüber klar geworden sind, wer sie sind und was ihnen wichtig ist, sind eher in der Lage, ihr Potenzial auszuschöpfen und ein Leben zu führen, das mit ihren Idealen übereinstimmt. In diesem Lebensabschnitt können sie ihre Interessen und Werte auf ganz neue Weise in die Tat umsetzen, da sie ihre familiären Pflichten erledigt und sich gesellschaftlicher Normen entledigt haben (Fiedler 2012). Eines ihrer charakteristischen Merkmale ist das lebenslange Lernen: Sie setzen die Ideen und Ideale, die sie im Laufe der Jahre entwickelt haben, in das Leben hier und heute um. Einige engagieren sich in der Politik, indem sie entweder für ein Amt kandidieren oder sich an verschiedenen Formen des politischen Aktivismus beteiligen. Sie engagieren sich stark in der Freiwilligenarbeit in Museen, Kunstorganisationen, Schulen und in der Gemeindearbeit. Manche konzentrieren sich eher darauf, ein Leben zu führen, das viel ruhiger ist. Diese Frauen haben gleichzeitig viele Leben gelebt und einen Punkt erreicht, an dem es bei der Selbstverwirklichung darum geht, auf eine für sie befriedigende Weise inneren Frieden zu finden.

Viele Hochbegabte erreichen ein hohes Alter, unabhängig von individuellen Belastungen und Krankheiten. Ihre Intensität kann dazu führen, dass sie alle altersbedingten Veränderungen ihres Körpers genau wahrnehmen. Manche genießen bewusst sämtliche Fähigkeiten, die sie noch besitzen, andere sind extrem frustriert, weil sie nicht mehr auf demselben Level funktionieren wie in jüngeren Jahren.

Streznewski (1999) zufolge neigen Hochbegabte dazu, in Schicksalsschlägen einen tieferen Sinn zu suchen und sie gezielt zu verarbeiten, indem sie beispielsweise ihre Gedanken verschriftlichen. Insgesamt pflegten hochbegabte Seniorinnen einen eher unkonventionellen und unabhängigen Lebensstil, verbrächten Zeit mit jüngeren Freunden, heirateten erneut und konnten auch Phasen von Einsamkeit genießen.

Intelligenz ist in der Tat mit guter Gesundheit und Lebenszufriedenheit im Alter verbunden, und eine positive Einstellung zum Altern hat gute Auswirkungen auf das Leben: Die Frauen, die in ihren 60ern eine positive Einstellung zum Altern zeigten, waren in ihren 80ern physisch und psychisch sehr stabil. Auch die Mehrheit der von Streznewski befragten hochbegabten Senior:innen scheint Termans These vom Zusammenhang zwischen Hochbegabung und besserer Gesundheit zu bestätigen – vorausgesetzt, man wisse von seiner Begabung und habe Vertrauen in sie. Vereinzelt gebe es jedoch auch Hochbegabte, die ihre Begabung vor sich und anderen bis ins hohe Alter verleugnen, ihre Intensität betäuben und am Rande der Gesellschaft leben.

Für hochbegabte Frauen im Lebensabschnitt ab 80 Jahren ist es besonders wichtig, dass ihr Geist in der Regel noch sehr aktiv ist und dass sie autonom ein erfülltes Leben führen, solange sie dazu in der Lage sind. Das Gleichgewicht zu finden zwischen Freiheit und dem Vertrauen in andere, wenn man nicht mehr unabhängig sein kann, ist für hochbegabte Frauen im Alter sehr wichtig. Die Autonomie ist ein Charakteristikum Hochbegabter, das bis ins hohe Alter unverändert bleibt. Kluge ältere Frauen sind Quellen der Weisheit, auch wenn sie immerzu noch die letzte Weisheit suchen.

KAPITEL 4

Persönlichkeitsentwicklung und Empowerment für hochbegabte Frauen

> »A true vocation is not a job or career but rather a calling – this powerful idea helps women to avoid the trap of worrying about whether the measure of her success is salary, status, or the opinion of others. (…) It is to actualize one's deepest values through one's calling, or to suffer the sadness of not having fulfilled that calling. A job, a credential, relationships, and a marriage can all be taken away; a vocation, a commitment to an idea, can never be taken away. The message is clear for adult smart women: Self-actualization is not optional.«[37] (Kerr & McKay 2014, S. 224)

In diesem Kapitel geht es um Persönlichkeitsentwicklung, Empowerment, Coaching und Psychotherapie für hochbegabte Frauen. Im ersten Schritt wird Kazimierz Dąbrowskis erweitertes Verständnis von Hochbegabung jenseits des IQ und sein Persönlichkeitsentwicklungsmodell für Hochbegabte vorgestellt. In einem zweiten Schritt werden mögliche Herausforderungen und Chancen in der psycho-

37 Eine wahre Berufung ist kein Job oder eine Karriere, sondern ein Ruf – diese kraftvolle Idee hilft Frauen, der Falle zu entgehen, sich darüber Gedanken zu machen, ob der Maßstab für ihren Erfolg das Gehalt, der Status oder die Meinung der anderen ist. (…) Es geht darum, die eigenen tiefsten Werte durch die eigene Berufung zu verwirklichen oder die Traurigkeit zu ertragen, diesem Ruf nicht gefolgt zu sein. Ein Job, ein Zeugnis, Beziehungen und eine Ehe können weggenommen werden; eine Berufung, ein Engagement für eine Idee, kann niemals weggenommen werden. Die Botschaft für erwachsene intelligente Frauen ist klar: Selbstverwirklichung ist nicht verhandelbar. (Übersetzung AD)

therapeutischen Arbeit mit hochbegabten Frauen skizziert und Empfehlungen für die therapeutische Beziehungsgestaltung bereitgestellt. Für ein tieferes Verständnis traumatisierter Begabung wird explizit auf die Bedeutung des noch bei Weitem nicht erforschten Zusammenhangs zwischen Trauma, Begabung und Kreativität eingegangen und auf mögliche Verwechslungsgefahren zwischen Merkmalen der Hochbegabung und Symptomen bestimmter Krankheitsbilder hingewiesen. Das dritte Kapitel »Coaching und Talentmanagement« stellt ein Modell für mehr Selbstbewusstheit und Selbstakzeptanz hochbegabter Frauen vor sowie verschiedene Wege der Talententwicklung.

4.1 Dąbrowskis Modell der Persönlichkeitsentwicklung

»Ljepša duša dublje jeca.«[38] (Ivo Andrić)

4.1.1 Die fünf Formen der erhöhten Sensitivität

Einen sehr guten Rahmen für das erweiterte Verständnis von Hochbegabung bildet die Forschung des polnischen Arztes, Psychiaters, Psychologen und Philosophen Kazimierz Dąbrowski. Auf der Grundlage seiner Forschungsarbeiten an herausragenden, kreativen Jugendlichen und Erwachsenen schuf er die Theorie der Persönlichkeitsentwicklung, die *theory of positive disintegration*, die in den 60er Jahren des letzten Jahrhunderts zum richtungsweisenden Konzept der amerikanischen Hochbegabtenpädagogik wurde und als Schlüssel zum Verständnis von Hochbegabung als Persönlichkeitsstruktur zu verstehen ist. Das Konzept fand in Europa bei Weitem nicht die gleiche Beachtung wie in den USA, möglicherweise da zu dieser Theorie keine ausreichenden Studien gemacht wurden. Dąbrowskis Werke wurden bislang nie ins Deutsche übersetzt.

38 Übersetzung aus dem Bosnischen: Eine schöne Seele schluchzt am lautesten. (Übersetzung AD) Ivo Andrić (1892–1975) war ein jugoslawischer Schriftsteller, Diplomat, Politiker und Literaturnobelpreisträger.

Eine zentrale Komponente von Dąbrowskis Theorie sind die sogenannten Overexcitabilities (OE, Übererregbarkeiten, erhöhten Sensitivitäten). Zur Beschreibung der hohen Intensität sensitiver Wahrnehmungen von Begabten wählte Dąbrowski diesen Begriff, mit dem er Intensität, Empfindlichkeit und Übererregbarkeit in fünf Bereiche zusammenfasste. Seine Theorie basiert auf der Erkenntnis, dass Hochbegabte schon auf die kleinsten Stimuli stärker und länger reagieren als Nicht-Hochbegabte. Die Ursache für den Reiz-Reaktions-Unterschied zwischen Hochbegabten und Nicht-Hochbegabten liegt in einer Empfindlichkeit des zentralen Nervensystems. Nach Dąbrowski sind die Reaktionen des Menschen auf seine Wahrnehmung immer proportional zu seiner Sensibilität. In seinen Untersuchungen stellte er fest, dass gerade besonders begabte Kinder eine deutliche Übererregbarkeit zeigten, wodurch zwar psychische Krisen und Störungen wahrscheinlicher waren, gleichzeitig aber auch eine stärkere Begabungsentwicklung vorlag (vgl. Preckel & Baudson 2013, S. 62 ff.). Hochbegabte Menschen sprechen seismografisch auf alle Reize an, die in ihr Gehirn fluten, wobei die besonders hohe Wahrnehmung für Außenstehende in der Regel völlig unsichtbar abläuft. Mit dieser Veranlagung können Begabte – unter für sie günstigen Umständen – auf allen möglichen Gebieten Hochleistungen erbringen (Dąbrowski 2015).

Die sogenannten Overexcitabilities (OE) sind in der Hochbegabtenforschung auf besonderes Interesse gestoßen. Dąbrowski selbst spricht von fünf Ausprägungen, die mit entsprechenden Erlebens- und Verhaltensmerkmalen einhergehen und hier näher erläutert werden (vgl. Preckel & Baudson 2013, S. 62 ff. sowie Reichardt 2018, S. 96 ff.).

1. Intellektuelle OE/Sensitivität: Hohes Bedürfnis nach intellektueller Stimulation, Freude an theoretischen Analysen, Streben nach Erkenntnis

Diese OE meint eine besonders schnelle Aktivität des Geistes und wird am ehesten mit Hochbegabung in Verbindung gesetzt. Begabte mit einer stark ausgeprägten intellektuellen OE sind immer bestrebt, alles von Grund auf zu verstehen und sind ständig auf der Suche nach Wahrheiten. Scharfe visuelle Wahrnehmung, ausgesprochener Wissensdurst, Analyse und Synthese, tiefe Neugier, präzise Beobachtung und vertiefte Einarbeitung in neue Themengebiete zeichnen diese Menschen aus. Begabte mit dieser OE sind alle dem Denken verpflichtet; ihre Denkweise ist abstrakt und komplex: Dazu gehören das Denken über das Denken (die Metakognition), eine hohe Introspektionsfähigkeit, die intensive Beschäftigung mit ethisch-moralischen Fragen sowie eigene hohe ethisch-moralische Standards, ein ausgeprägter Gerechtigkeitssinn und die Beschäftigung mit den Missständen der Welt. Schnell erkennen sie Zusammenhänge und Unterschiede in allen Feinheiten und auf allen Ebenen. Sie sind wahre Freigeister, argumentieren logisch, schlüssig und nicht selten sehr kritisch, wobei es ihnen fast immer um die Sache und kaum um persönliche Befindlichkeiten geht. Perfektionismus, Selbstzweifel und ausgeprägte Selbstkritik sowie schnelle Langeweile bei Routineaufgaben sind die Kehrseite. Ihr auf Außenstehende schon immer sprunghaft wirkendes divergentes und assoziatives Denken kann in einem seelisch-emotional unausgeglichenen Zustand Formen annehmen, die nur wenige Menschen nachvollziehen können.

2. Emotionale OE/Sensitivität: Sehr intensives Erleben von Gefühlen

Menschen mit dieser OE haben eine zum Ausufern neigende hochkomplexe Gefühlswelt, die sowohl in negativen wie auch in positiven Stimmungslagen Extreme miteinschließt. Bei geringsten Anlässen können Freudentränen ausbrechen, aber auch abgrundtiefe Trauer auftreten. Hochbegabte mit starker emotionaler OE haben eine hohe Introspektionsfähigkeit und sehr differenzierte Gefühle gegenüber ihrem Selbst, die sie klar zum Ausdruck bringen können. Sie sind in der Lage, tief empfundene Bindungen mit Menschen, Orten und Gewohnheiten einzugehen und ertragen Veränderungen daher besonders schlecht. Schnell entwickeln sie Schuldgefühle, sind leicht zu beschämen und reagieren oft mit psychosomatischen Symptomen. Eine Beziehung zu einem Menschen oder Ort aufgeben zu müssen, verursacht bei ihnen gewaltigen emotionalen Stress. Manchmal sind sie in der Tiefe der Emotionen gefangen und dadurch geradezu gelähmt, ihren normalen Alltag zu bewältigen. Ihre machtvollen Gefühle auszutarieren und im Gleichgewicht zu halten, kann für Menschen mit hoher emotionaler OE zur Lebensaufgabe werden.

3. Imaginative OE/Sensitivität: Ausgeprägte Vorstellungskraft, Fantasie

In diesem Bereich finden sich Personen, die mit ihrer unermesslichen Fantasie, ihrer Dichtung, Kunst und ihren Träumen unsere Welt bereichern. Menschen mit imaginativer OE und Sensitivität setzen ihre ausgeprägte Fähigkeit zur Visualisierung häufig in Geschichten, Filmen, Musik und Bildern um. Sie sind divergent Denkende mit einem Hang zur schöngeistigen Literatur; ihre eigene Sprache ist reich an Metaphern, lebendig und plastisch. Begabte Kinder mit einer starken Ausprägung dieser OE erschaffen sich imaginäre Spielgefährten, mit denen sie sich ihre eigene Welt bauen. Diesen Kindern und Jugendlichen bereitet es häufig große Schwierigkeiten, dem trockenen schulischen und akademischen Unterricht zu folgen, wo Fantasie und Kreativität keinen Raum bekommen.

4. Psychomotorische OE/Sensitivität: Starker Bewegungsdrang, hohes Energieniveau

Die psychomotorische OE ist eine gesteigerte Erregbarkeit des neuromuskulären Systems, die sich im Positiven als hohes körperliches wie auch geistiges Leistungsvermögen äußern kann. Menschen mit einer stark ausgeprägten psychomotorischen Sensitivität bewegen sich der Bewegung willen, sind sehr sportlich, handlungsorientiert und lieben den Wettkampf. Die neuromuskuläre OE kann sich ebenso in der Sprachmotorik bemerkbar machen: Diese Menschen sprechen oft sehr schnell und verfügen über eine große Freude an der eigenen verbalen Ausdruckskraft. Ihr Leben lang bleiben sie umtriebig, da ihre große Agilität fest in ihrem Temperament verankert ist.

5. Sensorische OE/Sensitivität: Intensive Wahrnehmung von Sinneseindrücken und Überempfindlichkeit

Die sensorische OE bezieht sich auf die erhöhte Wahrnehmungsfähigkeit unserer fünf Sinne Sehen, Hören, Riechen, Schmecken und Tasten. Menschen mit ausgeprägter sensorischer OE nehmen ihre Umwelt sehr deutlich und intensiv wahr. Ein besonderer Sinn für

Ästhetik und das Verlangen nach Schönheit zeichnen sie aus. Die meisten Betroffenen haben eine hohe Geräusch- und/oder Lichtempfindlichkeit, die sich unter emotionaler Anpassung bei vielen bis ins Unerträgliche verstärkt. Starker emotionaler Stress kann sich bei Erwachsenen in Form von exzessiv ausgelebter Sexualität entladen, und Kinder verspüren ein erhöhtes Bedürfnis nach engem Körperkontakt. Der Rückzug in eine reizarme Umgebung beruhigt die Sinne. Eine genussvolle Beschäftigung schenkt große Linderung.

Dąbrowski war Mitte des vorigen Jahrhunderts einer der ersten, der klarstellte, dass unsere Emotionen alle anderen Bereiche unseres Lebens beeinflussen und damit selbstverständlich auch das sogenannte logische Denken. Laut Dąbrowski verhält sich die OE analog zur Höhe der Intelligenz: Je höher die Intelligenz, desto ausgeprägter die OE. Einige Hochbegabte haben alle, andere nur wenige Teile der verschiedenen fünf Formen von OE-Ausprägungen. Hochbegabte Kinder kommen bei allen fünf Formen dieser OE auf signifikant höhere Werte als nicht-hochbegabte Kinder (vgl. Reichardt 2018, S. 109).

Bei hochbegabten Erwachsenen sind hauptsächlich Werte der sogenannten Big Three erhöht: die imaginative, intellektuelle und emotionale Sensitivität. Die emotionale Form der OE ist maßgeblich und hat den stärksten Einfluss auf alle anderen Formen der OE, sowohl positiv als auch negativ.

4.1.2 Die Auswirkungen emotionaler Sensitivität auf Hochbegabte

Innere Impulse und Affekte werden von Hochbegabten außerordentlich stark erlebt und nach außen mühsam kontrolliert. Diese Kontrolle geschieht aus Sorge, von den eigenen Gefühlen überwältigt zu werden und andere maßlos zu überfordern. Das Austarieren ihrer starken, wechselhaften und vielschichtigen Gefühle fordert häufig viel Anstrengung und Kraft. Eine stark ausgeprägte emotionale und sensorische Sensitivität kann Begabten sehr viel Schmerz bereiten in ihren Versuchen, sich an die Norm anzupassen. Insbesondere dann, wenn sie ihr Anderssein verleugnen. Hochsensibilität bzw. eine emotionale und sensorische OE können die Hochbegabung verdecken.

Statt ihre Hochbegabung in Hochleistungen umzusetzen, scheinen viele Hochbegabte, insbesondere Frauen, ihre Begabung vor allem darauf zu verwenden, ihre zahlreichen Haupt- und Nebenbaustellen gleichzeitig zu bewältigen, um im Leben gut zu funktionieren: Konflikte am Arbeitsplatz, ständige Beziehungskrisen, psychosomatische Beschwerden, große Sorgen um die Kinder, etc. Ihren wachen Geist und ihre intellektuelle Leistungsfähigkeit nutzen sie, um mit alltäglichen Disharmonien und der Intensität ihrer Gefühle täglich umzugehen. Wenn diese Energien nicht mehr für die kreative Entfaltung von Talenten zur Verfügung stehen, wird die Hochbegabung für einen selbst und seine Umgebung kaum wahrnehmbar.

Diese Überforderung, mit konstantem Stress zu leben, lässt die Hochbegabung unsichtbar werden. Schließlich wird die Hochbegabung oft zur Bewältigung der Hochsensibilität genutzt und nicht für Hochleistungen und produktive Kreativität. In der Außenwahrnehmung erbringen die Betroffenen normale Leistungen, befinden sich aber in Wirklichkeit ständig auf einem extremen Stresslevel und bleiben oft hinter ihrem eigentlichen Leistungspotenzial zurück. Dieser Prozess läuft oft sogar unbewusst ab und kann nach vielen Jahren und Jahrzehnten des Austarierens zwischen Über- und Unterforderung zu Depressionen und körperlicher Erkrankung führen (vgl. Schwiebert 2015, S. 52–61).

Ihre Hochsensitivität lässt hochbegabte Menschen das Leben intensiv wahrnehmen und tiefe Glücksgefühle erleben. Diese Stärke kann jedoch in einer unpassenden Umgebung viel Stress, Frustration und Kritik hervorrufen. Nachdenkliche, intensive und hochsensitive Menschen merken schnell, dass sie eine Minderheit darstellen, fühlen sich schnell anders und ziehen sich zurück, wenn sie für ihre Hochsensitivität, ihre vielschichtige Wahrnehmung, Werte und Verhaltensweisen kritisiert werden. James T. Webb stellt die positiven und negativen Auswirkungen der Hochsensitivität, die mit Hochbegabung oft einhergehen, sehr anschaulich vor (vgl. Webb 2020, S. 54 f.).

Art der Hochsensitivität	Positive Auswirkungen	Negative Auswirkungen
Intellektuell	■ Wissbegier und Offenheit für neue Erfahrungen ■ Interesse an Philosophie ■ Suche nach Bedeutung, dem tieferen Sinn, der Wahrheit ■ Hervorragendes visuelles Gedächtnis und scharfe Beobachtungsgabe ■ Fähigkeit zur hohen Selbstreflektion und Introspektion	■ Tendenz zu übermäßiger Kritik und Streitsucht
Imaginär	■ Starke Imagination und Assoziation ■ Neigung zu Tagträumen und animistischem Denken ■ Tendenz zum Ungewöhnlichen/Einzigartigen ■ Schaffung eigener Welt ■ Liebe zur Musik, Poesie und Dramatik	■ Vermengung von Realität und Fiktion ■ Suche nach Abwechslung und Neuem ■ Präferenz für Fantasiefreunde ■ Frustration bei Untätigkeit
Emotional	■ Große emotionale Bandbreite intensiver Emotionen von Glückseligkeit bis Traurigkeit und Verzweiflung ■ Starke Verbundenheit zu anderen Menschen, Dingen und Orten	■ Schüchternheit und Zurückhaltung ■ Anpassungsschwierigkeiten an neue Umgebungen ■ Tendenz zu Depression und Schuldgefühlen
Sensorisch	■ Stark ausgeprägte Sinneswahrnehmungen (Sehen, Riechen, Schmecken, Berühren, Hören) ■ Freude an schönen Dingen, dem Klang von Worten, Musik, Natur	■ Besonders hohe Empfindlichkeit aller fünf Sinne ■ Wunsch, im Mittelpunkt zu stehen ■ Tendenz zu extremen Verhaltensweisen (Essen, Geld, Sexualität)
Psychomotorisch	■ Ständiger Bewegungsdrang ■ Schnelles Sprechen ■ Starker Handlungsdruck ■ Hohes Aktivitäts- und Energieniveau	■ Unruhe ■ Zwanghaftes Sprechen ■ Nervöse Angewohnheiten wie Tics, Nägelkauen oder Trichotillomanie (zwanghaftes Ausreißen der Kopfhaare)

Dąbrowskis Konzeption hat in der akademischen intelligenzbasierten Definition von Hochbegabung noch keinen Eingang gefunden. Eine Erweiterung des IQ-basierten Verständnisses von Hochbegabung ist unerlässlich, um die neurologische Konstruktion des Menschen einzubeziehen.

Entwicklungspotenzial und Hochbegabung im Sinne von Dąbrowski umfassen deutlich mehr als nur hohe Intelligenz. Intelligenz ist nur eine Ingredienz von Hochbegabung.

Obgleich sich Dąbrowskis Verständnis von Hochbegabung und Persönlichkeitsentwicklung in der Begabtenpädagogik gut etabliert hat, ist die Idee, dass hochbegabte Kinder und Erwachsene unterschiedliche Entwicklungen, neurologische Strukturen und Reaktionen aufweisen, immer noch theoretisch. Die meisten der von Dąbrowski beschriebenen Übererregbarkeiten scheinen sich mit der ausgiebig erforschten Big-Five-Persönlichkeitstheorie zu überschneiden. Die OE-Theorie hingegen basiert auf kleinen Stichproben und Fallstudien und hat keine Belege für die kulturübergreifende, genetische und neurologische Gültigkeit. Das Konzept der Übererregbarkeit, das auf Dąbrowskis Theorie des Entwicklungspotenzials basiert, bietet in jedem Fall ein Modell für die persönliche Entwicklung hochbegabter Menschen in einem höheren Bereich.

Die Autorinnen Kerr und McKay haben, wie manch andere Psycholog:innen, eine kritische Haltung zu Dąbrowskis Theorie und glauben, dass es die Neugier ist, die den Zugang zu den größten Weisheitsressourcen möglich macht, und nicht kognitive oder neurologische Unterschiede (Kerr & McKay 2014, S. 228 f.). Wenn man einem begabten Kind bestimmte Übererregbarkeiten zuschreibt, wird allzu oft die Diagnose einer doppelten Besonderheit vernebelt und dabei schwerwiegende Symptome einer kognitiven Behinderung impliziert. Die Autorinnen Kerr und McKay weisen auf die Gefahr einer Fehldiagnose hin.

4.1.3 Die Theorie der Positiven Desintegration

Dąbrowski stellte bei Menschen mit hohem Entwicklungspotenzial eine ausgeprägte Intensität fest, die er als konstitutionelle Unterschiede zwischen Hochbegabten und Nicht-Hochbegabten bezeichnete. Ihre Merkmale sind:

1. Hohe Begabung
2. Besondere Sensibilitäten (OE)
3. Der sogenannte dritte Faktor: Das Streben nach Wachstum und Autonomie

Dąbrowskis Theory of Positive Disintegration betrachtet die Hochbegabung im Sinne eines Potenzials zur menschlichen Entwicklung und zu persönlichem Wachstum. Die Theorie der Positiven Desintegration ist durch die Annahme gekennzeichnet, dass psychische Anspannung und Ängste bei allen negativen Begleiterscheinungen für das persönliche Wachstum geradezu notwendig sind und auf lange Sicht zu seelischer Ausgeglichenheit und einer qualitativ höheren Entwicklungsstufe führen. Dies setzt eine schwere Leidensphase voraus. Da aber eine solche Krise die Entwicklung insgesamt voranbringt, beschreibt Dąbrowski sie als positiv. Die Phase der Spannung zwischen dem, was man ist und dem, was man sein will, wird begleitet von großen Gefühlsschwankungen und Hypersensibilität. Nervosität, Angst und Depression können zwar bei manchen Menschen auf tiefere Probleme hindeuten, sie können aber gleichwohl Indizien für eine psychische Umstrukturierung und Weiterentwicklung sein. Das sind die emotionalen Achterbahnfahrten, die Hochbegabte nicht einzuordnen wissen und schwer ertragen. Auch das Wissen um die hochbegabungsimmanente emotionale und neurologische Beschaffenheit schützt vor Krisen und Depressionen nicht.

Laut Dąbrowski bieten gerade starke Emotionen die notwendigen Schritte auf dem Weg zu einer höheren Entwicklungsstufe. Der für die existenzielle Depression typische Wertekollaps ist die wesentliche Voraussetzung für eine Reintegration auf einem höheren Akzeptanz- und Verständnisniveau. Nach Dąbrowski ist der Prozess der Reintegration notwendig, um ein höheres Level der moralischen und emotionalen Entwicklung zu erreichen, wobei es nicht selbstverständlich ist, dass man die Reintegration auf einer höheren Ebene erreicht.

Diejenigen, die beide Teile des Prozesses durchlaufen – die Desintegration und die anschließende positive Reintegration – nutzen ihre Selbstbewusstheit und Selbstbestimmtheit in einer Weise, die es ihnen gestattet, sich in Zukunft stärker auf universelle, humanistische und altruistische Werte zu konzentrieren und sich nicht länger von den kulturell oder gesellschaftlich vorgegebenen Werten leiten zu lassen. Die mentale Organisation auf einer höheren Ebene ermöglicht persönliche Zufriedenheit und ein höheres Bewusstsein. Weitere Episoden der Desintegration und Reintegration sind wahrscheinlich.

Wie viele andere existenzielle Psychologen war Dąbrowski der Auffassung, dass ein hochbegabter Mensch nur dann eine voll entwickelte, authentische Person werden kann, wenn er seine inneren Überzeugungen und Werte auf individuelle, einzigartige und bewusste Weise entwickelt. Dies ist ein mühsamer und schmerzhafter Prozess.

Um eine reiche Persönlichkeit zu werden, ist eine umfassende Desintegration unerlässlich, so Dąbrowski. Je nach Lebensphase und neuronaler Veranlagung ist die Disposition zur Desintegration bei Menschen jeweils unterschiedlich. Eine gesteigerte erhöhte Sensitivität findet sich oft in Phasen intensiver Weiterentwicklung bei sehr kreativen Menschen, Menschen hoher moralischer und ideeller Werte und bei Intellektuellen (vgl. Dąbrowski 1964, S. 14).

Dąbrowski beschreibt drei Einflussfaktoren der Persönlichkeitsentwicklung und bezeichnet dabei die beiden Aspekte der Entwicklung, die in der Interaktion zwischen persönlicher Disposition und der Umwelt geschehen, als den ersten und zweiten Faktor. Beim ersten Faktor entwickelt sich das Individuum eher instinkt- und triebgesteuert. Der Einfluss des zweiten Faktors – hierzu zählt insbesondere das familiäre und gesellschaftliche Milieu – funktioniert über soziale Normen und Erwartungen. In beiden Fällen sind Verhalten und Entwicklung fremdbestimmt. Triebe und Instinkte erfahren keine bewusste Auseinandersetzung.

Dieser dritte Faktor – eine innere Kraft, die weitgehend angeboren ist und Menschen dazu befähigt, selbstbestimmt ihren Weg zu gehen und sich nicht von sozialen Konventionen oder biologischen Bedürfnissen leiten zu lassen – ermöglicht ein bewusstes und freies Leben im Einklang mit persönlichen Werten und hängt mit der persönlichen Resilienz eines Menschen zusammen. Die Dynamik des dritten Faktors bewirkt, dass Menschen nach Introspektion, Selbstbildung und Selbstentwicklung streben und Reintegration auf einer höheren Ebene erleben, die sie auf hochmoralische und altruistische Weise über ihre Umgebung hinauswachsen lässt. Manchen Menschen gelingt das nicht, und ihre Reintegration erfolgt auf derselben Ebene, auf der sie sich bereits bei ihrer Desintegration befanden.

Der dritte Faktor entfaltet seine Dynamik in kritischen Lebensphasen und charakterisiert Menschen mit starker Tendenz zur positiven Entwicklung, also besonders begabte Menschen im Sinne Dąbrowskis. Menschen, die sich der krisenbedingten Veränderungen bewusst sind, sind besonders fähig zur Selbsttherapie und zur erfolgreichen Integration auf höherer Ebene.

4.1.4 Die Entwicklungsstufen nach Dąbrowski

Dąbrowskis Entwicklungsstufen der Positiven Desintegration (siehe Piechowski 2009) stellen ein heuristisches Hilfsmittel dar, das im Folgenden vorgestellt wird.

Ebene I: Primäre Integration

- Das Individuum wird vom ersten Faktor beherrscht und in erster Linie von Vererbung, Impulsen und/oder sozialen und umweltbedingten Kräften beeinflusst.
- Diese Stufe ist durch Egoismus und Egozentrik gekennzeichnet; der Einzelne sucht im Allgemeinen vor allem Selbstverwirklichung durch ein Verhalten, bei dem der Zweck die Mittel heiligt.

Die erste Ebene wird als primitive oder primäre Integration bezeichnet. Menschen auf dieser Ebene werden in erster Linie durch den ersten Faktor (Vererbung/Impuls) und/oder den zweiten Faktor (soziales Umfeld) beeinflusst. Die meisten Menschen der Stufe I sind auf der sozialen Ebene integriert. Dąbrowski bezeichnete sie als »Durchschnittsmenschen«. Gekennzeichnet durch Egoismus und Egozentrik suchen sie vor allem nach Selbstverwirklichung und rechtfertigen ihre Bestrebungen durch ein ich-bezogenes Denken ohne Rücksicht auf das Umfeld. Viele Menschen, die als Führungspersönlichkeiten in Wirtschaft und Politik gelten, fallen in diese Kategorie.

Die überwiegende Mehrheit der Menschen baut ihre primitive Integration entweder überhaupt nicht ab oder endet nach einer relativ kurzen Phase der Desintegration, die in der Regel in der Zeit der Adoleszenz auftritt, in einer Reintegration auf früherem Niveau oder in einer teilweisen Integration auf etwas höherem Niveau, ohne dass es zu einer Umwandlung der gesamten psychischen Struktur kommt.

Ebene II: Einstufige Desintegration

- Diese Ebene ist durch einen Mangel an innerer Orientierung, die Unterwerfung an Gruppen und ihre Werte und Überzeugungen sowie das Vorherrschen von Ambivalenzen und Ambitendenzen gekennzeichnet.
- Der zweite Faktor dient als Organisationsprinzip dieser Ebene, wobei soziale Faktoren für das Individuum im Vordergrund stehen.

Das herausragende Merkmal dieser Ebene ist eine anfängliche, kurze und oft intensive Krise oder eine Reihe von Krisen, die spontan nur auf einer Ebene auftreten können. Die Desintegration auf einer Ebene tritt in Entwicklungskrisen wie der Pubertät oder der Menopause ein, in Zeiten, in welchen es schwierig ist, ein belastendes äußeren Ereignis zu bewältigen.

Die Desintegration auf einer Ebene besteht aus Prozessen auf einer einzigen strukturellen und emotionalen Ebene. Konflikte auf derselben Ebene (horizontal) führen zu Ambiguitäten und Ambivalenzen: Man fühlt sich von verschiedenen, aber gleichwertigen Wahlmöglichkeiten auf derselben Ebene gleichermaßen angezogen (Ambiguitäten) und sieht keine echte Präferenz zwischen den Wahlmöglichkeiten (Ambivalenzen). Wenn die Entwicklungskräfte stark genug sind, gerät die Person schließlich in eine existenzielle Krise.

In dieser Phase ist die existenzielle Verzweiflung die vorherrschende Emotion und erfährt eine Auflösung dadurch, dass individuell gewählte Werte anstelle tradierter, nicht hinterfragter gesellschaftlicher Sitten treten und in eine neue Hierarchie persönlicher Werte integriert werden. Für Dąbrowski stellen diese Krisen ein starkes Entwicklungspotenzial für persönliches Wachstum und psychische Gesundheit dar und haben mehr Wirkung als soziale Konformität. Schließlich beinhalten Krisen eine sorgfältige, persönliche Auseinandersetzung mit der Welt und den eigenen Werten.

Stufe II ist eine Übergangszeit. Nach Dąbrowski fällt man entweder zurück (Wiedereingliederung auf einer niedrigeren Stufe), endet negativ, im Selbstmord oder in einer Psychose, oder man bewegt sich auf Stufe III vorwärts. Der Übergang von Stufe II zu Stufe III ist ein grundlegender Wechsel, der eine immense Energie erfordert. Diese Periode ist der Scheideweg der Entwicklung: Von hier aus muss man entweder fortschreiten oder zurückgehen.

Der Kampf zwischen Dąbrowskis drei Faktoren spiegelt diese Übergangskrise wider: Folge ich meinen Instinkten (erster Faktor), meinen Lehren (zweiter Faktor) oder meinem Herzen (dritter Faktor)? Die Entwicklungsantwort besteht darin, die niederen Instinkte, die automatischen unreflektierten Reaktionen wie beispielsweise Wut, in positive Motivation umzuwandeln, darin, den auswendig gelernten und sozialen Antworten zu widerstehen und auf das innere Gefühl zu hören.

Ebene III: Mehrstufige Desintegration innerer Konflikte

- Auf dieser Ebene beginnt der Einzelne, ein Gefühl für das Ideal, für moralische Bedenken und für die Existenz widersprüchlicher Werte in sich selbst zu entwickeln.
- Der innere Gegensatz zwischen dem, was ist, und dem, was sein sollte, ist verantwortlich für den Prozess der emotionalen Fehlanpassung, der sich auf dieser Stufe entfaltet.

Stufe III beschreibt einen vertikalen Konflikt zwischen zwei Alternativen, die nicht nur unterschiedlich sind, sondern auf verschiedenen Ebenen existieren. Vertikale Konflikte entstehen zunächst durch unwillkürliche Wahrnehmungen von höheren und niedrigeren Entscheidungen im Leben. Dąbrowski nannte diese vertikale Dimension »Multilevelness«, eine allmähliche Erkenntnis der Möglichkeit des Höheren.

Vertikale Vergleiche veranschaulichen oft das niedrigere, tatsächliche Verhalten einer Person im Gegensatz zu höheren, imaginierten Idealen und idealisierten Entscheidungen. Dąbrowski glaubte, dass das authentische Individuum den höheren Weg als den eindeutigen und offensichtlichen wählen und damit die Ambivalenzen und Ambitendenzen der Konflikte auf einer Ebene aufheben würde. Wenn das tatsächliche Verhalten der Person anschließend nicht dem Ideal entspricht, kommt es häufig zu innerer Disharmonie und dem Drang, das eigene Leben zu überdenken und neu zu gestalten. Multilevelness stellt somit eine Art von Konflikt dar, der in Dąbrowskis Ansatz entwicklungsorientiert ist.

Vertikale Konflikte sind entscheidend für Autonomie und fortgeschrittenes Persönlichkeitswachstum. Für das Erreichen höherer Ebenen muss der Wechsel zu Multilevelness stattfinden. Bei der Umstellung auf Mehrstufigkeit wird das horizontale Reiz-Reaktions-Modell des Lebens durch eine vertikale und hierarchische Analyse ersetzt. Diese vertikale Sichtweise wird durch die sich herausbildende individuelle Wertestruktur verankert, und alle Ereignisse werden im Zusammenhang mit persönlichen Idealen gesehen.

Ebene IV: Gezielte mehrstufige Desintegration universal

- Das Individuum beginnt, sich in Richtung Selbstverwirklichung zu entwickeln und hat ein starkes Verantwortungsgefühl für das Wohlergehen anderer.
- Die dritte Kraft wird zum Hauptmotivator des Wachstums und spornt den Einzelnen an, auf eine Übereinstimmung zwischen seinen Handlungen und seinen Idealen hinzuarbeiten.

Auf Stufe IV übernimmt die Person die volle Kontrolle über ihre Entwicklung. Die unwillkürliche, spontane Entwicklung der Stufe III wird durch eine bewusste und selbstgesteuerte Überprüfung des Lebens aus der Mehrebenenperspektive ersetzt. Diese Stufe ist gekennzeichent durch den dritten Faktor, der von Dąbrowski als autonomer Faktor der bewussten Wahl beschrieben wird. Die Person überprüft bewusst ihr bestehendes Glaubenssystem und versucht, niedrigere Ansichten und Reaktionen durch sorgfältig durchdachte und gewählte Ideale zu ersetzen. Diese neuen Werte spiegeln sich im Verhalten der Person wider: Das Verhalten wird weniger reaktiv und bewusster, da die Verhaltensentscheidungen unter den Einfluss der höheren, gewählten Ideale der Person fallen.

Soziale Werte werden auf ihre Angemessenheit überprüft und können abgelehnt werden, um durch einen als höher empfundenen alternativen Wert ersetzt zu werden. Die soziale Orientierung eines Menschen spiegelt eine tiefe Verantwortung wider, die sowohl auf intellektuellen als auch auf emotionalen Faktoren beruht. Diese Perspektive ergibt sich aus der Betrachtung des Lebens in Bezug auf die eigene Wertehierarchie und der daraus resultierenden Wertschätzung der Möglichkeiten, wie das Leben gelebt werden könnte.

Aufgrund ihrer authentischen prosozialen Einstellung heben Menschen, die eine höhere Entwicklung erreichen, auch das Niveau ihrer Gesellschaft an. Prosozial bedeutet nicht nur die Unterstützung der bestehenden Gesellschaftsordnung. Wenn die soziale Ordnung niedriger ist und man sich an sie anpasst, dann spiegelt man auch dies wider (negative Anpassung, ein Merkmal der Stufe I). Prosozialität ist hier eine echte Kultivierung sozialer Interaktionen auf der Grundlage höherer Werte. Diese Positionen stehen oft in Konflikt mit dem Status quo einer niedrigeren Gesellschaft. Mit anderen Worten: Die Unangepasstheit an eine Gesellschaft mit niedrigem Niveau ist ein positives Merkmal.

Ebene V: Sekundäre Integration

- Das persönliche Ideal ist erreicht; der Mensch erlebt Harmonie und ist mit sich selbst im Reinen.
- Niedrigere Formen der Motivation sind zerstört und werden

durch höhere Formen der Empathie, Autonomie und Authentizität ersetzt.

Die fünfte Stufe zeigt einen integrierten und harmonischen Charakter, der sich jedoch stark von dem der ersten Stufe unterscheidet. Auf dieser höchsten Stufe wird das Verhalten durch bewusste, sorgfältig abgewogene Entscheidungen auf der Grundlage einer individualisierten Hierarchie persönlicher Werte geleitet. Das Verhalten entspricht diesem inneren Standard, wie das Leben gelebt werden sollte, und so entstehen kaum innere Konflikte.

Besonders auf Stufe V stellen Problemlösung und Kunst die höchsten und edelsten Merkmale des menschlichen Lebens dar. Die Kunst fängt die innersten Gefühlszustände ein und basiert auf einem tiefen Einfühlungsvermögen und Verständnis für den Gegenstand. Oft sind menschliches Leid und Opfer das Thema dieser Werke. Wirklich visionäre Werke, die einzigartig und neuartig sind, werden von Menschen geschaffen, die eine Vision zum Ausdruck bringen, die sich nicht von Konventionen einschränken lässt. Fortschritte in Gesellschaft, Politik und Philosophie werden daher häufig mit einer starken individuellen Kreativität oder Leistung in Verbindung gebracht.

Dąbrowskis Theorie der Positiven Desintegration gibt berechtigte Hoffnung: Das Leiden, das man in persönlichen Krisen oder einer Depression erlebt, gibt einen Wachstumsschub. Während des Leidens brechen alte Mechanismen zusammen, schaffen Platz für neue und ermöglichen einen großen Schritt in der Persönlichkeitsentwicklung. Obgleich Dąbrowskis Theorie nicht wissenschaftlich fundiert ist, ist sie für viele Hochbegabte von großem Nutzen. Denn diese dunkle, unangenehme, zutiefst emotionale Phase im Leben eines Menschen hat einen Sinn. Sie steht für das Wachstumspotenzial, das Aufbrechen alter Muster, um Platz für neue zu schaffen. Leid ist nützlich. Das gibt Hoffnung.

4.2 Hochbegabte Frauen in der Psychotherapie

4.2.1 Herausforderungen und Chancen in der Therapie

> »Wenn eine Hochbegabte in eine psychoanalytische Praxis kommt, klagt sie meist über die Angst, beziehungsunfähig zu sein, keinen Partner zu finden. Sie berichtet über Arbeitsstörungen, die bevorzugt gerade dann auftreten, wenn es darum geht, etwas zu leisten, was ihr nützt, und ihre Karriere fördert – ein Examen abzulegen, eine Veröffentlichung fertigzustellen, sich bei einer Bewerbung durchzusetzen.« (Schmidbauer 2013, S. 140)

Die Beratung hochbegabter Frauen ist eine komplexe Aufgabe, auf die nur sehr wenige Fachleute angemessen vorbereitet sind. Nur wenige Studiengänge für Beratung und Psychologie bieten in den USA Lehrveranstaltungen über die Psychologie der Hochbegabung an. Im deutschsprachigen Raum ist dieser Beratungsschwerpunkt in der Ausbildung nahezu inexistent.

Die wenigen systematischen Studien zu seelischen Störungen bei Hochbegabten deuten darauf hin, dass die große Mehrzahl Hochbegabter als psychisch gesund einzustufen ist. Die wegweisende Langzeitstudie von Louis Terman zeichnet ein positives Bild der psychosozialen Entwicklung Hochbegabter, allerdings ist deutlich geworden, dass sich auch erfolgreiche Hochbegabte in ihrer Jugend sozial stärker benachteiligt fühlen können. Winner (1998) wendet ein, dass Termans These von der guten psychischen Verfassung und Anpassungsfähigkeit des hochbegabten Kindes in dieser extremen Form nicht haltbar sei.

Abgesehen von Termans Langzeitstudie über die Entwicklung Hochbegabter bis ins Erwachsenenalter gibt es bislang keine systematischen Forschungen, theoretischen Ansätze zur Psychotherapie mit hochbegabten Erwachsenen oder Untersuchungen über die Häufigkeit von in diesem Kontext auftretenden seelischen Störungen. Leider existiert das Thema Hochbegabung in der psychoanalytischen Literatur und Diskussion nur am Rande und findet erst allmählich Berücksichtigung.

Die Besonderheit, hochbegabt zu sein, ist ein starker Identitätsfaktor und kann nicht als bloße Eigenschaft betrachtet, sondern muss als Persönlichkeitsstruktur verstanden werden. Die eigene Erkenntnis über die Hochbegabung kann ein einschneidendes Erlebnis sein und sich äußerst positiv auf den Heilungsprozess und die weitere Lebensgestaltung auswirken. Für Hochbegabte oder solche, die eine Hochbegabung bei sich vermuten, ist es sehr wichtig, sich an kundige Fachleute zu wenden, denn zu oft besteht die Verwechslungsgefahr mit verschiedenen Krankheitsbildern. Inzwischen gibt es im deutschsprachigen Raum immer mehr Beratende und Therapierende mit dem Arbeitsschwerpunkt Hochbegabung.

Sowohl in der Psychotherapie als auch beim Coaching ist für den Erfolg das persönliche Verhältnis zwischen Beratendem und Klientel der zentralste Wirkfaktor, nämlich Vertrauen, Wertschätzung, Authentizität, Empathie, Fürsorge und Interesse. Die Wirkfaktoren sind in der Psychotherapie, im Coaching und bei anderen Beratungs- und Trainingsmethoden grundsätzlich gleich. Eine professionelle Diagnose im Hinblick auf pathologisches Verhalten ist bei der Hochbegabung selbst für Fachleute aus der Psychotherapie oder Psychiatrie schwierig.

Berater:innen müssen bedenken, dass hochbegabte Frauen in hohem Maße dazu neigen, kulturelle Unterdrückung zu internalisieren. Dies kann durch einen feministischen Systemansatz wirksam angegangen werden, der die Art und Weise anerkennt, in der wir durch die frauenfeindlichen oder doppelt bindenden Überzeugungen, Erwartungen und Traditionen unserer Familien und Kulturen geformt und verzerrt werden. Frauen müssen lernen, die geschlechtsspezifische Sozialisation zu externalisieren, anstatt sie als mangelnde Fähigkeiten zu verinnerlichen, und dabei verstehen, welchen Tribut die geschlechtsspezifische Diskriminierung für das Selbstvertrauen und den Selbstausdruck von Frauen fordert.

Berater:innen, die mit hochbegabten Women of Color, hochbegabten Frauen mit Migrationshintergrund, mit hochbegabten Homo- und Bisexuellen und hochbegabten Frauen mit Behinderungen arbeiten, müssen für die psychischen, emotionalen und soziologischen Erfahrungen sensibilisiert sein, die mit Herkunft, ethnischer Zugehörigkeit, sexueller Präferenz und Behinderung einhergehen.

Für viele hochbegabte Frauen wie auch für meine Interviewpartnerinnen liegt die größte Herausforderung im Leben im Erreichen eines Gleichgewichts zwischen Arbeit, Beziehungen und sich selbst. Die meisten dieser Frauen haben nicht genügend Zeit, um die intrapersonelle und interpersonelle Dimension sowie das hohe Potenzial gleichzeitig zu entwickeln. In der Beratung sollten hochbegabte Klientinnen lernen, dass die Herausforderungen, mit welchen sie konfrontiert werden, universell sind und dass die Erschöpfung ihres Körpers, Geistes und ihrer Seele nicht als der Preis akzeptiert werden dürfen, den sie für die Entwicklung und Nutzung ihrer Gaben zahlen.

Die Psychotherapeutin Christina Heil (2021 a,b) hat in zwei Studien über das persönliche Erleben und die Erfahrung hochbegabter sowie höchstbegabter Erwachsener in der Psychotherapie berichtet. Im Psychotherapeutenjournal (2018) hat sie einen Leitfaden für eine gelungene Psychotherapie mit hochbegabten Erwachsenen verfasst. Im Folgenden sind die wichtigsten von ihr genannten Aspekte zusammengefasst und durch meine Beobachtung aus der beratenden Tätigkeit mit Hochbegabten im Coaching ergänzt.

Die Frage der Identifikation stellt sich bei all denjenigen hochbegabten Frauen, die bei der Aufnahme einer Therapie noch nicht um ihre Hochbegabung wissen. Psychotherapeutische Therapierende sollten stets auf Merkmale achten, die mit einer Hochbegabung einhergehen, und bei einem entsprechenden Verdacht eine Intelligenzdiagnostik in die Wege leiten.

Checklisten finden sich inzwischen überall in der Literatur zu erwachsenen Hochbegabten. Ihre Charakteristika wurden auch in diesem Buch ausführlich beschrieben. Da es sich bei Hochbegabung um eine intellektuelle Fähigkeit handelt, die sich in hohen Leistungen manifestieren kann, aber nicht muss, sollten Therapierende keinesfalls davon ausgehen, dass alle Hochbegabten über einen hohen Bildungsgrad verfügen und beruflich erfolgreich sind. Umgekehrt sollte auch nicht von einer hohen beruflichen Stellung auf Hochbegabung geschlossen werden. Wie wir wissen, existiert innerhalb der Hochbegabung eine große Heterogenität: Es gibt keine typischen Hochbegabten. Im Folgenden einige Merkmale zur ersten psychotherapeutischen Einschätzung:

- Hochbegabte fallen schon in der Kindheit durch sehr viele tiefgründige Fragen auf. Sie integrieren vielfältige Überlegungen schnell in einen Denkprozess, denken in Analogien und übertragen auf diese Weise bekannte Lösungsmuster. Denken bereitet ihnen große Freude; stets sind sie auf der Suche nach neuen geistigen Herausforderungen.
- Viele Hochbegabte befassen sich schon in der Kindheit mit existenziellen Themen wie beispielsweise Krieg, Hunger oder Tod. Sie sind sehr betroffen vom Leid anderer Menschen, haben eine hohe Empathiefähigkeit und wollen Missstände beheben. Sie befassen sich mit komplexen Fragen aus Bereichen wie Astronomie, Technik, Politik, Religion oder Philosophie und erlernen oft schon im Vorschulalter aus eigener Motivation das Lesen, Schreiben oder Rechnen. Im Erwachsenenalter können die vielfältigen Interessen manchmal zu einer großen Unsicherheit hinsichtlich der Berufswahl führen.
- Das Gefühl der Andersartigkeit und des Unverstandenseins: Das Denken hochbegabter Menschen wird von anderen oft als vorauseilend, sprunghaft oder zu kompliziert empfunden. Häufig finden sie nur schwer Gleichgesinnte, die ihre Interessen im selben Ausmaß teilen. Sie verfügen über einen stark ausgeprägten Gerechtigkeitssinn und hohe moralische Ansprüche, weshalb sie andere Menschen schnell als ungerecht, oberflächlich oder nachlässig erleben. Das Gefühl mangelnder Zugehörigkeit kann sich bereits im Kindesalter äußern, entweder in Einzelgängertum oder Hinwendung zu deutlich älteren Kindern. Wenn sie um ihre Hochbegabung nicht wissen, schreiben sie sich oft selbst die Schuld an den zwischenmenschlichen Problemen zu, erleben sich als sozial inkompetent und trauen den eigenen Gefühlen und Wahrnehmungen nicht. Manche glauben aufgrund ihrer Andersartigkeit sogar, an einer psychischen Erkrankung zu leiden.

- Neben einer hohen Redegewandtheit und einer raschen Auffassungsgabe zeichnen sich Hochbegabte in der Psychotherapie und im Coaching oft durch ein fundiertes Wissen über psychische Erkrankungen und Therapiemethoden aus. Sie stellen den Therapierenden viele komplexe Fragen, hinterfragen das therapeutische Vorgehen, verlangen gute Argumente und Transparenz und geben sich mit Standardinterventionen nicht zufrieden. Manchmal zeigen sich diese Besonderheiten jedoch erst, wenn die therapeutische Beziehung gefestigt ist und sich die Hochbegabten trauen, vollkommen authentisch zu sein.

In ihren beiden Umfragen über das persönliche Erleben der Begabung und ihre Erfahrung mit der Psychotherapie fasst Christina Heil (2021a,b) die Erwartungen hoch- und höchstbegabter Patient:innen an die Psychotherapie zusammen.

1. **Verständnis durch den Therapierenden:** Gut verstanden fühlten sich Teilnehmer:innen, deren Therapeut:in gut zuhörte, sie ernst nahm, ihnen Wertschätzung entgegenbrachte, viel Zutrauen in sie hatte, ihnen viel Handlungsspielraum ließ und intellektuell auf Augenhöhe war. Neben Therapeuteneigenschaften, die generell für eine gute therapeutische Beziehung förderlich sind, spielten auch begabungsbezogene Kompetenzen und Ähnlichkeit eine bedeutsame Rolle.
2. **Zusammenarbeit in der Therapie:** Sie wurde dann als schwierig erlebt, wenn Therapeut:innen sehr auf einer überlegenen Rolle beharrten, sich durch kritische Kommentare und Nachfragen der Patient:innen angegriffen fühlten, ihnen die eigene Sichtweise aufdrängten und in der Anwendung der Interventionen nicht flexibel waren. Patient:innen fühlten sich unverstanden, wenn sie mit ihren individuellen Themen wenig ernst genommen wurden und unpassende Lösungen angeboten bekamen. Unwohl fühlten sich Patient:innen mit Therapierenden, die überheblich wirkten, keine Kenntnisse über Hoch- und Höchstbegabung hatten, sich für die Komplexität des Denkens und tiefergehende Gespräche nicht zugänglich zeigten.

3. **Berücksichtigung der Hochbegabung:** Als hilfreich wurde erlebt, wenn Therapeutinnen die begabungsbezogenen Merkmale in die therapeutische Arbeit einbezogen. Nur so fühlten sich die Patient:innen wirklich verstanden. Als hinderlich wurde hingegen erlebt, wenn Therapierende das Thema Begabung komplett ausklammerten und ihren Patient:innen mit Vorurteilen und Fehlinterpretationen begegneten.
4. **Wünsche der Patient:innen an die Therapeut:innen:** Verständnis, Offenheit, ähnliche Intelligenz. Die Mehrheit der Teilnehmer:innen erachtete die Berücksichtigung der Begabung in einer Therapie als sehr zentral und hielt es für möglich, dass Therapierende ohne eigene Hochbegabung gut mit Hochbegabten arbeiten können. Wesentliche Wünsche bezogen sich darauf, dass Kenntnisse über Hochbegabung in Studium und Ausbildung erworben werden sollten.
5. **Einfluss von Kenntnissen der Therapeut:innen über Hochbegabung:** Wenn Therapeut:inenn über Kenntnisse der Hochbegabung verfügen, fühlen sich Patient:innen ernst genommen und verstanden. Wertschätzung, Authentizität, Transparenz und Offenheit werden hinsichtlich der Interventionen als wichtig erachtet.

Manche Therapierende fühlen sich durch das vorhandene Vorwissen und die kritischen Fragen Hochbegabter in der Therapie in ihrer Kompetenz angegriffen. Dies kann eine Abwehrreaktion des Therapeuten auslösen, der mit Distanz, Spott und Überbetonung von Schwächen des Hochbegabten reagiert. Bleiben die Gefühle von Bedrohung oder Neid bei Therapierenden unreflektiert, können sie immense Auswirkungen negativer Art nicht nur auf den weiteren Therapieprozess haben, sondern auf beiden Seiten auch über den Therapieprozess hinaus.

Hochbegabte Menschen zeigen ein solches Verhalten in der Regel nicht, um Fachpersonen herabzusetzen; es ist vielmehr ihre Art, sich mit Themen auseinanderzusetzen, es ist ein Zeichen von Motivation und Interesse. Wichtig für die Therapiegestaltung ist die Authentizität der psychotherapeutischen Fachperson. Versuche, Unwissenheit zu überspielen oder Fragen auszuweichen, sind ungünstig. Die Fachperson sollte zudem bei jeder Intervention überprüfen, inwiefern sie zu den spezifischen Besonderheiten des Hochbegabten passt und diese entsprechend modifizieren. Keinesfalls sollte versucht werden, Hochbegabungsmerkmale wegzutherapieren und Anpassung an die Mehrheit zu forcieren. Die Charakteristika der Hochbegabung sind als Teil der gesunden Persönlichkeit zu verstehen. Hochbegabte Menschen sollten unbedingt darin unterstützt werden, in ihrer Individualität ein glückliches Leben zu führen und ihre Hochbegabung in vollen Zügen auszuleben.

Zur Rolle der Hochbegabung bei der Diagnostik und Ätiologie psychischer Erkrankungen erläutert Webb zahlreiche Fallen, in die Therapierende geraten können, wenn sie Hochbegabungsmerkmale fälschlicherweise als Symptome psychischer Erkrankungen interpretieren (Webb et al. 2015). Im Wesentlichen nennt er drei Grundregeln, die bei der Diagnostik zu beachten sind:

1. Für die Beurteilung sollten nicht nur die Symptome herangezogen werden, sondern stets auch deren Ursachen. Als Beispiel sei hier die starke Beschäftigung mit speziellen Themen und ein geringes Interesse an den Menschen in der näheren Umgebung genannt. Menschen mit einer Asperger-Störung zeigen dieses Verhalten, weil es ihnen an kommunikativen Fertigkeiten fehlt und sie stereotype Interessen haben. Ein hochbegabter Mensch verhält sich hingegen möglicherweise so, weil er sich in ein faszinierendes Themengebiet vertieft und aufgrund seiner Andersartigkeit im Denken wenig Zugang zu den durchschnittlich intelligenten Menschen in seinem Umfeld findet.
2. Es sollte stets geprüft werden, ob die Symptome über verschiedene Situationen hinweg bestehen bleiben oder lediglich in einzelnen Situationen auftreten, in welchen sie durch die Hochbegabung erklärt werden können. Ein hochbegabter Mensch, der sich normalerweise stark zurückzieht und sich auf eigene Interessen konzentriert, kann u. U. in einer Gruppe von Hochbegabten sehr kontaktfreudig und sozial kompetent auftreten.
3. Vor der Stellung einer Diagnose sollte stets berücksichtigt werden,

dass Symptome nur dann krankheitswertig sind, wenn sie bedeutsames Leiden oder eine Beeinträchtigung in wichtigen Lebensbereichen hervorrufen.

Gemäß Webb (et al. 2015) gibt es folgende Orientierungspunkte für die Arbeit im psychotherapeutischen Prozess, in dem stark ressourcenorientiert gearbeitet werden sollte:

- Das Selbstverständnis und der Selbstwert als hochbegabter Mensch sind das zentrale Thema spät erkannter Hochbegabter. Die essenzielle Aufgabe besteht darin, diesen Menschen Hochbegabung verständlich zu machen und sie zu ermutigen, ihre Eigenschaften in einem positiven Licht zu bewerten. Gelingt dies nicht, steigt die Gefahr für Unzufriedenheit und Depression.
- Die Umbewertung der Vergangenheit ist für spät erkannte Hochbegabte von großer Bedeutung. Es ist wichtig, die neue Erkenntnis nicht nur auf die Gegenwart anzuwenden, sondern die gesamte bisherige Biografie unter dem Aspekt der Hochbegabung zu betrachten. So können eigene Gefühle und Verhaltensweisen sowie Reaktionen von Eltern, Geschwistern, Lehrkräften oder Gleichaltrigen besser nachvollzogen und akzeptiert werden.
- Sofern hochbegabte Menschen unter einem Mangel an befriedigenden Beziehungen leiden, sollten sie ermutigt werden, sich Gemeinschaften von Menschen mit ähnlichen Interessen anzuschließen. Eine Studie ergab, dass die empfundene Ähnlichkeit bei hochbegabten Menschen ein bedeutsamer Prädiktor für gelingende Beziehungen ist. Vor allem für hochbegabte Frauen kann die Partnersuche eine große Herausforderung sein, da heterosexuelle Männer tendenziell weniger intelligente Partnerinnen bevorzugen, während Frauen eher einen Partner auf Augenhöhe oder mit höherem Intellekt vorziehen.
- Bei Underachievern können im Erwachsenenalter motivationale Probleme und unzureichende Arbeits- und Lernstrategien ein wesentliches Thema in der Psychotherapie sein. Beispiele für erstrebenswerte Fertigkeiten sind Zeitmanagement, Prioritätensetzung, Umgang mit Misserfolgen und Erarbeitung von Lernstrategien.

- Hochbegabte brauchen einen Sinn im Leben. Sie wollen in ihren Gefühlen verstanden werden und brauchen Gleichgesinnte, die ihre Ideale teilen. Dies kann sich im gemeinsamen Engagement für politische und soziale Ziele zeigen.
- Kein hochbegabter Mensch kann und sollte sich ausschließlich unter Hochbegabten aufhalten. Daher ist ein respektvoller und sozial kompetenter Umgang mit nicht-hochbegabten Menschen sehr wichtig. Hochbegabte sollten sich beispielsweise darüber im Klaren sein, dass sich viele Normalbegabte stark an Autoritätspersonen und gesellschaftlichen Konventionen orientieren, weniger intensive Auseinandersetzungen mit einem Thema brauchen als sie, manchmal mehr Erklärungen benötigen und von sehr vielen Fragen und langen Diskussionen überfordert werden können.

Die wesentlichen Merkpunkte für Therapierende in der Arbeit mit Hochbegabten lassen sich wie folgt zusammenfassen:

- Viele Hochbegabte, die zur Behandlung einer seelischen Störung kommen, hatten diverse Therapieversuche hinter sich.
- Viele Hochbegabte erleben sich aufgrund ihrer Besonderheiten im Denken, Fühlen und Wahrnehmen als gestört.
- Die Hochbegabung muss unbedingt beim Beziehungsaufbau, in der Diagnostik und im gesamten Therapieprozess beachtet werden – selbst bei bloßem Verdacht.
- Vorsicht bei der Diagnostik, vermeiden Sie Fehldiagnosen.
- Prüfen Sie eigenen Neid, eigene Grenzen und unbewusste destruktive Abwehr Ihren Patient:innen gegenüber.
- Lassen Sie sich nicht auf ein intellektuelles Kräftemessen ein.
- Evidenzbasierte Praktiken funktionieren nicht unbedingt bei hochbegabten Patient:innen.
- Verstehen Sie wirklich, was Hochbegabung ist, und vergewissern Sie sich, dass Sie über explizites Wissen über Hochbegabung verfügen.
- Sie dürfen Fehler machen.
- Zeigen Sie Transparenz im therapeutischen Prozess.
- Versuchen Sie, den Humor der Hochbegabten zu verstehen.

- Berücksichtigen Sie die Stärken und Fähigkeiten der Klient:innen und nutzen Sie diese beim Beziehungsaufbau.

Für eine erfolgreiche und bereichernde Zusammenarbeit mit Hochbegabten ist Therapierenden wie Coaches ans Herz zu legen:

- Stärken Sie Individualität und Autonomie.
- Fördern Sie das Selbstverständnis und den Selbstwert.
- Finden Sie Gründe für die Entstehung des falschen Selbst.
- Bewerten Sie die Vergangenheit gemeinsam um.
- Unterstützen Sie gute Beziehungen auch mit Nicht-Hochbegabten.
- Überdenken Sie gemeinsam das Bild von Hochbegabung.
- Hochbegabte brauchen eine sinnhafte Beschäftigung und einen Sinn im Leben.
- Geben Sie besondere Unterstützung im Umgang mit hoher Sensibilität.
- Zeigen Sie eigene Schwächen! Seien Sie greifbar.
- Die Arbeit mit Hochbegabten kann für Therapierende sehr bereichernd sein.

Speziell weibliche Hochbegabung ist für Therapeut:innen am folgenden Beispiel erkennbar:

> »Wo andere ernten, blüht die Begabung der Klientin. Wo sie selber ernten könnte, wirkt sie farblos, gehemmt, eingeschüchtert, durch Selbstzweifel blockiert. Sie traut sich nicht in eine Prüfung, weil sie sich zu dumm fühlt und sich nicht gut genug vorbereiten konnte, hat aber in vier Monaten eine Fremdsprache gelernt.« (Schmidbauer 2013, S. 140)

Themen weiblicher Hochbegabung sind:

- Selbstwertprobleme: Perfektionismus, Minderwertigkeitsgefühle, Abgrenzung, Rollenerwartungen.
- Vereinbarkeit von Hochbegabung und Weiblichkeit

- Beziehungen zu Männern
- Sexualität mit Blick auf Androgynität
- Hochbegabte Frauen im Diversitätsspektrum
- Hohe Sensitivität hochbegabter Frauen
- Frage der Mutterschaft
- Erfolgsdefinition
- Weibliche Hochbegabung in der Familie
- Psychosomatik, bspw. Anorexie

Es gibt einen weiteren, nicht unbedeutenden Aspekt der psychotherapeutischen Arbeit: die Verletzung der therapeutischen Abstinenz durch sexuelle Übergriffe. Laut einem Bericht von Deutschlandfunknova (2017) werden 20 Prozent der Therapeuten sexuell übergriffig. Nach einer Schätzung des Instituts für Psychotraumatologie gibt es in Deutschland mindestes 300 sexuelle Übergriffe pro Jahr. Da viele Patientinnen sich nicht trauen, den Übergriff zu melden, dürfte die Dunkelziffer viel höher sein. Wie der Zusammenhang eines potenziellen Übergriffs im therapeutischen Setting mit der Hochbegabung von Frauen aussehen kann, beschreibt Schmidbauer (2013):

> »Der Therapeut (…) muss (…) ihren Verführungskünsten trotzen und die Neigung im Schach halten, durch sexuelles Handeln eigene Wünsche zu agieren. Das Kippen einer Psychotherapie in eine sexuelle Beziehung kann einer gemeinsamen Verleugnung der Tatsache dienen, dass sich eine traumatisierte Begabung in einer Routinebehandlung langweilt. Die komplexe Auseinandersetzung mit exhibitionistischen Blockaden reduziert sich auf Sex mit einem überschätzten Therapeuten.« (Schmidbauer 2013, S. 220)

Die Gefahr des Übergriffs ist statistisch in der Konstellation männlicher Therapeut und weibliche Patientin belegt, Übergriffe geschehen auch in gleichgeschlichtlichen psychotherapeutischen Begegnungen.

4.2.2 Nicht gelebte Hochbegabung und psychische Störungen

> »(...) cette petite musique d'une souffrance spécifique, profonde et destructrice«[39] (de Kermadec 2019, S. 11)

Hochbegabte Frauen kennen das Leid aller Hochbegabter, nur auf eine schwerere Art. Ihre Beziehung zur Welt und ihr Blick auf die anderen sind viel komplexer; sie müssen mit der Begabung in einer normativen Gesellschaft leben und gleichzeitig mit all den Facetten der patriarchalischen Gesellschaft, die ihnen oft die Hochbegabung abspricht, sie übersieht, auslacht, verkennt und sie in verschiedene Störungsbilder treibt. In diesem Kapitel geht es darum, was nicht gelebte Hochbegabung mit Frauen macht, mit welchen Krankheitsbildern Hochbegabung aus Unkenntnis dieses Phänomens verwechselt werden kann, welche Störungsbilder neben der Hochbegabung in Komorbidität auftreten können, und wie sich dies auf die Identifikation der Hochbegabung auswirken kann.

James T. Webb spricht von einer Tragödie, wenn die Rede von den vielen hochbegabten Kindern und Erwachsenen ist, denen fälschlicherweise eine emotionale oder psychische Störung zugeschrieben wird (Webb et al. 2015). Wenn Hochbegabung nicht verstanden wird, werden Medikation und Diagnostik zur Erleichterung einer Integration in Schule, Familie und Beruf verordnet. Die Tragik liegt in der medikamentös bedingten Veränderung der Selbstwahrnehmung der Betroffenen. Therapeuten, die mit den Besonderheiten Hochbegabter wenig oder gar nicht vertraut sind, gehen hier große Risiken ein, ihren Patient:innen großen Schaden zuzufügen. Medizinische und psychologische Fachleute sowie andere Angehörige der Gesundheitsberufe werden nur marginal im Laufe ihrer Ausbildung über Hochbegabung informiert. Intellektuelle Merkmale und die Vielfalt in den Ausprägungen bei hochbegabten Kindern und Erwachsenen sind bekannt, jedoch nicht die typischen sozio-emotionalen Verhal-

39 (...) diese kleine Musik eines spezifischen, tiefen und zerstörerischen Leidens (Übersetzung AD)

tensmerkmale. Dieser Informationsmangel ist der Hauptgrund für die häufigen Fehldiagnosen (vgl. Webb et al. 2015, S. 283).

Es gibt zwei Lehrmeinungen darüber, ob hochbegabte Kinder und Erwachsene ein besonderes Risiko für soziale und emotionale Probleme tragen. Die eine vertritt die These, dass hochbegabte Kinder besonders problemanfällig seien und besonderer Interventionen bedürfen, und die andere vertritt die These, dass hochbegabte Kinder mit Problemen eine Minderheit darstellen. In der Tat kam eine Veröffentlichung der National Association for Gifted Children 2002 zu dem Schluss, dass hochbegabte Kinder als Gruppe weder mehr noch weniger anfällig für soziale und emotionale Schwierigkeiten seien als andere Kinder. Über hochbegabte Erwachsene gibt es noch weniger Forschung. Und wo es keine Forschung gibt, müssen sich Fachleute auf ihre eigenen Erfahrungen und Beobachtungen in der klinischen Praxis verlassen. Die klinische Erfahrung von James T. Webb ergibt, dass hochbegabte Kinder zweifellos stärker gefährdet sind, bestimmte Störungen zu entwickeln (Webb et al. 2015). Grundsätzlich gilt es, Hochbegabungsverhalten von pathologischem Verhalten zu unterscheiden.

In der medizinisch-therapeutischen Fachwelt – insbesondere in der Psychologie und Psychiatrie – ist es üblich, einem Problem eine Diagnose zuzuordnen. Um eine psychische oder emotionale Störung korrekt zu diagnostizieren, genügt es jedoch nicht, die Verhaltensweisen mit einem diagnostischen Etikett zu versehen. Und genau hier besteht die Gefahr einer Fehldiagnose. Um eine Pathologisierung der Hochbegabung zu vermeiden, muss der Einfluss der Hochbegabung auf das Verhalten der Person beim diagnostischen Prozess unbedingt Berücksichtigung finden. Die Entmystifizierung von Hochbegabung ist die wirksamste Intervention, um Verhaltensweisen hochbegabter Menschen zu erkennen und einen adäquaten Umgang zu finden. Fachleute müssen daher entsprechend geschult werden, damit optimale Behandlungsmöglichkeiten angeboten werden können – gendergerecht, unter Berücksichtigung aller anderer Diversitätsdimensionen.

Ein großer Kritikpunkt ist, dass Hochbegabung aus Mangel an empirischer Forschung und wegen der Schwierigkeit des Nachweises einer Hochsensibilität als integrativer Bestandteil der Hochbegabung nicht in der psychotherapeutisch-medizinischen Fachwelt integriert ist. Dafür bedarf es an Forschung und eines hohen Engagements von Fachleuten aus der Psychosomatik und Psychiatrie. Da Hochbegabung keine Krankheit ist, wurde sie bislang nicht in Medizin und Psychotherapie aufgenommen und hat in psychotherapeutisch-pädagogisch-medizinischen Kontexten nur dann Relevanz, wenn die Betroffenen mangels Passung zur Umwelt ihre Identität als Hochbegabte nicht leben können und psychosomatische Erkrankungen entwickeln oder Suizidalität vorliegt.

Im Folgenden liegt der Fokus auf typisch weiblichen Störungsbildern im Kontext nicht gelebter Hochbegabung: die Rolle von Trauma und Kreativität, das Persönlichkeitsprofil Borderline, seine Gemeinsamkeiten mit den Charakteristka der Hochbegabung und die Unterscheidungsmerkmale sowie der Zusammenhang zwischen nicht gelebter Hochbegabung und Anorexie. James T. Webb widmet sich Fehldiagnosen bzw. Doppeldiagnosen und Komorbiditäten mit Hochbegabung in einem ausführlichen Werk (Webb et al. 2015).

Trauma und Kreativität

> »Wer mehr wahrnimmt und Reize schneller verarbeitet als andere, ist von Trauma und Folter, von Beschämung, Ohnmacht und Missbrauch auch erheblich stärker beeinträchtigt. Je höher organisiert Organismen sind, desto mehr Angst haben sie (…).« (Schmidbauer 2013, S. 85)

Sind Hochbegabte mit ihrer hohen Emotionalität und Vulnerabilität anfälliger für Traumata? Welche hochbegabungsspezifischen Eigenschaften ermöglichen ihnen die Verarbeitung von traumatischen Erfahrungen? Welche Rolle spielt dabei die Kreativität? Welchen Einfluss nimmt die soziologisch-biologische Kategorie Geschlecht? Schränken Traumata die Entfaltung der Potenziale Hochbegabter ein? Wie stark ist die Resilienz hochbegabter Menschen? Und wie kann unterdrückte, traumatisierte Hochbegabung gerade bei Frauen und Mädchen aussehen?

Auch zur Korrelation zwischen Hochbegabung und Trauma gibt es bislang nur sehr wenig Forschung. Die wenigen Antworten zu diesen Fragestellungen, die bei Andrea Brackmann (2010; 2020) und Ellen Winner (1998) zu finden sind, sollen hier im Folgenden skizziert werden.

Für die Verarbeitung traumatischer Erfahrungen hat die Seele verschiedene Bewältigungsstrategien. Sie kann die schwer belastende Wahrnehmung einer Form von Gewalt ausschalten – dann erreichen die Geschehnisse das Bewusstsein nicht mehr vollständig, man erlebt sie wie in Trance. Dieser Schutzmechanismus kann über Stunden und Tage anhalten und hat die Funktion, Verletzungen nicht im vollen Ausmaß ins Bewusstsein gelangen zu lassen. Daraus können sowohl Verdrängung als auch Spaltung (Dissoziation) resultieren, die ein Leben lang halten können: Bei langanhaltenden und wiederkehrenden Misshandlungen versucht die Seele, das Erlebte abzuspalten. Zerbricht das Ich in mehrere Teile, spricht man von Persönlichkeitsspaltung. Die Fähigkeit zur Spaltung kann für ein misshandeltes Kind überlebenswichtig sein.

Traumafolgestörungen treten auf, wenn ein Mädchen eine überwältigende Erfahrung gemacht hat, die ihre Bewältigungsfähigkeiten übersteigt. Das kann der Verlust einer wichtigen Person sein, Gewalt, sexueller oder emotionaler Missbrauch, das Miterleben einer Katastrophe oder eine beliebige andere beängstigende Situation. Obwohl die meisten intelligenten Mädchen über gute Bewältigungsfähigkeiten verfügen, kann auch das widerstandsfähigste intelligente Mädchen eine Angststörung entwickeln, wenn zu viele stressige Ereignisse aufeinander folgen. Die Geschichten eminenter Frauen, die Kerr und McKay (2014) untersucht haben, beinhalten oft Zeiten in ihrem Leben, in welchen sie Traumata und traumabedingte Ängste hatten.

> »What remains a mystery is how so many smart women not only coped with anxiety but transcended it to become ›better than well‹. This is the hope we must hold out to gifted girls who suffer from anxieties of all kinds – that bright women like themselves have found themselves not only healing but also finding

meaning and purpose as they transformed their suffering into action and creation.«[40] (Kerr & McKay 2014, S. 236)

Anhaltende traumatische Belastungen scheinen bei bestimmten Persönlichkeiten zu einem beschleunigten Reifungsprozess zu führen, während andere Betroffene darauf mit Stagnation und Resignation reagieren. Persönlichkeiten mit einer hohen Sensibilität und Intelligenz reagieren auf massive seelische Belastungen mit einer Reifung aus Not, einer Reifung unter Hochdruck. Versteht man das Trauma als gewaltsame Aufforderung, Höchstleistungen zu vollbringen, um die emotionale Invasion zu überleben, muss ein Kind folgende Fähigkeiten entwickeln (vgl. Brackmann 2010, S. 201):

- **Soziale Intelligenz:** Sich in Angreifende einfühlen und ihre Beweggründe verstehen. Decodierung subtiler Signale (Tonfall, Mimik, Gestik) von Interaktionspartnern, um künftige Handlungen und Übergriffe vorhersagen zu können.
- **Eine außergewöhnliche Leistung des Gehirns:** Ausschluss des Erlebten aus dem Bewusstsein und Einrichtung eines speziellen Gedächtnisspeichers, der nur unter bestimmten Bedingungen zugänglich ist.
- **Entwicklung von Verhaltensweisen** für die Bewältigung von Belastungen und Übergriffen eines gewalttätigen Vaters oder einer psychisch kranken Mutter.
- **Abschalten bestimmter seelischer und körperlicher Empfindungen,** um den Schmerz nicht fühlen zu müssen. Dies kann eine überlebenswichtige Fähigkeit in Extremsituationen sein.

Miller, Goertzel und Goertzel (1962) stellten bereits in den 1960er Jahren fest, dass das Leistungspotenzial hochbegabter Kinder aus

40 Es bleibt ein Rätsel, wie so viele kluge Frauen nicht nur mit der Angst fertig wurden, sondern sie überwunden haben, um »besser als gesund« zu werden. Das ist die Hoffnung, die wir begabten Mädchen geben müssen, die unter Ängsten aller Art leiden – dass kluge Frauen wie sie selbst nicht nur Heilung, sondern auch Sinn und Zweck gefunden haben, als sie ihr Leiden in Handeln und Schaffen verwandelten. (Übersetzung AD)

problematischen Elternhäusern nicht zerstört wird; in einigen Fällen müsse man sogar annehmen, dass das Leid die Kinder zu kreativen Aktivitäten motiviere. Fest steht, dass aus höchst problematischen Familien sehr kreative, hochbegabte Menschen hervorgehen können. Daraus darf jedoch nicht der Umkehrschluss abgeleitet werden, dass Kinder Belastungen brauchen, um ihre Talente zu entfalten.

Winner (1998) unterscheidet zwischen hochbegabten Kindern, die zu Experten aufsteigen und solchen, die ihre Domäne kreativ gestalten. Neben hoher Begabung, Konzentrationsfähigkeit, Risikobereitschaft, Unabhängigkeit und der Fähigkeit, sich durchzusetzen und Fehlschläge zu verarbeiten, scheint also ein weiteres Kennzeichen herausragend kreativer Menschen eine stressbelastete Kindheit zu sein.

Bei vielen Klient:innen ist ein kumulatives Mikrotrauma zu beobachten, das auch als kumulatives Beziehungstrauma bezeichnet wird. Diese Art von Trauma beruht nicht auf einem einzelnen traumatischen Ereignis, es besteht aus vielen kleinen Traumata, die immer dann entstehen, wenn Hochbegabte sich nicht gehört, gesehen, verstanden und ernst genommen und ausgelacht fühlen. Es geht bei Hochbegabten meistens um Anerkennung, um das Gesehen- oder Gehörtwerden und die Daseinsberechtigung. Da die meisten von ihnen in ihrer Kindheit nicht als hochbegabt erkannt oder anerkannt wurden, häufen sie von klein auf zahllose Mini-Traumata an, die zu einem schweren Trauma und Symptomen von posttraumatischem Stress im Laufe des Lebens führen können. Dies ist ein häufiges Thema bei hochbegabten Erwachsenen, dabei variieren Intensität und Ausmaß von Klient:in zu Klient:in.

Andrea Brackmann weist darauf hin, dass von über dreihundert kreativ herausragenden Persönlichkeiten des 20. Jahrhunderts lediglich ein Drittel als hochbegabt identifiziert wurde (Brackmann 2020). Rund 85 Prozent der identifizierten hochkreativen Persönlichkeiten kamen aus stark stressbelasteten Familien. Diese Belastungen weisen erstaunlich große Ähnlichkeiten mit Familienverhältnissen von späteren Borderline-Betroffenen auf: Feindseligkeit, Gewalttätigkeit, Vernachlässigung, Alkoholismus, emotionale Instabilität und Depressionen der Eltern. Das bringt Brackmann zu der Überlegung, dass hohe Intelligenz und ausgeprägte soziale Sensibilität hochbegabter Kinder Bedingungen dafür sein können, unter extremen seelischen und körperlichen Belastungen die typischen Merkmale des Borderline-Syndroms zu entwickeln.

Hochbegabte Kinder haben nach Brackmann (2010, S. 206) alle Voraussetzungen dafür, einen so komplexen Mechanismus wie den der Borderline-typischen Spaltung zu perfektionieren. Zudem sind sie in traumatischen Situationen darauf angewiesen, permanent hellwach zu sein, jede Stimmungsänderung oder Bedrohung in ihrer Umgebung wahrzunehmen und Fluchtstrategien zu entwickeln. Ihnen wird ein ungeheures Maß an Flexibilität, Wachsamkeit und Erfindungsreichtum abverlangt. Manche hochbegabten Menschen versuchen ihr Leben lang, die zerstörerischen Verhältnisse, in welchen sie aufgewachsen sind, durch kreative Leistungen in Ordnung zu bringen (Brackmann 2010, S. 204). Brackmann zählt die Borderline-Persönlichkeiten ebenfalls zu dieser Gruppe Menschen. Im folgenden Fallbeispiel einer 73-jährigen hochbegabten Dame wird gezeigt, wie sich spät-identifizierte, nicht gelebte Hochbegabung auf die Psychosomatik auswirken kann und wie Krankheit die Flucht in die Kreativität sucht.

Fallbeispiel: Flora, 73 Jahre

Aufgewachsen ist sie in einer kosovarischen Kleinstadt einer mehrköpfigen Familie als älteste Tochter eines Kaufmanns und einer Schneiderin, deren Familien im zweiten Weltkrieg Massakern zum Opfer fielen, über die niemals gesprochen wurde. Sie ist die älteste Tochter von sechs Kindern. Der einzige Sohn der Familie ist gemäß den Gepflogenheiten dieser Zeit der Sonnenkönig, in dessen Schatten Flora aufwächst. Bereits als Kind übernimmt sie die Mutterrolle, kocht, wäscht, kümmert sich um alle Geschwister, führt den Haushalt und die Buchhaltung des Vaters, der mit Textilien handelt. **Sie bringt sich das Lesen und Schreiben vor der Schule bei und wird bereits in der vierten Klasse von der Schule genommen:** Ihr Vater braucht sie für sein Geschäft, ihre Mutter für das Haus. Floras Vater wird dafür eine große Geldstrafe erteilt. Mit elf Jahren endet Floras Kindheit, vielleicht schon früher.

Flora entlastet ihre Mutter in Kindererziehung, Haushalt und der Bewirtung von Gästen. Ihr zwei Jahre älterer Bruder kann sich frei entfalten, hat die schönste Kleidung im Ort, Spielzeug, Fahrräder, all das, was in dieser Zeit in dieser Gegend kaum ein Kind hat. Flora lebt im totalen Kontrast zu ihrem Bruder, applaudiert seinen Freiheiten, bügelt für ihn, gibt ihm von ihrem selbstverdienten Geld als Schneiderin regelmäßig Taschengeld und finanziert so seine Ausgänge mit Frauen und Männercliquen.

Flora berichtet von einer Kindheit, in der man ihr zwar zu viel zugemutet hat, aber einer Kindheit, in der sie das rege Familienleben und die Autorität als Älteste genoss und Liebe empfand.

Mit 25 heiratet sie auf Empfehlung ihres Vaters einen ihm vertrauten 15 Jahre älteren Mann, den sie flüchtig als Nachbarn kennt. Sie willigt dem Vorschlag ihres Vaters ein und heiratet – völlig unerfahren, ohne jemals einen Jungen getroffen zu haben – einen Mann, der alle Attribute eines gestandenen Mannes hat: gutaussehend, mit Ausstrahlung und Autorität, erfahren mit Frauen, mit einem sicheren Arbeitsplatz in der Schweiz und einem eigenen Haus.

Flora, die bis zum 25. Lebensjahr niemals einen größeren Ort in ihrem eigenen Land gesehen hat, zieht von heute auf morgen in eine mittelgroße Stadt in der Schweiz und erlebt einen unerwarteten Kulturschock: Bei den Einheimischen wird sie schnell herzlich empfangen, doch es ist die eigene Diaspora, mit der sie sich niemals anfreunden wird.

Zwar ist sie in ihrem Leben ihrer Kindheit und Jugend beraubt, lebt jedoch bis zur Heirat geschützt im Familienverband, von ihren Schwestern und vielen Freundinnen geachtet. **Flora galt als außerordentlich klug, brachte sich den Beruf als Schneiderin selbst bei,** genoss ihre kleinen Freiheiten und wurde allseits geschätzt als fleißige, seriöse junge Frau, die dem Idealbild einer Frau in dieser Region entsprach. Nun ist sie konfrontiert mit einem unerwünschten Leben in der Fremde und den ewig kreisenden Themen um die Heimat und die zurückgelassenen Familien.

Flora liebt ihren Mann und bekommt bald ein Mädchen. Es soll das erste und das letzte Kind sein, denn auch das Zusammenleben mit einem dominanten Mann in der Fremde ist nicht einfach.

Floras Tochter hat eine außergewöhnliche Intelligenz und beeindruckt alle. Überall. Bei der Einschulung und in der Grundschule spricht man von einem Kind, das nur alle zehn Jahre geboren wird. Mehrfache Hinweise der Schuldirektion an das Mädchen, ein bis zwei Klassen zu überspringen und eine begabungsgerechte Schule aufzusuchen, in der mehrsprachig unterrichtet wird, wird vom Vater des Mädchens über die Jahre mit Vehemenz ausgeschlagen. Das Kind soll nicht assimiliert werden, schließlich wolle man zurück ins Kosovo.

Ein männliches Kind folgt noch, das auch sehr intelligent und tüchtig wird, aber in seiner Intelligenz nicht strahlt wie seine Schwester. Der Junge wird von Flora in jeder Hinsicht vorgezogen, da er ein männliches Kind ist und Flora erst durch ihren Sohn ihre eigene Daseinsberechtigung spürt. **Das erste Kind, ein Wunderkind, ist ein Selbstläufer und lebt im Schatten ihres Bruders fast bis zur Unsichtbarkeit.** Flora reinszeniert sich selbst in ihrer eigenen Familie. Sie verschont zwar die Tochter bewusst von jeglicher Hausarbeit und will ihr ihr eigenes Schicksal ersparen, erwartet von ihr dafür aber gute Noten, Konformität und absolut keinen Widerstand.

Die Jahre in der Schweiz sind gekennzeichnet von Floras tüchtiger Arbeit als Schneiderin, die bereits zu Anfang ihres Aufenthaltes die Gelegenheit bekommt, bei einem italienischen Modedesigner zu arbeiten. Sie erfährt nebenbei, dass ihr umfassender Wissensstand dem eines diplomierten Modedesigners entspricht, und **beschließt die versäumte Schullaufbahn nachzuholen und sich selbst als Modedesignerin zu etablieren.** Dieses Vorhaben gelingt Flora ohne viel Aufhebens, neben einem sehr eifersüchtigen Ehemann, der von schlechten Beziehungen und einem verzerrten archaischen Frauenbild geplagt ist und die ganze Familie mit seiner Egozentrik malträtiert.

Flora hat einen Beruf, den sie liebt, genießt Anerkennung im Bekanntenkreis wie im Beruflichen neben einem autoritären Mann, der auch der Trunksucht verfallen ist und das gemeinsame Geld an Verwandte in der Heimat verschenkt. Flora entwickelt bereits mit Ende Zwanzig psychosomatische Beschwerden, für die es keinen organischen Befund gibt. Die Schmerzen werden immer stärker. Flora ahnt nicht, dass sie niemals aufhören werden.

Flora ist in ihrem Auftreten minimalistisch, sehr bescheiden, eigensinnig. Wer ihre Geschichte kennt, wird merken, dass sie keine normale Sozialisation als Kind und Jugendliche erlebt hat. Sie ist ungewöhnlich intelligent, schnell, vorausschauend und stark von der Projektion ihrer Intelligenz auf männliche Angehörige gezeichnet. Ihr Bruder und ihre Neffen, ihr Ehemann, ihr Sohn – jedes männliche Familienmitglied hat für Flora eine nie in Frage gestellte Daseinsberechtigung und Autorität, eine Brillanz und einen viel höheren Wert als sie oder ihre Tochter.

Flora hat eine **sehr starke Intuition, starke Vorahnungen,** sie ist **sehr scharfsinnig und hat bedeutungsvolle Träume. Flora versteht viele Zusammenhänge viel schneller als andere,** kann sie sich aber nicht erklären. Sie ist kurz angebunden, hat nie Zeit und erklärt sich nicht.

Flora hat viele externe kulturimmanente Barrieren als Kleinkind internalisiert, sie nie in Frage gestellt und sie systematisch verdrängt. Sie lebt sie in zerstörerischer Weise in ihrer Beziehung zu ihrer Tochter aus. Floras Tochter ist für sie eine gute Zuhörerin und als kluge, anständige erfolgreiche junge Frau eine sehr gute Partie für einen Landsmann. Flora hat schließlich als Mutter stets darauf geachtet, die Impulse und jegliche Freiheitsbedürfnisse ihrer Tochter zu mäßigen. Eine weitere Baustelle neben dem umtriebigen Sohn und dem dominanten Ehemann brauchte Flora nicht.

Auch heute, mit 73 Jahren, erkennt sie die Autonomie und den Nonkonformismus ihrer Tochter nicht wirklich an. Die Tochter musste weit wegziehen, um sich vor der Destruktivität der Mutter zu retten und sich entwickeln zu können. Auch heute beschämt Flora ihre Tochter vor anderen unbewusst, macht sich über sie und ihre beruflichen und sozialen Erfolge lustig, verniedlicht sie, während sie weit kleinere Errungenschaften männlicher

Angehöriger hochschätzt. Flora kann das Leben ihrer Tochter nicht wirklich nachvollziehen und erlebt sie als defizitär. Sie ist für sie nicht greifbar: autonom, unverheiratet, verschwiegen, verwestlicht, unkonventionell im Denken. **Sie verkennt ihre Tochter, ihre Intelligenz und Weiblichkeit, übersieht sie,** spricht ihr keine eigenen Freiheiten zu und hält sie in gewisser Weise in Reserve. Flora pflegt eine destruktive Nähe-Distanz-Beziehung zu ihrer Tochter, in der sie sich von ihr das nimmt, was sie braucht, und die Tochter immer wieder abstraft. Die Tochter hat aufgehört, über die Härte und die Kälte der Mutter zu klagen. Sie berichtet von einer Mutter, die ihr Leben lang Körperkontakt zur Tochter scheute und ihr niemals emotionalen Halt und Trost geben konnte.

Floras Tochter hat selbst im ähnlichen Alter wie Flora psychosomatische Beschwerden entwickelt und sich vielfach in destruktive Beziehungen begeben. In ihrer eigenen Ausbildung zur Psychotherapeutin erfährt Floras Tochter, dass sie hochbegabt ist und sogar im Bereich der Höchstbegabung liegt. Floras Tochter konnte bei ihrem Bruder ebenfalls eine Hochbegabung feststellen, doch die ganze Familie versperrt sich diesem Thema, da das Phänomen der Hochbegabung in der Ursprungskultur nicht bekannt ist.

Nach vielen Jahren und Jahrzehnten der Selbsttherapie und professionellen Unterstützung ist es der Tochter gelungen, sich größtenteils von der Destruktivität und dem archaischen Patriarchat der Mutter zu distanzieren und ihre **psychosomatischen Beschwerden** zu heilen.

Flora ist inzwischen sehr krank, lebt bereits seit mindestens 50 Jahren in einer Ehe, die sich sehr gut entwickelt hat und dem früheren Leben in keinster Weise ähnlich ist. Nach wie vor arbeitet sie als Modedesignerin selbständig, hat ihre Stammkundschaft und wird sehr geschätzt. Es fällt ihr nach wie vor schwer, den Lebensstil ihrer Kinder ihren Verwandten zu verdolmetschen, und sie fühlt sich ihren Landsleuten gegenüber in einer Bringschuld. Flora lebt in selbstgewählter Isolation und hält spärliche private Kontakte.

Flora hat es gelernt, **schwierige Momente abzuspalten,** erinnert sich nach Streitgesprächen nicht an Gesagtes, projiziert oft in andere und befindet sich in einer **steten De- und Rekonstruktion ihrer eigenen Geschichte.** Was heute gilt, kann schon morgen keine Bedeutung mehr haben. Sie ist in ihrem Wesen still, und doch handelt sie überraschend impulsiv und wählt vernichtende Worte, an die sie sich anschließend nie wieder erinnert. Manchmal empfindet sie **innere Leere** und **überinterpretiert soziale Signale.** Ihre Tochter erkennt an ihr Züge aus dem **Borderline-Spektrum.**

Flora hat unbewusst den Weg der **Kreativität** gesucht, um einen **Ausgleich für ihre Seele und die intellektuelle und kreative Selbstverwirklichung** zu suchen. Sie bleibt jedoch in ihrer destruktiven Prägung und ihrem Kindheitstrauma stecken, reinszeniert sich selbst in der zerstörerischen Beziehung zur Tochter und verbringt ein ganzes Erwachsenenleben in Krankheit.

Floras Herausforderungen

Merkmale der Hochbegabung:

- Frühes Lesen und Schreiben
- Starke Intuition
- Scharfsinnigkeit
- Starke Vorahnungen
- Bedeutungsvolle Träume
- Schnelles Erschließen von Zusammenhängen
- Hohe Selbstkompetenez und Überlebensstrategien
- Höchstbegabte Tochter
- Hochbegabter Sohn
- Starke Projektion ihrer Intelligenz auf männliche Familienmitglieder

Herausforderungen:

- Sehr frühe Verantwortung für alle Geschwister
- Starke verinnerlichte externe Barrieren
- Schulabbruch nach der vierten Klasse
- Keine kindgerechte Sozialisation

- Systematische Benachteiligung als Mädchen
- Verheiratung durch den Vater
- Schwierige Ehe
- Ungewolltes Leben im Ausland

Mögliche Merkmale von Borderline:

- Gestörte Selbstwahrnehmung
- Innere Leere
- Abspaltung
- Projektion
- Impulsivität und Instabilität in engen Beziehungen
- Überinterpretation sozialer Signale

Wir erleben mit Floras Lebensgeschichte vielleicht einen Extremfall, der jedoch in der Gegend und Zeit, in der Flora geboren und aufgewachsen ist, nicht selten war. Es ist tragisch, dass ein außergewöhnlich intelligentes Kind mit elf Jahren von der Schullaufbahn und einer kind- und jugendgerechten Sozialisation abgeschnitten und direkt in ein verantwortungsvolles Erwachsenenleben gestürzt wird. Flora bleibt zeitlebens von diesem Defizit geprägt, das sich in ihrem Sozialverhalten zeigt.

Die Reinszenierung der eigenen Kindheit in die Ehe ist zum einen kulturell und zum anderen psychologisch begründet. Wie wir aus Schmidbauers psychoanalytischen Beobachtungen wissen, kommt es durchaus vor, dass sich hochbegabte Frauen in problematischen Ehen verausgaben, ihren Partner zu retten versuchen und sich selbst und anderen beweisen wollen, dass sie etwas schaffen, das sonst keine schaffen würde: Flora hat auf allen Ebenen über alle Maße hinaus Energie investiert, die Familie intakt gehalten, den Kindern in völliger Unkenntnis des Schulsystems und der lokalen Kultur den Weg in die akademische Welt und eine gute Karriere ermöglicht, einen problematischen Ehemann »umerzogen«, ein Haus gebaut und den Schein nach außen gewahrt als ehrenwerte Gattin und Mutter – ganz neben einem hochkreativen Job und einer Selbständigkeit, die viel Kreativität und Selbstorganisation abverlangt.

Dass hochbegabte Töchter von ihren Müttern nicht wahrgenommen und gedemütigt werden können, hat bereits Schmidbauer einleuchtend geschildert. Umso tragischer, dass Flora ihre Geschichte in einer völlig anderen Zeit mit neuen Koordinaten wirkungsvoll reinszeniert und ihr eigenes Trauma an ihre Tochter weitergibt.

Flora ist nicht offiziell getestet, jedoch von ihrer Tochter zu einem Test überlistet worden, und von ihr als hochbegabt identifiziert. Floras Sohn und ihre Enkelin sind auch hochbegabt. Floras Tochter ist zu verdanken, dass diese Geschichte sichtbar gemacht wurde. Viele andere Frauen erfahren nie von ihrer Hochbegabung.

Borderline und Impulsivität

> »Nach meiner Erfahrung ist es gerade für den Erfolg der oft besonders schwierigen Borderline-Therapien unabdingbar, dass die Betroffenen auch diesen Aspekt [die Hochbegabung] ihrer Persönlichkeit kennen und verstehen lernen.« (Brackmann 2010, S. 216)

Die Borderline-Persönlichkeitsstörung (BPS) oder die emotional instabile Persönlichkeitsstörung des Borderline-Typs ist eine psychische Erkrankung, die sich auszeichnet durch:

- Impulsivität,
- instabile, aber intensive zwischenmenschliche Beziehungen,
- rasche Stimmungswechsel und ein schwankendes Selbstbild aufgrund von gestörter Selbstwahrnehmung,
- selbstschädigendes Verhalten,
- gefühlte innere Leere und
- Dissoziationserlebnisse und Angst vor dem Verlassenwerden.

Die Borderline-Persönlichkeitsstörung hat viele Definitionen und ist selbst für erfahrene Fachärzte in der Praxis oft schwer zu erkennen und von anderen Störungsbildern abzugrenzen. Auf dieses Störungsbild wird hier insofern eingegangen, als es relevant ist, um den Zusammenhang zwischen Hochbegabung und seelischen Störungen zu ermitteln. Laut Ärzteblatt (16/2014) wurde die BPS mit 3,0 Prozent bei Frauen signifikant häufiger diagnostiziert als bei Männern (2,4 Prozent). Möglicherweise ist dieser Unterschied jedoch auf einen diagnostischen Bias zurückzuführen und die Häufigkeit gleich verteilt. In jedem Fall ist die Abgrenzung von Hochbegabung bei Mädchen und Frauen zu Borderline sehr wichtig.

Bei dieser Persönlichkeitsstörung sind bestimmte Vorgänge in den Bereichen Gefühle, Denken und Handeln beeinträchtigt. Dies führt zu problematischen und teilweise paradox wirkenden Verhaltensweisen in sozialen Beziehungen und zu erheblichen Belastungen, die die Lebensqualität der Betroffenen und ihrer Bezugspersonen stark beeinträchtigen. Symptome der BPS können durch Situationen ausgelöst werden, die andere als normal empfinden.

Bei dieser Erkrankung geht man davon aus, dass etwa 90 Prozent aller Borderliner in ihrer Kindheit und Jugend extreme seelische Belastungen und Traumata erfahren haben. Dazu gehören sexueller Missbrauch, körperliche Gewalt, Kriegserfahrung, Vernachlässigung oder extrem instabile Familienverhältnisse. Borderliner, die man mit »Grenzgänger« übersetzen könnte, sind zu krank für ein angepasstes Leben und zu gesund für psychiatrische Institutionen. Werden sie von einer überforderten sozialen Umgebung in eine Klinik gebracht, langweilen sie sich, stiften Verwirrung und wirken so gesund, dass sie wieder entlassen werden.

Borderline-Persönlichkeiten pendeln zwischen normaler und verzerrter Wahrnehmung und befinden sich auf einer anstrengenden Gratwanderung. Borderline heißt Grenzlinie, gemeint sind Grenzzustände zwischen Neurose und Psychose. Traumatische Erfahrungen verursachen nicht nur bisweilen unheilbare Verletzungen, sondern erfordern zu ihrer Bewältigung bestimmte geistige und soziale Fähigkeiten und lösen beschleunigte Reifungsprozesse aus. Diese Überlegungen bieten eine wirkungsvolle therapeutische Ergänzung für Borderline-Klienten, bei deren Behandlung das Augenmerk leider meist ausschließlich auf Defizite und weniger auf vorhandene Ressourcen gerichtet ist.

Borderline-Persönlichkeiten gelingt die Integration ihrer Spaltung in ihre Persönlichkeit dank ihrer hohen geistigen und emotionalen Flexibilität. Um die Angriffe des aggressiven Elternteils ertragen zu können, muss das Kind seine Wahrnehmung ausschalten und wieder einschalten, um wieder Nähe zum Elternteil zuzulassen. Für ein Kind, das von einem Elternteil misshandelt wird, ist die Fähigkeit zur Spaltung meist überlebensnotwendig. Bei einem Feind innerhalb der Familie, auf dessen Liebe und Schutz man angewiesen ist, ist die kindliche Seele gezwungen, das positive Bild der Eltern aufrechtzuerhalten. Manchmal legen Borderliner unbewusst verschiedene, strikt voneinander getrennte Gedächtnisspeicher für gute und schlechte Erlebnisse an.

Wer sich im Labyrinth mit Borderline-Menschen orientieren will, muss als Therapierender mit Entwertung umgehen können. Dann besteht die Chance, eine narzisstisch belastete Begabung zu stabilisieren und einen Weg aus der Entwertung aufzuzeigen. Borderline-Persönlichkeiten gehören in der klinischen Psychologie zu den schwierigsten Patient:innen, da sie als besonders anstrengend und wechselhaft gelten. Der Therapeut wird üblicherweise eingehend in Kompetenz und Einfühlungsvermögen getestet und nicht selten nach kurzer Zeit durch neue Therapeuten ausgetauscht. Aufgrund unbeständiger Stimmungen können Vereinbarungen oftmals nicht zuverlässig eingehalten werden. Merkmale, die im Therapieverlauf auf eine Borderline-Störung hinweisen, sind starke emotionale Reaktionen, häufige Krisen und Fehlinterpretation der Aussagen des Therapeuten sowie eine ungewöhnlich hohe Ambivalenz gegenüber vielen Themen. Und nicht zuletzt eine außergewöhnliche Intelligenz (Brackmann 2010, S. 216 ff.).

Warum bestimmte Menschen nach traumatischen Erfahrungen eine Borderline-Störung entwickeln, andere hingegen eher schwere Depressionen, aggressive und dissoziale Verhaltensstörungen oder multiple Persönlichkeitsstörungen, ist nicht eindeutig geklärt (Brackmann 2010, S. 190). Brackmann schöpft ihr Wissen über Borderline aus ihrer langjährigen Therapiepraxis und den Erfahrungen mit insgesamt 30 Borderline-Patient:innen, die alle ausnahmslos hochbegabt sind. Die Psychotherapeutin verweist auf verschiedene Publikationen (2010, S. 190 f.), die einen großen Zusammenhang erkennen lassen zwischen hoher Intelligenz, besonderer Kreativität und außergewöhnlichen Fähigkeiten in Bezug auf Gedächtnis,

Wahrnehmung und Auffassungsgabe. Sie kritisiert, dass die Intelligenzmessung bei Borderline-Patient:innen in der Diagnostik völlig ausgeklammert wird. Die Persönlichkeitsstruktur Borderline, der Brackmann in ihrem Werk viel Aufmerksamkeit und Respekt zollt, weist folgende Ähnlichkeiten mit Hochbegabung auf (Brackmann 2010, S. 214 f.):

1. **Das Gefühl des Andersseins** begleitet sowohl Hochbegabte als auch Menschen mit Borderline ein Leben lang. Dies mag eine subjektiv verzerrte Wahrnehmung sein, entspricht jedoch bei Hochbegabten meist der Realität: Sie sind tatsächlich anders als die Mehrheit und haben es schwerer, Gleichgesinnte zu finden. Dadurch kann der Eindruck entstehen, anders als alle anderen zu sein.
2. **Die extreme soziale Sensitivität,** das überhöhte Mitleiden und die Überinterpretation sozialer Signale haben sowohl Hochbegabte als auch Menschen mit Borderline gemeinsam.
3. **Intensive emotionale Reaktionen** werden von Hochbegabten und Menschen mit Borderline als Quelle der Inspiration und Ursache von Leid erlebt.
4. **Das Paradoxon der besonderen Empfindlichkeit** bei gleichzeitigem Wunsch nach extremen Erfahrungen findet sich bei beiden Gruppen.
5. Sie haben Gefühle von **Einsamkeit, Leere, Langeweile, Depressionen und Selbstzweifel.**
6. **Die vertiefte Beschäftigung mit Themen** oder Aufgaben lässt Hochbegabte und Menschen mit Borderline Zeit und Raum vergessen. Es gibt nur das Jetzt.
7. Beide Persönlichkeiten prägt ein **kritischer Geist, ein ausgezeichnetes Gedächtnis, eine ausgeprägte Detailwahrnehmung und hohe Intelligenz.**
8. Hochbegabte wie Menschen mit Borderline weisen oft **Erfolg im Beruf** sowie **künstlerische und kreative Fähigkeiten auf.**

Für die Unterscheidung von Borderline gegenüber der Hochbegabung sind laut DSM-5®, dem Klassifikationssystem der American

Psychiatric Association, die folgenden Kriterien für die Diagnose einer Borderline-Persönlichkeitsstörung von Bedeutung[41]:

Diagnostische Kriterien F60.3
Ein tiefgreifendes Muster von Instabilität in zwischenmenschlichen Beziehungen, im Selbstbild und in den Affekten sowie von deutlicher Impulsivität. Der Beginn liegt im frühen Erwachsenenalter, und das Muster zeigt sich in verschiedenen Situationen. Mindestens fünf der folgenden Kriterien müssen erfüllt sein:
1. Verzweifeltes Bemühen, tatsächliches oder vermutetes Verlassenwerden zu vermeiden. (**Beachte:** Hier werden keine suizidalen oder selbstverletzenden Handlungen berücksichtigt, die in Kriterium 5 enthalten sind.) 2. Ein Muster instabiler und intensiver zwischenmenschlicher Beziehungen, das durch einen Wechsel zwischen den Extremen der Idealisierung und Entwertung gekennzeichnet ist. 3. Identitätsstörung: Ausgeprägte und andauernde Instabilität des Selbstbildes oder der Selbstwahrnehmung. 4. Impulsivität in mindestens zwei potenziell selbstschädigenden Bereichen, (Geldausgaben, Sexualität, Substanzmissbrauch, rücksichtsloses Fahren, »Essanfälle«). (**Beachte:** Hier werden keine suizidalen oder selbstverletzenden Handlungen berücksichtigt, die in Kriterium 5 enthalten sind.) 5. Wiederholte suizidale Handlungen, Selbstmordandeutungen oder -drohungen oder Selbstverletzungsverhalten. 6. Affektive Instabilität infolge einer ausgeprägten Reaktivität der Stimmung (z. B. hochgradige episodische Dysphorie, Reizbarkeit oder Angst, wobei diese Verstimmungen gewöhnlich einige Stunden und nur selten mehr als einige Tage andauern). 7. Chronische Gefühle von Leere. 8. Unangemessene, heftige Wut oder Schwierigkeiten, die Wut zu kontrollieren (z. B. häufige Wutausbrüche, andauernde Wut, wiederholte körperliche Auseinandersetzungen). 9. Vorübergehende, durch Belastungen ausgelöste paranoide Vorstellungen oder schwere dissoziative Symptome.

Die BPS wird häufig von weiteren psychischen Störungsbildern begleitet, wie zum Beispiel Depressionen, Aufmerksamkeitsdefizit-/Hyperaktivitätsstörung (ADHS), Posttraumatische Belastungsstörungen (PTBS), Essstörungen, andere Persönlichkeitsstörungen und Substanzmissbrauch. Brackmann berichtet aus ihrer Warte als Psy-

41 Abdruck erfolgt mit Genehmigung vom Hogrefe Verlag Göttingen aus dem Diagnostic and Statistical Manual of Mental Disorders, Fifth Edition, © 2013 American Psychiatric Association, dt. Version © 2018 Hogrefe Verlag.

chotherapeutin über die Gefahr der Stigmatisierung von Borderline-Patient:innen im therapeutischen Kontext (2010, S. 224):

> »Hier sind die Psychologen und Ärzte aufgefordert, sich zu fragen, was diese Klienten, die im Allgemeinen als hoch interessante und faszinierende Persönlichkeiten beschrieben werden, in ihnen selbst auslösen und welchen Einfluss diese Empfindungen auf den Umgang mit ihren Klienten haben. Meine Vermutung ist, dass bei der auffallenden Stigmatisierung von Autisten und ›Borderlinern‹ nicht nur die Angst vor dem Unverständlichen, Andersartigen und Außerordentlichen eine Rolle spielt, sondern auch die Angst vor außergewöhnlicher Begabung.«

Ist die Borderline-Störung eine spezifische Form der Traumabewältigung von Hochbegabten? Forschungen zum Zusammenhang zwischen Trauma, Begabung und Kreativität könnten die Frage nach den Auswirkungen traumatischer Erfahrungen auf Hochbegabte beantworten und zudem längst überfällige ressourcenorientierte Therapiekonzepte für Borderliner weiterentwickeln.

Anorexie und Emotionalität

> »Essstörungen sind kulturabhängig. In einem deutschen Gymnasium finden sich wahrscheinlich mehr Magersüchtige als in tausend afrikanischen Schulen.« (Schmidbauer 2013, S. 194)

Die französische Psychoanalytikerin Monique de Kermadec stellt aus ihrer jahrzehntelangen Erfahrung in der Behandlung hochbegabter Kinder und Erwachsener einen Zusammenhang zwischen der nicht gelebten Hochbegabung bei Frauen und der Gefahr der Anorexie fest. Laut de Kermadec und Brackmann haben beide Gruppen einige Eigenschaften gemeinsam. Im Falle einer Komorbidität sei die Anorexie schwer behandelbar, da Therapierende ohne Kenntnis der Hochbegabung nicht in der Lage sind, die Ursache der Anorexie zu erkennen und entsprechend zu behandeln. Es sei sicher, so de Kermadec (2019, S. 54) dass eine beträchtliche Zahl hochbegabter Frauen Symptome von Anorexie zeigt. Zu den Faktoren, die eine Anorexie begünstigen, zählen schwierige Familienverhältnisse und ein unpassendes soziokulturelles Umfeld. Die Anorexie ist bei hochbegabten Mädchen und Frauen perfekt und diskret organisiert, schwer erkennbar und kann mit psychischen Problemen wie Depression, Angst und Sucht koexistieren.

Das hochbegabte Mädchen in der Pubertät ist körperlich und intellektuell gut entwickelt, aber emotional noch ein Kind. Von Anorexie betroffene junge Mädchen und Frauen sind extrem sensibel, emotional, und können große Denkerinnen und Perfektionistinnen sein. Bei der Hochbegabten mit Potenzial zu Anorexie können Perfektionismus, Intensität und Hypersensibilität in obsessiven Gedanken über die Ernährung kanalisiert werden und sie dazu bringen, ein unrealistisches Gewicht erreichen zu wollen. Die Gewichtsabnahme wird nicht nur um ihrer selbst willen betrieben, sondern sie ist ein Instrument, um die fehlende Autonomie zurückzugewinnen und ihrer Andersartigkeit als Hochbegabte einen Namen zu geben. Die Flucht in die Krankheit erlaubt dem hochbegabten Mädchen klare Regeln, Vorhersehbarkeit und Kontrollierbarkeit ihrer Emotionen und Erinnerungen. Die Kontrolle über ihren Körper gibt ihr ein Gefühl der Macht zurück. Der Entwicklung von Anorexie geht eine schwere Zeit der Fremdbestimmtheit zuvor.

> »Ebenso schaffen Essstörungen ein Feld, um Ängste in Rituale umzuformen. Die traumatisierte Begabung schützt ihr verletzliches Selbst durch eine Ersatzbeschäftigung, die sie mit einem magischen Kreis umgibt. Jugendpsychiater haben schon lange beobachtet, dass die typische Patientin mit einer Anorexie oder Bulimie überdurchschnittlich begabt ist. Ein Zufall ist das nicht; Sucht und Begabung sind dynamisch verbunden.« (Schmidbauer 2013, S. 194)

Anorexie ist immer ein Hinweis auf ein heikles Problem in der Beziehung zu einem der Elternteile. Auch kann eine Krankheit wie Anorexie bei einem hochbegabten Mädchen die Ängste der Eltern internalisieren. Eine hochbegabte Tochter, die die Angst des Vaters spürt, dass sie erwachsen wird, kann unbewusst Anorexie entwickeln, um das kleine Mädchen zu bleiben, das den Vater nicht verlässt und seine Ängste beschwichtigt. Es gibt Mütter, die die Anorexie der Tochter nicht sehen wollen, um sich mit etwaigen eigenen Fehlern und Versäumnissen nicht zu konfrontieren. Eltern müssen für dieses Thema unbedingt durch die Öffentlichkeit und Schulinstitutionen sensibilisiert werden. Therapierende müssen den Zusammenhang von Anorexie und Hochbegabung verstehen. Besteht eine Hochbegabung, muss sie unbedingt erkannt und verstanden werden, damit das anorektische Mädchen eine Chance zur Genesung hat und die Chance, ihre Hochbegabung zu verstehen und zu leben. Die unentdeckte Hochbegabung erschwert zudem die Diagnostik von Anorexie. Sollte die junge Patientin jede Hilfe ablehnen, so kann es ein starkes Zeichen sein, wenn Eltern professionelle Unterstützung suchen.

Der Perfektionismus kann sich bei anorektischen wie bei hochbegabten Frauen wie ein Gefängnis auswirken. In der Adoleszenz können sich Jugendliche optisch dem Trend anpassen, um Zugehörigkeit zu finden und so das subjektive Gefühl der Unangepasstheit und des Andersseins innerhalb von Peergroups zu verdrängen. Die jungen Mädchen stehen durch das Schönheitsdiktat der Modeindustrie unter großem Druck, schön und schlank zu sein, Freunde zu haben und »cool« zu sein. Sie kommen früh in die Pubertät, sind möglicherweise früher sexuell aktiv, bekommen mittelmäßige Noten und haben Schwierigkeiten im Zwischenmenschlichen. Mobbing in der Schule und sexueller Missbrauch können die Anorexie begünstigen. In dieser Lebensphase, in der sie neue Erfahrungen machen, fühlen sich Jugendliche ihrer Peergroup gegenüber vielleicht fremd, da sie ganz anders sind als sie. Hochbegabt zu sein und nicht den Erwartungen der anderen zu entsprechen, führt zu einer besonderen intellektuellen und emotionalen Vulnerabilität. Die Identifikationsmöglichkeiten und die Entwicklung einer eigenen Identität können in diesen Jahren sehr schwierig sein. Eine Mentorin zu finden oder eine Freundschaft zu einer jungen Frau zu suchen, die als weibliches Vorbild dient, kann für junge hochbegabte Frauen sehr identitätsstiftend sein.

Die Anorexie ist eine sehr ernste Erkrankung, die tödlich enden kann und daher unbedingt behandelt werden muss. Diese Krankheit ist sehr schwierig zu leben, nicht nur für die Betroffene selbst, sondern auch für ihre Umgebung.

Zusammenfassend lässt sich feststellen, dass viel Forschungsbedarf in der psychosomatischen Medizin zur weiblichen Hochbegabung besteht.

4.3 Coaching und Talentmanagement

4.3.1 Günstige Faktoren für die Entwicklung weiblicher Hochbegabung

> »The only pathway that leads to the fulfillment of her talent is that of refusal to adjust to conflicting societal expectations for her gender role, and the courage to demand from her family, workplace, and society true equity and support for her goals.«[42]
> (Kerr & McKay 2014, S. 224)

Barbara Kerr und Robyn McKay nähern sich der Frage, welche Faktoren sich auf die Entwicklung von Eminenz bei Frauen besonders günstig auswirken. Alle von Kerr und McKay untersuchten herausragenden Frauen begannen ihren Weg zur Berühmtheit bereits im Jugendalter. Die meisten kreativ herausragenden Persönlichkeiten zeigen eine frühe Leidenschaft für eine bestimmte intellektuelle Tätigkeit und verbringen als Kinder viele Stunden damit, ihre Zeichnungen zu perfektionieren, Cartoons zu kopieren und mit Designs zu experimentieren, zu lesen, Tagebücher und Geschichten zu schreiben und sich früh für Sprache zu begeistern.

Große Leistungen stehen in jedem Bereich in direktem Zusam-

---

42 Der einzige Weg, der zur Entfaltung ihres Talents führt, ist die Weigerung, sich den widersprüchlichen gesellschaftlichen Erwartungen an ihre Geschlechterrolle anzupassen, und der Mut, von ihrer Familie, ihrem Arbeitsplatz und der Gesellschaft echte Gleichberechtigung und Unterstützung für ihre Ziele zu fordern. (Übersetzung AD)

menhang mit der Zeit, die für die Erlangung von Fachwissen aufgewendet wird. Für Mädchen bedeutet eine frühe Leidenschaft nicht nur den Aufbau wichtiger Fähigkeiten, die die Interessen der Mädchen auf Schönheit und Beliebtheit umlenken, sondern kann auch die Widerstandsfähigkeit gegenüber dem gesellschaftlichen Druck erhöhen. Alle Frauen, die Kerr und McKay untersuchten und in ihrem Fachgebiet eine herausragende Stellung hatten, wurden von Mentor:innen gefördert, die ihnen den Zugang zum künftigen Beruf ermöglichten.

Die Stärken, die ein kluges Mädchen für eine rigorose Ausbildung und Betreuung braucht, sind Ausdauer und die Bereitschaft zu beständigem und anhaltendem Einsatz. Alle erfolgreichen Frauen aus den Interviews von Kerr und McKay hatten als Kinder – durch welche Umstände auch immer – Zeit für sich allein. Das Alleinsein erweist sich als eine der Grundbedingungen für die Entwicklung von Eminenz, gerade bei Mädchen und jungen Frauen. Mädchen, die in der Kindheit viel Zeit allein verbringen, haben wahrscheinlich mehr Zeit zum Lesen, Nachdenken und zur Ausbildung von Fähigkeiten. Mädchen, die in der Lage sind, allein zu sein, lassen sich seltener von der Kultur der Romantik einfangen, die ihnen einredet, dass ihre beruflichen Ziele weniger wichtig sind als ihre Beziehung zu Männern. Ungeachtet der ständigen Botschaften, die Mädchen erhalten, sich den gesellschaftlichen Erwartungen anzupassen, sich von der Meinung anderer abhängig zu machen und sich über ihre Beziehungen zu definieren, wählten die untersuchten erfolgreichen Frauen von Kerr und McKay einen Weg, der sie von einem gewöhnlichen in ein außergewöhnliches Leben führte. Die Einsamkeit wird für diese Mädchen nicht zu einer Quelle der sozialen Verlegenheit, sondern zu einer Quelle der Stärke.

Herausragende Frauen unterscheiden sich von anderen klugen Frauen durch ihre frühe und hoch entwickelte berufliche Identität. Schon als Teenager sahen sich die von Kerr und McKay (2014) untersuchten Frauen als Wissenschaftlerinnen, Schriftstellerinnen oder Künstlerinnen. Generell mag es geschlechtsspezifische Unterschiede in der Art und Weise geben, wie Männer und Frauen ihre berufliche Identität entwickeln. Der derzeitige Konsens ist, dass sich Frauen und Männer darin unterscheiden, wie sie ihre Identität in bestimmten Bereichen entwickeln. Aus den Studien über das Leben besonders erfolgreicher Frauen geht eindeutig hervor, dass die Entwicklung einer starken, klaren beruflichen Identität für die Bewältigung der Aufgaben eines Erwachsenen in allen Bereichen von wesentlicher Bedeutung ist.

Vielen eminenten Frauen kam die Isolation in der Kindheit zugute, um sie vor dem Druck gesellschaftlicher Erwartungen zu schützen. Hochbegabte Mädchen wählen die soziale Isolation manchmal, da sie nicht in die traditionelle Norm passen und versuchen, ihre Fähigkeiten durch sozialen Rückzug zu verbergen. Da sie schon unzählige Male negative Reaktionen auf ihre Talente erlebt haben, schützen sie sich vor sozialer Kontrolle durch Abgrenzung. Manche von ihnen werden sarkastisch, intolerant, selbstgerecht und manche schützen sich durch Schüchternheit und Bescheidenheit. Die Tendenz zur Überidentifikation mit den Bedürfnissen anderer kann dazu führen, dass Frauen ihre Identität verlieren. Herausragende Frauen haben jedoch die Fähigkeit, sich mit anderen verbunden zu fühlen, ohne ihr Selbstbewusstsein aufzugeben. Sie scheinen Stereotypen zu ignorieren und sie absichtlich in Frage zu stellen.

Von allen Eigenschaften herausragender Frauen ist die Fähigkeit, sich in eine Idee zu verlieben, vielleicht der stärkste Faktor für den Erfolg. Was bringt einen Menschen dazu, sich in eine Idee zu verlieben? Welche besondere Erfahrung ermöglicht es Menschen, dieser Idee ihr ganzes Leben lang zu folgen? Ob Kunst, Wissenschaft oder Führung – diese kreativen Menschen fühlen sich eins mit ihrer Arbeit, entdecken ein Gefühl der Harmonie und Meisterschaft und erleben eine Zeitlosigkeit und Freude bei der Ausübung ihrer Disziplin. Sich in eine Idee zu verlieben, stärkt die Entschlossenheit einer klugen jungen Frau in fast allen anderen Bereichen ihres Lebens und verleiht ihr den Mut, Hindernisse zu überwinden, Geschlechterschranken und Stereotype zu ignorieren und intensive Zeit allein mit dem Streben nach Exzellenz auf ihrem Gebiet zu verbringen. In den Studien herausragender Frauen stechen ihr leidenschaftliches Engagement, ihre Liebe zu ihrer Arbeit und die Intensität, mit der sie ihre tiefsten Werte ausleben, hervor.

Jede Generation von Frauen in der Geschichte muss sowohl ihre Ideen als auch ihr kollektives feministisches Bewusstsein neu erfinden, da es in der Gesellschaft an Kontinuität in der Anerkennung von weiblichen Beiträgen fehlt. Schließlich hat unsere Gesellschaft eine lange Geschichte von Ambivalenz höchstfähigen Frauen gegenüber. Mit der Internalisierung unserer Kulturgeschichte und des Patriarchats unterdrückt der Sexismus die weibliche Hochbegabung und verstärkt die weibliche Minderwertigkeit. Viele Erfolgsmaßstäbe, die in unserer Gesellschaft zur Definition von Leistung herangezogen werden, beruhen auf männlichen Indikatoren, und vor allem weiße Männer haben die meisten Konzepte von Begabung und Talent entwickelt, die in der modernen Psychologie und der pädagogischen Psychologie anerkannt sind. Sie haben auch die meisten historischen und aktuellen Konzepte von Intelligenz, Beurteilungsinstrumente und Werkzeuge entwickelt, die derzeit zur Messung von Intelligenz verwendet werden. Die Arbeit von Theoretiker:innen mit kultureller Vielfalt hat erst in jüngster Zeit damit begonnen, die aktuellen Konzepte von Begabung und Intelligenz zu beeinflussen, und wird erst dann berücksichtigt werden, wenn ein umfassenderer Korpus entwickelt ist. So erklärt es sich, dass wir Begabungen ablehnen, die stereotypisiert weiblich sind: die Fähigkeit, zu lieben und zu verstehen, das Mitgefühl, den Altruismus und das Leben mit Würde, Integrität und Authentizität. Indem wir diese Werte nicht in uns und den anderen wertschätzen, führen wir die misogyne Vorstellung von Begabung fort.

Bei allen Überlegungen um die Sichtbarkeit der Hochbegabung ist festzuhalten: Damit sich Hochbegabung spiegelt und entfaltet, darf sie sich nicht verstecken. Sie muss sichtbar sein und gelebt werden. Am Beispiel hochbegabter Mädchen sehen wir, welche Auswirkungen eine versteckte Hochbegabung auf das gesamte Leben haben kann.

4.3.2 Das Awareness-Modell von Vince Sweeney

Ein Modell für persönliches Wachstum, Selbsterkenntnis und Authentizität ist das sogenannte *Awareness-Modell*, das von Vince Sweeney entwickelt und von Andrew Mahoney (2001) erweitert wurde. Das Modell fußt auf vier Säulen, die im Folgenden skizziert werden (vgl. Webb 2020, S. 118 ff.).

1. **Selbstbewusstheit:** Selbstbewusstheit zu erlangen ist ein mühsamer Weg. Es gibt Hochbegabte, die ihre Hochbegabung verleugnen. Solange eigene Anteile nicht akzeptiert werden, und das gilt nicht nur für die Hochbegabung, kann keine Weiterentwicklung erfolgen. Zunächst sollte die Erkenntnis zugelassen werden, dass bei einer Hochbegabung größere intellektuelle Fähigkeiten sowie eine tiefe Einzigartigkeit in Intensität, Sensitivität und im Verhalten vorliegen.
2. **Selbsterkenntnis und Selbstakzeptanz** sind die ersten Schritte zur Authentizität. Haben Hochbegabte erst einmal zugelassen, sich ihrer selbst bewusst zu werden und sich einzugestehen, wie intensiv, sensibel und idealistisch sie sind und dass sie das Leben anders und intensiver erleben als die meisten Menschen, kann ihre tatsächliche, authentische persönliche Entwicklung beginnen.
3. **Anerkennung:** Anzuerkennen, wer man wirklich ist, ist ein Prozess, der möglicherweise ganz neue Gefühle freisetzt und zu grundlegenden Veränderungen im Leben führen kann. Er ist Teil der Desintegration und des positiven Wachstums, ohne die es keine positive Reintegration nach Dąbrowski geben kann. Dabei kann der Prozess der Des- und der anschließenden Reintegration mehrere Male im Leben durchlaufen werden. Je größer die intellektuellen Fähigkeiten von Betroffenen, desto größer auch die Wahrscheinlichkeit für die Akzeptanz des eigenen Wertesystems.
4. **Wertschätzung des Andersseins:** Erst wenn Hochbegabte sich ihrer Andersartigkeit bewusst geworden sind, können sie ihre persönlichen Talente und Fähigkeiten annehmen und schätzen. Meistens hat diese Entwicklung Glücksgefühle zur Folge, sie kann aber auch eine Last bedeuten: Inwiefern steht ein Mensch mit Hochbegabung in der Pflicht, seine Fähigkeiten und Talente zu nutzen und weiterzuentwickeln? Wie viel Verantwortung tragen Betroffene für andere und die Welt?
5. **Akzeptanz:** Viele hochbegabte Menschen glauben, sie könnten alle Zwischenschritte überspringen, um zur Akzeptanz zu gelan-

gen. Echte Akzeptanz stellt sich jedoch erst nach dem erfolgreichen Durchlaufen einzelner Zwischenstadien ein. Dann können Hochbegabte die einzigartigen Facetten ihrer Selbst annehmen. Sich selbst, die eigenen Stärken und Schwächen, Denkmuster und Werte zu erkennen, ist für Hochbegabte, gerade für hochbegabte Mädchen und Frauen (über-)lebenswichtig.

Hochbegabung wird im zeitlichen und kulturellen Kontext jeweils unterschiedlich bewertet; unser Konzept von Hochbegabung wurde stark von standardisierten IQ-Tests geprägt, daher ist die Förderung Hochbegabter auf intellektuelle und akademische Fertigkeiten fokussiert. Es wird sehr wenig auf die Imagination und die kreativen und emotionalen Aspekte der Hochbegabung geschaut. Hochbegabte haben ein reiches und vielfältiges Instrumentarium, das nur über den Weg zur Selbstbewusstheit und Selbstakzeptanz authentisch genutzt werden kann.

4.3.3 Erkenntnisse aus der Positiven Psychologie

Die Erkenntnisse aus der Positiven Psychologie können Hochbegabten gute Orientierungspunkte geben:

Fokus und Leben im Hier und Jetzt: Besonders für Hochbegabte ist es wichtig, einen Fokus im Leben zu setzen und das Loslassen zu lernen. Im Hier und Jetzt zu leben, achtsam für das zu sein, was man jetzt gerade tut, denkt und empfindet; Situationen so zu betrachten, wie sie gegenwärtig sind, ohne Rückschau, ohne Blick in die Zukunft – all das sind zentrale Bausteine der Positiven Psychologie. In vielen östlichen Religionen ist das Leben im Hier und Jetzt von entscheidender Bedeutung.

Diesem Ansatz liegt die Erkenntnis zugrunde, dass man die Vergangenheit nicht mehr ändern kann und nicht weiß, was die Zukunft bringt. Dabei geht es darum, das Gedankenkarussell zu stoppen und durch Meditation einen Zustand zu erreichen, in welchem man jetzt, in diesem Moment, Zufriedenheit erlangt. Eine Entscheidung zu treffen, einen Fokus zu setzen und dafür zu brennen, das erhöht die

Wahrscheinlichkeit auf Glück und Zufriedenheit. Der Fokus verleiht dem Leben Sinn.

Sinn: Sinn erwächst auch aus authentischen Beziehungen. Indem wir uns selbst entdecken und unser authentisches Selbst durch authentische Beziehungen zum Ausdruck bringen, wachsen wir und können mit unserer Realität besser umgehen. Auf diese Weise findet eine Reintegration unseres Selbst auf höherer Ebene statt. Und das gibt Sinn (Webb 2020, S. 167 ff.). Viele Hochbegabte wollen sich mit etwas verbunden fühlen, das größer ist als sie selbst. Kommt diese Verbindung nicht zustande, kann sich eine Depression entwickeln. Die Formulierung eines persönlichen Leitbildes ist eine hervorragende Aufgabe, um dies zu unterstützen.

Vertrauensvolle Menschen: Hochbegabten Menschen fällt es besonders schwer, jemanden zu finden, dem sie ihre intensiven Gedanken, Emotionen und Sorgen anvertrauen können. Der Mensch braucht andere Menschen, um zufrieden und glücklich zu sein, dabei reichen zwei bis drei authentische Beziehungen aus. Unser Gefühl von Zufriedenheit, Glück und Zugehörigkeit rührt von den wenigen Menschen, die uns kennen und uns so akzeptieren, wie wir sind.

Kultivierung positiver Gedanken und Gefühle: Je stärker wir uns auf unsere negativen Aspekte konzentrieren, desto geringer ist die Wahrscheinlichkeit, dass wir uns glücklich und zuversichtlich fühlen. Viel sinnvoller ist es, positive Einstellungen und Emotionen zu kultivieren. Althergebrachte Aspekte aus den Religionen, die in die Positive Psychologie aufgenommen wurden, können zu einer positiven Lebenseinstellung beitragen: Dankbarkeit, Gutes tun, schöne Aspekte des Lebens in den Blick nehmen und positive Denkgewohnheiten kultivieren, auf die Gesundheit achten und für ausreichend Schlaf, gute Ernährung, Sport und eine gesunde Sexualität sorgen.

Spiritualität: Sinnstiftend und lebensbejahend ist auch die Spiritualität. Forschungen zeigen, dass Spiritualität mit Glück, Zufriedenheit und Hoffnung zusammenhängt und dass ein wesentlicher Glücksfaktor für Menschen das Gefühl ist, mit etwas verbunden zu sein. Ob das die Verbundenheit mit dem Universum, der Wissenschaft, Musik, Natur oder Religion ist, ist zweitrangig. Spiritualität verbindet, tröstet, heilt – genauso wie die Zugehörigkeit zu einer Gemeinschaft und authentische Beziehungen.

Resilienz und Motivation: Resilienz ist zu einem Schlüsselkonzept der Psychologie geworden und bezeichnet die Kraft im Menschen, die es trotz Widrigkeiten der Existenz ermöglicht, innere Stärken freizusetzen und die Menschen mit einer gestärkten Persönlichkeit aus Lebenskrisen hervorgehen lässt. Resilienz als Fähigkeit, sich Problemen zu stellen, sich anzupassen und konstruktive Lösungen für komplexe Schwierigkeiten zu finden, ist bei Hochbegabten besonders ausgeprägt. Ihre Kräfte sind beachtlich, allzu häufig liegen sie allerdings gerade bei Frauen unter vielen Schichten des Verzichts, der Trauer, der Enttäuschung und Schuldgefühle vergraben.

Zur Resilienz von Hochbegabten gibt es noch keine Untersuchungen. Einige Forschende, wie z. B. Margit Stamm (2017b), sprechen von hoher Intelligenz als Resilienzfaktor und Ressource bei Hochbegabten. Resilienz hänge von personalen Schutzfaktoren ab, etwa einem positiven Temperament, Flexibilität, Frustrationstoleranz, intellektueller Neugier und Einfühlungsvermögen. Die Beobachtung zeigt, dass Hochbegabte bewusst oder unbewusst eine Vielzahl dieser Strategien zur Krisenbewältigung anwenden, gerade hochbegabte Frauen, die bereits als Mädchen früh genug lernen müssen, mit den genderspezifischen Einschränkungen auszukommen.

Die stark ausgeprägte intrinsische Motivation sorgt bei Hochbegabten für beschleunigte Entwicklung und Resilienz. Viele hochbegabte Frauen schaffen es, wie es einige der Fallbeispiele veranschaulicht haben, unter immensen Belastungen und Schicksalsschlägen, ihre Begabung für die Krisenüberwindung zu nutzen, und können gerade die extremen Beeinträchtigungen und schweren Erkrankungen in Kreativität umwandeln. Das Umsetzen stark belasteter Emotionen in künstlerische Energie scheint so heilsam zu wirken wie Medizin. Offenbar trägt dieses Vorgehen maßgeblich zur Resilienz

Hochbegabter bei. Diese Beobachtung entspricht Dąbrowskis Theory of Positive Disintegration.

Besonders Menschen, deren Intelligenz im Bereich der Höchstbegabung liegt, versuchen Ordnung in das scheinbare Chaos unserer komplexen Welt hineinzubringen und haben dafür drei Fertigkeiten entwickelt, die die Resilienz ausmachen: Intensität, Komplexität und Drive. Jacobsen (1999) zufolge sind diejenigen Hochbegabten am erfolgreichsten, die diese zentralen Eigenschaften am besten managen können. Ihre Techniken des Selbstmanagements erörtert Andrea Brackmann (2020, S. 345 ff.) in ihrer Arbeit über Höchstbegabte sehr anschaulich. Diese sind in meiner Coachingpraxis mit höchstbegabten Klient:innen allesamt zu beobachten:

Rituale und Strukturen: Oft kostet es Höchstbegabte ein hohes Maß an Selbstdisziplin, stets aufs Neue ihre Vernunft heranzuziehen, ihr überbordendes Innenleben zu zügeln und sich auf das Wesentliche zu besinnen. Höchstbegabte sind virtuos darin, Unmengen von Gedanken, Gefühlen und Informationen aus der Umgebung zu verwerten und mögliche Gefahren auszublenden. Feste Rituale, Zeitpläne, Prioritätenlisten und gut durchdachte mögliche Worst-Case-Szenarien mit Exit-Plan bewähren sich aus Erfahrung. Und manchmal bleibt nur ein »kontrollierter Exzess, ein Abwägen zwischen Leidenschaften und Vernunft« (Brackmann 2020, S. 255).

Muße: Für Hochbegabte ist es wichtig, regelmäßig Zeiten für Musik, Kunst, Natur und Spielerisches zu haben. Dies kann sich besonders beruhigend auf ihr sensibles und hochaktives Nervensysten auswirken. Das Gehirn wird auf diese Weise vorübergehend entlastet, indem es Informationen neuropsychologisch verarbeitet. Besonders für psychomotorisch Höchstbegabte scheint es wichtig, sich körperlich stark zu fordern und zu verausgaben.

Metakognition: Die existenzielle Depression Hochbegabter hat eine günstige Kehrseite – ihnen ist die Kürze des Lebens stärker bewusst. Mit einer entsprechenden Reife sind sie in der Lage, die Welt im Gesamten zu betrachten und ihr Leiden zu abstrahieren. Mit einem

Perspektivwechsel durch analoge Arbeit gelingt ihnen die intellektuelle Entfernung von ihrem Problem, für das sie intuitiv eine Lösung finden. Die Fähigkeit zur Selbstreflexion und Introspektion ist laut Jacobsen ein Merkmal vieler Hochbegabter und umso stärker ausgeprägt, je höher die Hochbegabung ausfällt.

Nähe-Distanz-Regulation: Die meisten Höchstbegabten suchen instinktiv in regelmäßigen Abständen völligen Rückzug und absolute Ruhe. Wegen schneller Überreizung bei sozialer Interaktion ziehen sich viele von ihnen zurück und verbringen mehr Zeit allein. Den Kontakt mit der Welt halten einige durch ausgiebige schriftliche Korrespondenz über ihre Kunst und Arbeit. Werden ihnen die gesellschaftlichen Verpflichtungen zur Last, reduzieren manche ihre sozialen Kontakte auf einige wenige Vertraute. Lange Aufenthalte in der Natur, Abgeschiedenheit, Meditation und Tiefenentspannung unterstützten ihr Nervensystem bei der Entschleunigung.

Abgeschiedenheit im Kloster, Meditation, Tiefenentspannung und PEP-Klopftherapie[43] können sehr therapeutisch wirken. Vielleicht gewöhnen viele Höchstbegabte sich im Laufe ihres Lebens auch bis zu einem gewissen Grad an die ständige Unruhe ihres Geistes, ihrer Emotionen und ihres Körpers und akzeptieren sie mehr oder weniger als Teil ihrer enormen Beweglichkeit, Intensität und Lebendigkeit.

Talent und intensive Arbeit: Viele Höchstbegabte nutzen ihre jeweilige Begabung gezielt, um Belastungen und Schickschalsschläge zu verarbeiten und schwere Erkrankungen besser zu ertragen. Das Umsetzen stark belastender Emotionen in künstlerische Energie scheint hier so heilsam zu wirken wie Medizin. Oftmals stehen bei Höchstbegabten extremen Belastungen extrem ausgeprägte Bewältigungsfähigkeiten gegenüber.

---

43 Die prozess- und embodimentfokussierte Psychologie ist eine hoch wirksame und leicht erlernbare Selbstregulationstechnik, die den Körper bei der Verarbeitung belastender Emotionen einbezieht (Embodiment).

Psychoanalyse: Ein weiteres Instrument der Persönlichkeitsentwicklung für Hochbegabte ist die Vernetzung ihrer Innen- und Außenwelt durch das Schreiben und die Psychoanalyse: Dies sind hervorragende Möglichkeiten für die Verfeinerung der vernetzten Art des Denkens und Fühlens hochbegabter Menschen (vom Scheidt 2005, S. 155). Die Feststellung und Begleitung der Hochbegabung in der psychoanalytisch-tiefenpsychologischen Arbeit ist eine völlig andere Tätigkeit als die Durchführung standardisierter IQ-Tests, die nur einige wenige Merkmale einer Persönlichkeit messen. Allerdings scheint gerade die Psychoanalyse nicht wahrzunehmen, dass Hochbegabung ein Phänomen ganz eigener Art ist, dem man mindestens so viel Bedeutung beimessen sollte wie der Triebdynamik.

Die Psychoanalyse hilft bei der Vernetzung von Informationen über das eigene Selbst. Die Fragmente der Biografie und das falsche Selbst wachsen im Verlauf vieler Gespräche allmählich zu einem kohärenten Ganzen zusammen, zu einem wahren Selbst. Die beeindruckende Klarsicht hochbegabter Patient:innen erweist sich als wahrer Trumpf und Katalysator für die Gestaltung des Dialogs und eines manchmal außerordentlich spannenden psychotherapeutischen Prozesses. Die ausgeprägte Sprachkomplexität, die hohe Introspektionsfähigkeit und das vernetzte Denken machen gerade Hoch- und Höchstbegabte zu geeigneten Kandidat:innen für eine Psychoanalyse.

Vernetztes Denken: Die erhöhte Informationsverarbeitung im hochbegabten Gehirn sorgt für eine komplexere Verknüpfung von Informationen. Hochbegabte sind mit ihrem Gedankennetz dazu in der Lage, Romane zu schreiben, Filme zu drehen oder Sinfonien zu komponieren, Unternehmen und Parteien zu gründen u. v. m. Ein elementarer Schritt im kreativen Prozess ist die vorübergehende Fragmentierung alter, vertrauter Gedanken für die Herstellung neuer Muster und kreativer Gedanken. Denn ohne Vernetzung, ohne Deutung und Sinnstiftung ist die Geschwindigkeit des Gehirns allein wenig brauchbar.

Schreiben: In meiner Coachingpraxis erweist sich das Schreiben eines Buches beispielsweise als sehr gute Möglichkeit für die Vernetzung des komplizierten Zusammenspiels der Innen- und Außenwelt. Schreiben kann helfen, Gedanken zu schärfen, Lösungen zu ermitteln, die Vergangenheit neu zu bewerten und seelisches Leid zu lindern. Die therapeutische Wirkung des Schreibens ist inzwischen gut erforscht, durch zahlreiche wissenschaftliche Studien belegt und findet Anwendung in Coaching und Psychotherapie.

Themenzentrierte Interaktion (TZI): Zur Vernetzung der Innen- und Außenwelt eignet sich zudem ein weiteres sehr wirksames Instrument, die themenzentrierte Interaktion (TZI)[44] nach Ruth Cohn, die ein Konzept für die Arbeit in Gruppen entwickelte. TZI ist ein Entwicklungsprozess, bei welchem sich alte seelische und soziale Strukturen verändern, blockierte Kreativität freigesetzt und die Lebensqualität verbessert wird. In den Sitzungen erarbeitet man eine dynamische Balance zwischen dem gemeinsamen Thema, den Zielen der Gruppe und den Bedürfnissen einzelner Teilnehmender. Letztlich geht es dabei immer um die neue Vernetzung von Menschen und Informationen zu einem sinnvollen Ganzen. Die Ziele sind dabei soziales Lernen, die Förderung persönlicher Entwicklung und gemeinsame Fortschritte im Thema.

Vernetzt zu denken bedeutet jedoch noch mehr: darauf zu achten, dass alles, was wir tun, vielfältige Auswirkungen und Nebenwirkungen hat, die teils auf uns selbst, teils auf andere Menschen und systemische Abläufe zurückwirken, sich verstärken oder abschwächen – und manchmal erst nach Jahren, Jahrzehnten deutlich sichtbare Wirkung zeigen. Die erfolgreichsten Hochbegabten sind wahr-

44 Die TZI wurde seit Mitte der 1950er-Jahre in den USA von der Psychoanalytikerin und Psychologin Ruth Cohn und anderen Fachleuten der Humanistischen Psychologie entwickelt. Sie entstand vor dem theoretischen Hintergrund der Psychoanalyse, der Gruppentherapien und der Humanistischen Psychologie und berücksichtigt Erfahrungen aus der Gestalttherapie und der Gruppendynamik. Das eigentliche Anliegen Ruth Cohns war es, ein Konzept zu entwickeln, das dem ursprünglich gesunden Menschen ein Leben ermöglicht, in dem er gesund bleiben kann.

scheinlich jene, die Menschen zu ganzen sozialen Systemen vernetzen, zu Unternehmen, Parteien und ganzen Nationen.

4.3.4 Reis' Model of Talent Realization in Women

Um die Perspektive für die Hochbegabung von Mädchen und Frauen zu erweitern, wird im Folgenden ein Hochbegabtenmodell vorgestellt, das von Sally Reis für die Sichtbarmachung weiblicher Hochbegabung elaboriert wurde, das sog. Reis' Model of Talent Realization in Women (Reis 2005, S. 223).

Reis analysiert in ihrer Fallstudie den Lebensweg von 22 herausragenden Frauen und arbeitet die Aspekte heraus, die sich auf das Potenzial positiv oder negativ auswirken. Diese Frauen zeigen folgende Persönlichkeitsmerkmale auf: Entschlossenheit, Motivation, Kreativität, Geduld und Mut zum Risiko. Reis (2005) schlägt ein Modell der Talententfaltung bei Frauen vor, das sich durch die Wirkung von vier sog. Mobilisatoren auszeichnet, die die Talententwicklung von Frauen unterstützen:

- Intelligenz und besondere Talente
- Persönlichkeitsmerkmale
- Umweltfaktoren
- die soziale Bedeutung ihres Talenteinsatzes

Der Schwerpunkt in Reis' Modell liegt auf dem Umfeld talentierter Frauen, auf dem Vorhandensein oder Fehlen externer und interner Barrieren und auf den Faktoren, die ihre Entwicklung begünstigen. In diesem Sinne ist es notwendig, die Faktoren zu klären und zu verstehen, die die ganzheitliche Entwicklung der Frauen fördern oder hemmen. Ein weiterer Aspekt im Zusammenhang mit dem Umfeld, den die Autorin hervorhebt, ist das Vorhandensein von wichtigen Beziehungen sowohl auf privater als auch auf beruflicher Ebene. Die persönliche Wahrnehmung ist der Faktor, der sich auf das Bewusstsein der sozialen Bedeutung des eigenen Talents bezieht. Dies sehen wir in allen in diesem Buch vorgestellten Lebensgeschichten hochbegabter Frauen.

Jede herausragende Frau aus Reis' Studie entwickelte im Laufe der Zeit einen Glauben an sich selbst und den Wunsch, ihr Potenzial in eine Arbeit umzusetzen, die einen Unterschied in der Welt macht oder einen kreativen Beitrag zum Leben darstellt. Jede hatte einen Sinn für ihre Talente und glaubte, dass ihr positiver Glaube an sich selbst aus dem Erfolg in der Arbeit und der Entwicklung eines zufriedenstellenden Privatlebens resultierte. In ihren späteren Lebensjahren war jede von ihnen mit ihrem Leben zufrieden.

Wie entwickelt eine Frau in einer Gesellschaft, in der die Mehrheit unserer Erfinder, Führungskräfte, Politiker, Künstler und Musiker männlich ist, eine Überzeugung von ihrem eigenen Potenzial? Wie kann sie ihre Erziehung, die Ratschläge ihrer Eltern und Lehrer und das Wissen überwinden, dass Beiträge auf hohem Niveau lange Zeiten des Verzichts und der Abwesenheit von den Menschen erfordern, die sie liebt?

4.3.5 Künftige Forschung zur Talententwicklung von Frauen

Nur weitere Forschungen über arrivierte Frauen werden ein besseres Verständnis dieser komplexen Variablen ermöglichen. Um einen Rahmen für die künftige Ausrichtung dieser Forschung zu schaffen, hat Sally Reis (2005, S. 234 ff.) die relativ spärliche Forschung, die sich auf die Entwicklung der Talente von Frauen konzentriert, in vier Hauptthemen unterteilt.

1. Persönlichkeitsmerkmale hochbegabter Frauen

Das erste Thema bezieht sich auf die Identifizierung von Persönlichkeitsmerkmalen hochbegabter Frauen. Sowohl in retrospektiven als auch in zeitgenössischen Analysen werden in der Regel Persönlichkeitsfaktoren wie Ausdauer bei der Bewältigung von Herausforderungen, Unabhängigkeit und die Bereitschaft, ein Leben zu führen, das sich von der Peergroup deutlich unterscheidet, ermittelt. Eine Zusammenfassung einschlägiger Forschungsarbeiten, in welchen persönliche Merkmale begabter und talentierter Frauen ermittelt wurden, lässt auf das Vorhandensein mehrerer gemeinsamer Persönlichkeitsmerkmale schließen. Dazu gehören Engagement, Belastbarkeit und Entschlossenheit, Individualismus, Offenheit für die Erkundung eines breiten Interessenspektrums, Kreativität und Risikobereitschaft, die Fähigkeit, sich trotz unterschiedlicher Interessen zu konzentrieren sowie Energie und Begeisterung für die Arbeit.

2. Interne und externe Barrieren bei der Talententwicklung von Frauen

Das zweite Forschungsthema bezieht sich auf Hindernisse, die die Entwicklung der Talente von Frauen behindern können. Forschungen mit Frauen mit hohem Potenzial legen nahe, dass sowohl interne, persönliche als auch externe Hindernisse den Abschluss einer hochrangigen Arbeit behindern. Zu den externen Barrieren gehören die Art und Weise, wie Frauen als Kinder erzogen wurden, und die kulturellen Botschaften, welchen sie im Leben begegnen; externe Barrieren tragen zu internen Barrieren bei. Die Forschung über diese externen Barrieren kann historisch oder aktuell sein. Historische Erklärungen gehen davon aus, dass Frauen in der Geschichte oft unterschätzt oder ignoriert wurden. Die Bedeutung von Beziehungen und das Schuldgefühl, die Arbeit über die persönlichen Beziehungen zu stellen, scheint das zwingendste und am häufigsten genannte interne Hindernis zu sein.

3. Erfolgsfaktoren für talentierte Frauen

Frauen, die eine herausragende Stellung einnehmen, sind oft zielstrebig, treffen schwierige Entscheidungen für ihr persönliches Leben (einschließlich der Entscheidung, sich scheiden zu lassen oder nicht zu heiraten, Kinder oder keine Kinder zu haben oder allein zu leben) und schaffen Unterstützungssysteme. Sie treffen bewusste Entscheidungen, um einen Lebensstil zu ermöglichen, der für die Produktion höchst anspruchsvoller Arbeit förderlich ist. Sie brauchen einflussreiche Mentor:innen in ihrem Leben, einen starken persönlichen Schaffensdrang und das Bedürfnis, ihre Produkte mit einem geeigneten Publikum zu teilen. Verheiratete Frauen führen ihren anhaltenden Erfolg auch auf die Ermutigung durch ihren Ehepartner zurück.

4. Unterschiede zwischen dem Arbeitsprozess und dem Produkt von Frauen und Männern

Einige Forschende fordern einen Paradigmenwechsel in der Gesellschaft bei der Betrachtung von Frauen und ihrer Talententwicklung zugunsten von weiblichen High-Potentials. Die Leistungen von Frauen spiegeln in Auszeichnungen, Preisen, Büchern, Artikeln, Kunst, Patenten, beruflicher Zufriedenheit und finanziellem Gewinn nicht unbedingt ihre kreative Produktivität. Tatsächlich haben viele Frauen das Potenzial, sich ihrer Arbeit zielstrebig zu widmen, allerdings zeigen Forschungen eine Diversifizierung der Talente mancher Frauen auf mehrere Lebensbereiche verteilt, darunter Beziehungen, Arbeit in Familie und Haushalt, persönliche Interessen, ästhetisches Empfinden und Äußeres. Hat die Diversifizierung der Talente einen negativen Einfluss auf die Chancen von Exzellenz?

Schriftstellerinnen, Künstlerinnen, Wissenschaftlerinnen und Schöpferinnen in allen Bereichen interagieren in erster Linie mit männlichen Produktivitätsstandards, die innerhalb eines Bereichs als Standard akzeptiert wurden, aber in vielen Fällen tatsächlich nur für männliche Schöpfer gelten. Diese Frauen widmen sich auch intensiv der sozialen Verantwortung, die mit ihrer Arbeit verbunden ist, und dem Einfluss dieser Arbeit auf die Verbesserung der Gesellschaft. Als erfolgsversprechende Faktoren lassen sich zusammenfassen:

1. Eine sichere emotionale Basis: warmherziger, nährender Elternteil, der Entdeckungen unterstützt
2. Ermutigung durch Lehrer und Eltern im unabhängigen Denken und Verhalten
3. Identifikation mit einem Rollenmodel
4. Selbstakzeptanz, frühe Erfahrungen mit Erfolg und Selbstvertrauen

Daraus ist Folgendes abzuleiten (vgl. Higham & Navarre 1984):

1. Eine gesunde psychische Entwicklung muss allen hochbegabten Mädchen und Frauen von frühen Jahren an zugänglich sein, insbesondere mit Blick auf Karriere und Familie. Jungen hochbegabten Frauen muss man ermöglichen, sich von Mythen über Frauen und Frauenleben zu befreien.

2. Feministisch orientierte Psychotherapie kann Frauen eines jeden Alters helfen, sich weiterzuentwickeln in Autonomie, Unabhängigkeit, psychischer Stabilität, Durchsetzungsvermögen, Selbstvertrauen, Selbstwert und Sinnfindung. Hochbegabte Frauen brauchen Unterstützung darin, ihre Angst vor Kreativität zu überwinden. Ohne Beratung und pädagogische Interventionen, mit den komplexen Herausforderungen zurechtzukommen, wird die Mehrheit der hochbegabten Frauen verschwinden.

3. Karriereberatung soll Frauen ermöglichen, einen Lebensstil zu finden, der ihnen erlaubt, ihre Karriere aktiv zu gestalten und mit ihrer Multipotenzialität zu leben. Hochbegabte Frauen haben die Fähigkeit, auf vielen Gebieten erfolgreich zu sein, haben jedoch Schwierigkeiten, die richtige Richtung und den Fokus zu finden. **Weibliche Role-Models und Mentorinnen** sind von zentraler Bedeutung. Frauen haben insgesamt deutlich weniger Rollenvorbilder als Männer, weder in der Literatur und den Künsten noch in der Wissenschaft. Gelegenheiten, mit Vorbildern zu interagieren, können den Selbstwert und die Selbstakzeptanz hochbegabter Mädchen und Frauen bedeutend verbessern.

4. Förderung in MINT-Fächern: Hochbegabte Mädchen werden immer noch weitgehend so sozialisiert, dass sie traditionell weibliche Berufe ergreifen, die schlecht bezahlt werden. Ohne eine adäquate Vorbereitung in den MINT-Fächern werden viele Mädchen nicht in der Lage sein, am sozioökonomischen System teilzunehmen, das diese Fähigkeiten immer mehr voraussetzt. Lehrer:innen, Berater:innen und Psycholog:innen müssen bei hochbegabten Mädchen Interesse und Spaß an MINT-Fächern wecken, um ihnen eine gute Zukunft zu ermöglichen.

5. Psychologische Trainingsprogramme und Psychotherapie für Hochbegabte: Trainingsprogramme müssen entwickelt werden, die durch Therapeut:innen, Lehrer:innen und Berater:innen Anwendung finden, um die Awareness für die institutionelle Entwicklung hochbegabter Mädchen zu wecken. Die Entwicklung und Entfaltung der Talente von Menschen bereichert eine ganze moderne Gesellschaft, die sich zunehmend ökologischen, technologischen, wirtschaftlichen, sozialen, ethischen und moralischen Herausforderungen stellen muss. In jeder Hinsicht wäre es fatal, menschliche Spitzenleistungen angesichts der Bedürfnisse, die das moderne Leben der Menschheit auferlegt hat, zu vernachlässigen. Die Gesellschaft kann sich keinen Sexismus leisten.

6. Peergroup: Die Peergroup hat eine immense Bedeutung für junge Mädchen, die noch zur Schule gehen, um ihre Werte zu festigen und auszuleben, Konfliktlösungsstrategien zu lernen und einen Umgang mit Rollenstereotypen zu finden.

7. Familienberatung: Die Rolle der Familienberatung ist ganz besonders wichtig, da viele Familien dazu neigen, die Fähigkeiten ihrer begabten Töchter zu unterschätzen. Familien müssen Strategien erlernen, um die Autonomie und die emotionale Entwicklung hochbegabter Mädchen zu unterstützen, und verstehen, welchen Einfluss Hochbegabung auf das gesamte Leben ihres weiblichen Kindes hat. Diese Programme sollten aufklärend sichtbar machen, auf welche Art das Bildungssystem dazu beiträgt, dass die Fähigkeiten von Frauen systematisch abgewertet werden.

Mit Blick auf die zunehmende Globalisierung und Diversifizierung der Gesellschaft muss man zudem auch den Fokus auf hochbegabte Frauen aus dem gesamten Diversitätsspektrum setzen. Die Tatsache, dass auch hochbegabte Frauen Opfer sexueller Übergriffe, körperlicher Gewalt und emotionalen Missbrauchs werden können, darf auf keinen Fall verkannt werden.

Wir haben keine andere Wahl, als uns eine Zukunft vorzustellen, die mehr sein wird als nur eine schnellere und technisch bessere Version der heutigen. Und da wir den Ruf der Evolution hören, müssen wir ihm folgen, uns aufeinander zubewegen und gemeinsam dem Fortschritt einen humanistischen Schub geben und den Wert der weiblichen Intelligenz anerkennen und fördern. Um mit Rilke zu schließen:

> »Es handelt sich darum, alles zu leben. Wenn man die Fragen lebt, lebt man vielleicht allmählich, ohne es zu merken, eines fremden Tages in die Antwort hinein.« [45]

45 aus: Rilke, Über die Geduld. In: Briefe an einen jungen Dichter, erstmals herausgegeben 1929.

Nachwort

Die weibliche Hochbegabung ist eher diskret, angepasst und unauffällig. Häufig zögerlich, meist unterschätzt, zuallererst von sich selbst.

Wir haben in Interviews und der bestehenden Forschung gesehen, dass unentdeckte und ungelebte Hochbegabung in verschiedenste Krankheitsbilder resultieren kann und schlicht unglücklich macht. Jeder Mensch, der seine Begabungen nicht in sinnvolle Aktivitäten umsetzt, erlebt Frustrationen, Depressionen und chronische Unzufriedenheit. Versteht man die komplexe Intelligenz und Gefühlswelt hochbegabter Mädchen und Frauen, so erahnt man, welchen steinigen Weg viele von ihnen zur eigenen Identität und zu einem Leben im Gleichgewicht gehen. Bezeichnend für Hochbegabte ist vor allem die Suche nach etwas Absolutem, nach Wahrheit, nach Identität – ein Leben lang.

Die Persönlichkeitsentwicklung hochbegabter Menschen ist durch ihre individuellen Komponenten geprägt, sowohl auf intellektueller als auch auf affektiver Ebene. Je größer die Diskrepanz zwischen ihnen und ihrer Umwelt, desto stärker sind die seelischen Krisen. Aus meiner Praxiserfahrung ist bei hochbegabten Frauen das Herzstück der beratenden Tätigkeit die Arbeit am Selbstwert. Das Ziel aus der Perspektive hochbegabter Frauen muss sein, so nah wie möglich an sich selbst heranzuwachsen, idealerweise in einer Umgebung, die sie darin unterstützt, ihre Persönlichkeit authentisch zu leben statt zu *über*leben. Viele bedeutende wissenschaftliche Errungenschaften und künstlerische Hochleistungen wurden von Hochbegabten erzielt. Ohne ihre hohe Sensitivität und die dazu gehörige Instabilität wären diese Leistungen nicht denkbar.

Wie können hochbegabte Frauen ihre Hochbegabung am besten

leben? Die Hochbegabung darf man nicht als Zustand sehen, sondern als Prozess. Die Hochbegabung ist dynamisch, sie entwickelt sich im Laufe des Lebens und gibt jeder Betroffenen die Chance, ein glückliches Leben zu gestalten. Trotz der Lockerung der Geschlechterrollen in den letzten Jahrzehnten beeinflussen stereotype Erwartungen noch immer das Verhalten und die Selbstwahrnehmung von Frauen. Die Zentren der Macht und des Erfolgs werden weitgehend von der Mittelschicht, von männlichen, urbanen, heterosexuellen und westlichen Traditionen und Werten bestimmt. Für nicht-weiße, nicht-privilegierte Frauen ist ihre Hochbegabung daher komplexer als für weiße Frauen der Mittelschicht. Jede Frau betritt die Leistungsarena im Leben mit einer Konstellation von Parametern wie Klasse, ethnische Herkunft, Kultur, Sexualität und Biologie. Diese Merkmale interagieren mit ihrer Persönlichkeit, ihrem Familienhintergrund und ihrer frühen Prägung. Auf ihrem Weg dürfen sie sich nicht verlieren. Sie sollten stets ihre Ziele im Blick haben und sich von der Bewertung anderer unabhängig machen.

Es braucht ein strukturell implementiertes Bewusstsein für den Wert weiblicher Intelligenz. Weiblichkeit und Intelligenz dürfen nicht mehr als Bedrohung verstanden werden, sondern als Chance für alle: für hochbegabte Mädchen und Frauen, ihre Familien, Liebespartner, Schulen und Universitäten, die Wissenschaft und Politik. Schließlich machen Frauen mehr als die Hälfte der Bevölkerung aus. Der Reichtum der weiblichen Hochbegabung darf nicht versteckt, verkannt, entschuldigt oder gerade noch so toleriert werden. Weibliche Hochbegabung muss verstanden und gehört werden, zugegeben, anerkannt und integriert, schließlich ist menschliche Intelligenz, männliche und weibliche Intelligenz, eine soziale, politische und ethische Verantwortung.

Mein persönliches und berufliches Interesse gilt der Persönlichkeit des Menschen, seinem innerpsychischen Erleben und seiner Entwicklung. Mein Fokus auf Hochbegabung und Diversität ist biografisch begründet. Mein Anliegen ist es, Wissen über Hochbegabung zu vertiefen – über Grenzen hinaus. Inspiriert bin ich sehr von der Pleiade amerikanischer Fachleute und Forschenden, die einen großen Beitrag zur Hochbegabung geleistet haben, darüber hinaus von Andrea Brackmann, Wolfgang Schmidbauer und Monique de Kermadec.

Sie als Lesende möchte ich herzlich dazu einladen, meine Arbeit und mich mit Ihren Erfahrungen zu bereichern. Sowohl persönlich Betroffene als auch Psychotherapeut:innen und Beratende möchten sich gerne an mich wenden: **femalegiftedness@gmail.com**.

Mein herzlicher Dank gilt meinen Interviewpartnerinnen und ihrem wertvollen Beitrag zu diesem Buch und meinem kleinen persönlichen Kreis von Lieblingsmenschen.

Adressen von Hochbegabtenvereinigungen und Netzwerken

Deutschland

- Deutsche Gesellschaft für das hochbegabte Kind: www.dghk.de
- Hochbegabtenverein Mensa: www.mensa.de
- Fachportal Hochbegabung der Karg-Stiftung: www.fachportal-hochbegabung.de
- Internationales Zentrum für Begabungsforschung: www.icbf.de
- Plattform für hochbegabte Erwachsene (Schwerpunkt hochbegabte Frauen): www.uniqate.org
- Portal für Hoch- und Höchstbegabung: https://www.können-macht-spass.de

International

- SENG (Supporting the Needs of the Gifted): www.sengifted.org
- Gifted Development Center: www.gifteddevelopment.org
- Institut für hochbegabte Erwachsene, Niederlande: www.ihbv.nl

- Plattform für hochbegabte Frauen, Paris: Singularity: https://singularity.paris
- Triple Nine Society (Internationale Organisation für Höchstbegabte, > IQ 150): www.triplenine.org
- Institutional Society for Philosophical Enquiring (Organisation für Höchstbegabte): www.thethousand.com
- World Intelligence Network: www.iqsociety.org

Literatur

Abramović, M. (2016). Durch Mauern gehen. München: Luchterhand.

Becker, R., Jäpel, F. & Beck, M. (2011). Statistische und institutionelle Diskriminierung von Migranten im Schweizer Schulsystem: oder werden Migranten oder bestimmte Migrantengruppen in der Schule benachteiligt? Universität Bern, Institut für Erziehungswissenschaft.

Brackmann, A. (2010). Jenseits der Norm – hochbegabt und hochsensibel? Die seelischen und sozialen Aspekte der Hochbegabung bei Kindern und Erwachsenen (6. Aufl.). Stuttgart: Klett-Cotta.

Brackmann, A. (2020). Extrem begabt: Die Persönlichkeitsstruktur von Höchstbegabten und Genies. Stuttgart: Klett-Cotta.

Brauer, K. & Wolf, A. (2016). Validation of the German-language Clance Impostor Phenomenon Scale (GCIPS). Personality and Individual Differences, 102, 153–158.

Brizendine, L. (2008). Das weibliche Gehirn: Warum Frauen anders sind als Männer. München: Goldmann.

Brody, L. E. & Benbow, C. P. (1986). Social and emotional adjustments of adolescents extremely talented in verbal or mathematical reasoning. Journal of Youth and Adolescence, 15, 1–18.

Bundesministerium für Bildung und Forschung BMBF (2006). Ein indikatorengestützter Bericht mit einer Analyse zu Bildung und Migration. https://www.bildungsbericht.de/de/bildungsberichte-seit-2006/bildungsbericht-2006/pdf-bildungsbericht-2006/gesamtbericht.pdf. Abgerufen am 23. 05. 2023.

Clance, P. & Imes, S. (1978). The imposter phenomenon in high achieving women: Dynamics and therapeutic interventions. Psychotherapy: Theory, Research and Practice, 75, 241–246.

Clance, P. R. & O'Toole, M. A. (1987). The imposter phenomenon: An internal barrier to empowerment and achievement. Women & Therapy, 6(3), 51–64.

Clance, P. R. (1988). Erfolgreiche Versager. Das Hochstapler-Phänomen. München: Heyne.

Dąbrowski, K. (2015). Personality Shaping through Positive Disintegration. Otto, North Carolina: Red Pill Press.

Dąbrowski, K. (2017). Positive Disintegration. Boston: Little, Brown.

Daniels, S. & Piechowski, M. (2009). Living with intensity: Understanding the sensitivity, excitability, and emotional development of gifted children, adolescents, and adults. Tucson, AZ: Great Potential Press.

de Beauvoir, S. (2000). Das andere Geschlecht. Sitte und Sexus der Frau. Reinbek: Rowohlt.
de Beauvoir, S. (1949). Le deuxième sexe, tome 1: Les faits et les mythes. Paris: Albin Michel.
de Beauvoir, S. (1949). Le deuxième sexe, tome 2: L'Expérience vécue. Paris: Albin Michel.
de Kermadec, M. (2012). L'adultué surdoué: bien vivre sa douance. Mensa Île-de-France. https://www.youtube.com/watch?v=N5fKllubB_o. Abgerufen am 23.05.2023.
de Kermadec, M. (2016). L'adulte surdoué à la conquête du bonheur – Rompre avec la souffrance. Paris: Albin Michel.
de Kermadec, M. (2017). Un sentiment de solitude. Paris: Albin Michel.
de Kermadec, M. (2019). La femme surdouée. Paris: Albin Michel.
de Kermadec, M. (2020). Le surdoué et l'amour. Paris: Albin Michel.
Deutsche Gesellschaft für das hochbegabte Kind (2017). Alltag mit hochbegabten Kindern. Ein Wegweiser. Frankfurt a. M.: Info3-Verlag.
Dijkstra, P., Barelds, D. P. H., Groothof, H. A. K., Ronner S. & Nauta, A. P. (2012). Partner Preferences of the Intellectually Gifted. Marriage & Family Review, 48, 96–108.
Falck, S. (2019). Extreme Intelligence, Development, Predicaments, Implications. London: Routledge.
Fleming, E. S. & Hollinger, C. L. (1992). A Longitudinal Examination of Life Choices of Gifted and Talented Young Women. Gifted Child Quarterly, 36(4), 207–212.
Fiedler, E. (2012). You Don't Outgrow It! Giftedness Across the Lifespan. Advanced Development Journal, 13, 19–37.
Fiedler, E. (2015). Bright Adults: Uniqueness and Belonging Across the Lifespan.Tuscon, AZ: Great Potential Press.
Fietze, K. (2019). Kluge Mädchen: Frauen entdecken ihre Hochbegabung. Berlin: Orlanda.
Ford, D. Y. (2014). Segregation and the underrepresentation of Blacks and Hispanics in gifted education: Social inequality and deficit paradigms. Roeper Review, 36(3), 143–154.
Galbraith, J. & Delisle, J. (2015). When gifted kids don't have all the answers: How to meet their social and emotional needs (2. Aufl.). Minneapolis, MN: Free Spirit Publishing.
Gomolla, M. & Radtke, F.-O. (2009). Institutionelle Diskriminierung. Die Herstellung ethnischer Differenz in der Schule. Wiesbaden: VS Verlag.
Götting, G. (2006). Keine Angst vor Hochbegabung. München: Knaur.
Gross, M. U. M. (2000). Exceptionally and Profoundly Gifted Students: An Underserved Population. Understanding Our Gifted, 12, 3–9.
Gross, M. U. M. (2003). Exceptionally Gifted Children. London: Routledge.
Gusovius, A. (2005). Der außergewöhnliche Mensch: Genie, Talent, Hochbegabung im 21. Jahrhundert. Marburg: Tectum.
Gurian, A. (2013). Gifted girls – Many gifted girls, few eminent women: Why? The Child Study Center. www.aboutourkids.org: nicht mehr

verfügbar. NYU Langone Health: https://med.nyu.edu/departments-institutes/child-adolescent-psychiatry. Abgerufen am 23.05.2023.

Hansen, J. B. & Hall, E. G. (1997). Gifted women and marriage. Gifted Child Quarterly, 41(4), 169–180.

Harvey, J. (1985). I'm so successful. Why do I feel like a fake: The Impostor Phenomenon. New York: St. Martin's Press.

Haunhorst, C. (2016). So queer ist Deutschland wirklich. https://www.jetzt.de/lgbt/dalia-studie-zu-lgbt-anteil-in-der-bevoelkerung. Abgerufen am 12.07.2023.

Heil, C. (2018). Psychotherapie mit hochbegabten Erwachsenen. Psychotherapeutenjournal, 3, S. 227–233.

Heil, C. (2021a). Hochbegabte Erwachsene – ihr persönliches Erleben der Begabung und ihre Erfahrung mit Psychotherapie. https://www.psychotherapie-heil.de/resources/PDFs/studie-hochbegabte-erwachsene-christina-heil-10-2021.pdf. Abgerufen am 23.05.2023.

Heil, C. (2021b). Höchstbegabte Erwachsene – ihr persönliches Erleben der Begabung und ihre Erfahrung mit Psychotherapie. https://www.psychotherapie-heil.de/resources/PDFs/studie-hoechstbegabte-erwachsene-christina-heil-2021.pdf. Abgerufen am 23.05.2023.

Hermelin, B. (2002). Rätselhafte Begabungen. Stuttgart: Klett-Cotta.

Higham, S. J. & Navarre, J. (1984). Gifted adolescent females require different treatment. Journal for the Education of the Gifted, 8, 107–126.

Horner, M. S. (1972). Towards an understanding of achievement-related conflicts in women. Journal of Social Issues, 28(2), 157–175.

Nauta, N., Schouwstra, I., Boudeling, E., Geertshuis, G., Hooghoudt-van der Veen, B., Schuurman-van der Heyden, M. & van der Waal, I. (2020). Hoogbegaafde senioren (Senioren in de maatschappij, 6). S'Hertogenbosch: Gompel & Svacina.

Jacobsen, M.-E. (1999). The Gifted Adult: A Revolutionary Guide for Liberating Everyday Genius. New York: Balantine Books.

Jackson, S., Moyle, V. & Piechowski, M. (2009). Emotional Life and Psychotherapy of the Gifted in Light of Dąbrowski's Theory. In L. V. Shavinina (Hrsg.), International Handbook on Giftedness. Amsterdam: Springer Science.

Jaspers, L. (Hrsg.). (2022). Unlearn Patriarchy. Berlin: Ullstein.

Johnsen, S. K., & Kendrick, J. (Hrsg.). (2005). Teaching and counseling gifted girls. Waco, TX: Prufrock Press.

Kerr, B. (2000). Gender and Genius. A Keynote Speech to the National Curriculum Networking Conference. The College of William and Mary, March 7, 2000.

Kerr, B. (1985). Smart girls, gifted women. Dayton, OH: Ohio Psychology Publishing Company.

Kerr, B. (1991). A Handbook for Counseling the Gifted and Talented. Alexandria, VA: American Association for Counseling and Development.

Kerr, B. (1994). Smart girls: A new psychology of girls, women, and giftedness (revised edition). Scottsdale, AZ: Great Potential Press.

Kerr, B. & McKay, R. (2014). Smart girls in the 21st century: Understanding talented girls and women. Tucson, AZ: Great Potential Press.

Kingsbury, K. & Heylighen, F. (2019). Vicky Prefers Voltaire to Vogue: Obstacles to the self-actualisation of Gifted Women within Social Systems. https://ssrn.com/abstract=3381601. Abgerufen am 23.05.2023.

Kirckpatrick, K. (2020). Simone de Beauvoir. Ein modernes Leben. München: Piper.

Kitano, M.K. & Perkins, C.O. (1996). International gifted women: Developing a critical human resource. Roeper Review, 19(1), 34–40.

Klein, A.G. & Zehms, D. (1996). Self-concept and gifted girls: A cross sectional study of intellectually gifted females in grades 3, 5, 8. Roeper Review, 19(1), 30–34.

Kooijman-van Thiel, M. (Hrsg.). (2008). Hoogbegaafd. Dat zie je zó! Over zelfbeeld en imago van hoogbegaafden. Ede: OYA Productions.

Kramer, L.R. (1991). The social construction of ability perceptions an ethnographic study of gifted adolescent girls. The Journal of Early Adolescence, 11(3), 340–362.

Kullmann, K. (2022). Die singuläre Frau. Berlin: Hanser.

Leroux, J.A. (1994). A tapestry of values: Gifted women speak out. Gifted Education International, 9(3), 167–171.

Leroux, J.A. (1998). Follow your dream: Gifted women and the cost of success. Gifted Education International, 13(1), 4–12.

Lo, O., Hu, S.-F., Sungur, H. & Lin, C.-H. (2021). Giftedness, Gender Identities, and Self-Acceptance: A Retrospective Study on LGBTQ – Postsecondary Students. Gifted Child Quarterly, 66, 171–187.

Lovecky, D. (1986). Can you hear the flowers sing? Issues for gifted adults. Journal of Counseling and Development, 64, 590–592.

Lovecky, D. (1994). Exceptionally gifted Children: Different minds. Roeper Review, 17(2), 116–120.

Lubbe, B. (2008). Hochbegabte Mädchen, Vortrag gehalten am 26.04.2008 beim 3. Symposium Hochbegabung, veranstaltet vom Regionalverein Hannover der Deutschen Gesellschaft für das Hochbegabte Kind e.V.

Luftig, R.L. & Nichols, M.L. (1991). An assessment of the social status and perceived personality and school traits of gifted students. Roeper Review, 13(3), S. 148.

Mahoney, A. (2001). Coping Through Awareness: A Transformational Tool for Coping with Being Highly Gifted. http://counselingthegifted.com/articles/awareness.html. Abgerufen am 23.05.2023.

Mendaglio, S.(Hrsg.). (2008). Dąbrowski's Theory of Positive Disintegration. Scottsdale, AZ: Great Potential Press.

Miller, A. (2012). Das Drama des begabten Kindes und die Suche nach dem wahren Selbst. Frankfurt a.M.: Suhrkamp.

Miller, N., Goertzel, V. & Goertzel, M.G. (1962). Cradles of Eminence. American Sociological Review, 30, 818.

Moser, B. (2019). Susan Sontag. Her life and work. London: Penguin Books.

Neubauer, A. & Stern, E. (2013). Intelligenz. Große Unterschiede und ihre Folgen. München: DVA.
Noble, K.D. (1987). The dilemma of the gifted woman. Psychology of Women Quarterly, 11(3), 367–378.
Noble, K.D. (1989). Counseling gifted women: Becoming the heroes of our own stories. Journal for the Education of the Gifted, 12(2), 131–141.
Noble, K., Subotnik, R. & Arnold, K. (1999). To thine own self be true: A new model for female talent development. Gifted Child Quarterly, 43(3), 140–149.
Olshen, S.R. & Matthews, D.J. (1987). The disappearance of giftedness in girls: An intervention strategy. Roeper Review, 9(4), 251–254.
Ogurlu, U. (2015). Ostracism among Gifted Adolescents: A Preliminary Study in Turkey. Educational Process: International Journal, 4 (1–2), 18–30.
Park, L C., Imboden, J.B., Park, T.J., Hulse, S.H. & Unger, H.T. (1992). Giftedness and psychological abuse in borderline personality disorder: Their relevance to genesis and treatment. Jorunal of Personality Disorder, 6, 226–240.
Piaget, J. (2000). Psychologie der Intelligenz. Stuttgart: Klett-Cotta.
Peterson, J.S. (2014). Giftedness, Trauma and Development: A Qualitative, Longitudinal Case Study. Journal for the education of the gifted, 37(4), 295–318.
Piechowski, M. (2009). From William James to Maslow and Dąbrowski: Excitability of character and self-actualization. In D. Ambrose, L. Cohane & A.J. Tannenbaum (Hrsg.), Creative Intelligence: Toward a theoretic integration (S. 283–322). Cresskill, NK: Hampton Press.
Prado, R. & Fleith, D. (2019). Talented women in Brazil: Trajectories and career challenges in contemporary society. Psicologia em Estudo.
Preckel, F. & Baudson, T.G. (2013). Hochbegabung. Erkennen, Verstehen, Fördern. München: C.H. Beck.
Reichardt, E. (2018). Hochbegabt? Potenziale erkennen und fördern. München: Irisiana.
Reis, S.M. (1987). We can't change what we don't recognize: Understanding the special needs of gifted females. Gifted Child Quarterly, 31(2), 83–89.
Reis, S.M. (1995). Older women's reflections on eminence: Obstacles and opportunities. Roeper Review, 18(1), 66–72.
Reis, S.M. (1995). Talent ignored, talent diverted: The cultural context underlying giftedness in females. Gifted Child Quarterly, 39(3), 162–170.
Reis, S.M. & Callahan, C.M. (1996). My boyfriend, my girlfriend, or me: The dilemma of talented teenaged girls. Prufrock Journal, 7(4), 434–446.
Reis, S.M. (1998). Work left undone. Chocies & Compromises of Talented Females. Connecticut, USA: Creative Learning Press.
Reis, S.M. (2002). Internal barriers, personal issues & decisions faced by gifted and talented females. https://gifted.uconn.edu/schoolwide-enrichment-model/internal_barriers_gifted_females. Abgerufen am 23.05.2023.

Reis, S. M. (2002). Social and emotional issues faced by gifted girls in elementary and secondary school. https://www.sengifted.org/post/reis-giftedgirls. Abgerufen am 23.05.2023.

Reis, S. M. (2003). Gifted girls, twenty-five years later: Hopes realized and new challenges found. Roeper Review, 25(4), 154–157.

Reis, S. M. (2005). Feminist Perspectives on Talent Development: A Research-Based Conception of Giftedness in Women. In R. J. Sternberg & J. E. Davidson (Hrsg.), Conceptions of giftedness (S. 217–245). Cambridge University Press.

Roeper, A. (1991). Gifted Adults: Their characteristics and emotions. Advanced Development, 3, 85–98.

Röhr, H.-P. (2011). Vom Glück, sich selbst zu lieben. Wege aus Angst und Depression. Ostfildern: Patmos.

Röhr, H.-P. (2012). Borderline bewältigen – Hilfen und Selbsthilfen. Ostfildern: Patmos.

Ruf, D. (2009). Self-actualization and morality of the gifted: Environmental, familial, and personal factors. In D. Ambrose & T. Cross (Hrsg.), Morality, ethics, and gifted minds. New York: Springer.

Schmidbauer, W. (2018). Kassandras Schleier: Das Drama der hochbegabten Frau. München: Goldmann.

Schneider, J., Lang, C. & Pott, A. (2018). Erfolg nicht vorgesehen: Sozialer Aufstieg in der Einwanderungsgesellschaft und was ihn so schwer macht. Münster: Waxmann.

Schreiber, D. (2021). Allein. Berlin: Hanser.

Schutzbach, F. (2021). Die Erschöpfung der Frauen. München: Droemer.

Schwiebert, A. (2015). Kluge Köpfe, krumme Wege. Paderborn: Junfermann.

Schwiebert, A. (2023). Kluge Köpfe lieben anders: Wie Hochbegabten die Liebe gelingt. Paderborn: Junfermann.

Shavinina, L. V. (Hrsg.). (2009). International handbook on giftedness. Amsterdam: Springer Science.

Shaw, J. (2022a). Bi: The Hidden Culture, History and Science of Bisexuality. Edinburgh: Canongate Books.

Shaw, J. (2022b). Podcast: https://www1.wdr.de/mediathek/audio/wdr2/boettinger-wohnung-17/audio-dr-julia-shaw-ueber-diversitaet-in-der-wissenschaft-und-bi-sexualitaet-100.html. Abgerufen am 23.05.2023.

Siaud-Facchin, J. (2017). Zu intelligent, um glücklich zu sein? Was es heißt, hochbegabt zu sein. München: Goldmann.

Silverman, L. K. (1986). What happened to gifted girls? Detensible programs for the gifted, 1, 43–89.

Silverman, L. K. (1989). It All Began with Leta Hollingworth: The Story of Giftedness in Women. Journal for the Education of the Gifted, 12(2) 86–98.

Silverman, L. K. (1990). Social and emotional education of the gifted: The discoveries of Leta Hollingworth. Roeper Review, 12(3), 171–178.

Silverman, L. K., & Maxwell, E. (1995). Inner conflict as a path to higher development: Mid-life crisis re-examined. In L. K. Silverman (Hrsg.),

Advanced development: A collection of works on giftedness in adults (S. 57–64). Denver: Institute for the Study of Advanced Development.

Silverman, L. K. (1995). Why are there so few eminent women? Roeper Review, 18(1), 5–13.

Silverman, L. K. & Miller, N. (2009). A feminine perspective of giftedness. In L. Shavinina (Hrsg.), International Handbook on Giftedness (S. 99–128). Amsterdam: Springer Science.

Silverman, L. K. (2005). INTENSITIVE, Intensities and sensitivities of the gifted. Social and emotional needs of gifted children. Hobart, Tasmania, Australia: Tasmanian Association for the Gifted, 11.

Silverman, L. K. (2006). I'm not gifted, I'm just busy: Unrecognized giftedness in women. In A. van Kempen (Hrsg.), Reader hoogbegaafd-en-work 2006 (S. 17–31). Voorburg, The Netherlands: Kuipers & van Kempen.

Silverman, L. K. (2013). What Happens to Gifted Girls? https://lahjakkaat lapset.files.wordpress.com/2013/05/what-happens-to-gifted-girls.pdf. Abgerufen am 23. 05. 2023.

Stamm, M. (2017a). Resilienz und Hochbegabung – ein Blick auf unerwartete Zusammenhänge. DGhK: Labyrinth, 132, 18–20.

Stamm, M. (2017b). Lasst die Kinder los: Warum entspannte Erziehung lebenstüchtig macht. München: Piper.

Stapf, A. (2002). Geschlechterunterschiede. Begabungsentwicklung bei Mädchen und Jungen am Beispiel intellektueller Hochbegabung. In H. Wagner (Hrsg.), Hochbegabte Mädchen und Frauen, Begabungsentwicklung und Geschlechterunterschiede. Tagungsbericht (2. Aufl.). Bad Honnef: Verlag Karl Heinrich Bock.

Stapf, A. (2010). Hochbegabte Kinder: Persönlichkeit, Entwicklung, Förderung. München: C. H. Beck.

Stöger, H. & Sontag, C. (2009). Geschlechtsdisparitäten im Bildungsbereich: Die Situation hochleistender und hochbegabter Mädchen und Frauen. News and Science, 23(3), 27–35.

Streznewski, M. K. (1999). Gifted Grownups: The Mixed Blessings of Extraordinary Potential. New York: John Wiley & Sons.

Tannenbaum, A. J. (1983). Gifted children. Psychological and educational perspectives. New York: Macmillan.

Tedeschi, R. G. & Calhoun, L. G. (1995). Trauma and transformation: Growing in the aftermath of suffering. Newbury Park: Sage Publications.

Terman, L. M. (1926). Mental and physical traits of a thousand gifted children. Genetic studies of genius: Vol. 1. Palo Alto, CA: Stanford University Press.

Terman, L. M. & Oden, M. H. (1947). The gifted child grows up. Genetic studies of genius: Vol. IV. Stanford, CA: Stanford University Press.

Terman, L. M. & Oden, M. H. (1947). The gifted group at midlife: 35 years' follow-up of the superior child. Genetic studies of genius: Vol. V. Stanford, CA: Stanford University Press.

van de Ven, R. (2022). Giftedness in practice: Strengthening personal leadership in gifted adults. Utrecht: Big Business Publishers.

van de Ven, R., van Weerdenburg, M. & van Hoof, E. (2016). Working with intensity. The relationship between giftedness and sensitivity in working adults in Flanders and the Netherlands. Unpublished manuscript.

van Thiel, M., Nauta, N. & Derksen, J. (2019). An Experiential Model of Giftedness: Giftedness from an Internal Point of View Made Explicit by Means of the Delphi Method. Advanced Development Journal, 17, 79–99.

Vom Scheidt, J. (2005). Das Drama der Hochbegabten: Zwischen Genie und Leistungsverweigerung. München: Piper.

Warne, R. T. (2020). In the Know. Cambridge: Cambridge University Press.

Webb, J. T. (2013). Searching for Meaning: Idealism, Bright Minds, Disillusionment and Hope. Anodyne. Inc. DBA. Tuscon, AZ: Great Potential Press.

Webb, J. T. et al. (2015). Doppeldiagnosen und Fehldiagnosen bei Hochbegabung: Ein Ratgeber für Fachpersonen und Betroffene. Göttingen: Hogrefe.

Webb, J. T. et al. (2017). Hochbegabte Kinder. Das große Handbuch für Eltern. Göttingen: Hogrefe.

Winner, E. (1998). Hochbegabt. Mythen und Realitäten von außergewöhnlichen Kindern. Stuttgart: Klett-Cotta.

Winterbrook, C. (2017). Exploring lives of gifted women. A doctoral research project presented to the university of Denver Morgridge College of Education.

Yalom, I. (2010). Existenzielle Psychotherapie. Gevelsberg: EHP

Ziegler, A. (2018) Hochbegabung. Stuttgart: UTB.

Weitere Quellen

Alleinsein zwischen Einsamkeit und Autarkie. Sternstunde Philosophie mit B. Bleisch, K. Kullmann und D. Schreiber (24.04.2022): https://www.youtube.com/watch?v=WuwdpUeTLzE. Abgerufen am 26.05.2023.

Borderline-Persönlichkeitsstörung und komorbide Abhängigkeitserkrankungen (T. Kienast, J. Stoffers, F. Bermpohl & K. Lieb 2014). Deutsches Ärzteblatt International, 111, 280–286. https://www.aerzteblatt.de/archiv/159051/Borderline-Persoenlichkeitsstoerung-und-komorbide-Abhaengigkeitserkrankungen. Abgerufen am 26.05.2023.

Coping Through Awareness: A Transformational Tool for Coping with Being Highly Gifted (A. Mahoney, 2001): https://giftedconsortium.com/coping-awareness-transformational-tool-coping-highly-gifted. Abgerufen am 26.05.2023.

Depression (23.05.2023): https://www.bundesgesundheitsministerium.de/themen/praevention/gesundheitsgefahren/depression.html. Abgerufen am 26.05.2023.

Der ganz normale Wahnsinn – Pubertät und Adoleszenz als Entwicklungsaufgabe (22.06.2022): https://www.klinikum.uni-heidelberg.de/events/newsroom/events/medizin-am-abend/2016/30-der-ganz-normale-wahnsinn-pubertaet-und-adoleszenz-als-entwicklungsaufgabe. Abgerufen am 26.05.2023.

Deutsche Bevölkerung hat höchsten LGBT-Anteil (18.10.2016): https://www.queer.de/detail.php?article_id=27318. Abgerufen am 26.05.2023.

Diskriminierungserfahrungen Jugendlicher (J. Ernst & J. Schmitt, 03.07.2020): https://www.bpb.de/lernen/bewegtbild-und-politische-bildung/saymyname/312360/diskriminierungserfahrungen-jugendlicher. Abgerufen am 26.05.2023.

Dürfen wir im Alter endlich schlau sein, Christiane Nüsslein-Volhard? Podcast »War's das?« mit M. Kroymann (28.07.2022): https://www.ardaudiothek.de/episode/war-s-das-mit-maren-kroymann/duerfen-wir-im-alter-endlich-schlau-sein-christiane-nuesslein-volhard/bremen-zwei/10696247. Abgerufen am 26.05.2023.

Giftedness Across The Lifespan: Adults, Intelligence, Gifts & Wellbeing (M. Brown, 06.01.2023): https://www.youtube.com/watch?v=yvH8_sFzfd4. Abgerufen am 26.05.2023.

Institutionelle Diskriminierung im Bildungs- und Erziehungssystem: Theorie, Forschungsergebnisse und Handlungsperspektiven (M. Gomolla,

18.02.2008): https://heimatkunde.boell.de/de/2008/02/18/institutionelle-diskriminierung-im-bildungs-und-erziehungssystem-theorie. Abgerufen am 26.05.2023.

Missbrauch in der Psychotherapie (19.12.2027): https://www.deutschlandfunknova.de/beitrag/missbrauch-in-der-psychotherapie. Abgerufen am 26.05.2023.

Out of Sync in a Competitive World (L. Silverman, 26.10.2016): https://www.youtube.com/watch?v=WLfdubaDfFw. Aufgerufen am 26.05.2023.

Sind Jungen die neuen Verlierer? (B. Kramer, 04.01.2016): https://www.spiegel.de/lebenundlernen/schule/schlechtere-noten-als-maedchen-sind-jungen-schulverlierer-a-1059134.html. Abgerufen am 26.05.2023.

Wie Schule diskriminiert (23.02.2022): https://www.arbeit-wirtschaft.at/wie-schule-diskriminiert/. Abgerufen am 26.05.2023.

Zahl der ADHS-Diagnosen steigt rasant (29.01.2013): https://www.spiegel.de/gesundheit/diagnose/barmer-anstieg-bei-aufmerksamkeits-defizit-adhs-a-880255.html. Abgerufen am 26.05.2023.

Podcasts zur Hochbegabung

Deutschland

- Sensibel sein: https://www.podcast.de/podcast/811163/sensibel-sein
- Anders schlau: https://www.podcast.de/podcast/1014395/andersschlau
- (hoch)begabt – der Podcast: https://podcasts.apple.com/de/podcast/hoch-begabt-der-podcast/id1569686618

Frankreich

- Planète douance: https://podcasts.apple.com/de/podcast/hoch-begabt-der-podcast/id1569686618
- Atypic people (Erster Podcast mit Interviews mit Hochbegabten): https://podcasts.apple.com/de/podcast/atypic-people/id1505197371
- HPI et heureux (Podcast der Psychologin und Autorin Jeanne Siaud-Facchin): https://podcasts.apple.com/de/podcast/hpi-et-heureux/id1610322963
- Pensées singulières (Sabrina Menasria, Singularity): https://podcasts.apple.com/de/podcast/pens%C3%A9es-singuli%C3%A8res/id1662097706

Niederlande

- Podcast Hoogbegaafd en Liefdespijn: https://podcasts.apple.com/de/podcast/podcast-hoogbegaafd-en-liefdespijn/id1559528139
- Meesterwerk Hoogbegaafd: https://podcasts.apple.com/de/podcast/meesterwerk-hoogbegaafd/id1525790173

USA

- Intergifted – Conversation of gifted trauma: https://podcasts.apple.com/de/podcast/conversations-on-gifted-trauma/id1450348838
- The Gifted Ed Podcast: https://podcasts.apple.com/de/podcast/the-gifted-ed-podcast/id1607554540